KB263306

초등 문해력 한 권

중학교 입학 전 꼭 알아야 할
국영수사과 핵심 개념

초등 문해력 한 권

신정아, 엄예정, 윤주형, 정주안, 황선정 지음

동양북스

개념은 달라지지 않는다.
올바른 방법은 흔들리지 않는다.

국영수사과 각 교과의 우수 교사가
십수 년의 노하우를 바탕으로 써낸 초등 공부법

초등 1~2학년 때 곧잘 100점 받던 아이,

고학년으로 갈수록 성적이 뚝뚝 떨어지는 이유가 뭘까요?

수많은 학부모와 학생이 방법을 모른 채 무작정 공부에 뛰어듭니다. 애초에 쌓아 놓은 게 없는 초등 시기에는 양적으로 채워줘야 하기에 공부하는 대로 그럭저럭 결과가 나옵니다. 그러나 잘못된 방법으로 쌓은 공부는 교과 내용이 어려워지고 변별력이 높아지는 초등 고학년, 중학교, 고등학교에서 결국 무너집니다. 주변의 '카더라'에 휩쓸려, 사교육 시장의 마케팅에 넘어가 잘못된 방법으로 잘못된 길을 걷다 보면 어느새 눈앞에 와 있는 게 수능입니다. 그동안 허비하는 건 돈과 시간뿐이 아닙니다. 아이들의 노력과 꿈도 제 빛을 발하지 못합니다.

공부가 어렵다면, 공부에서 흥미를 잃는다면, 공부해도 성적이 떨어진다면 지금 하고 있는 방법이 잘못됐다는 신호입니다. 《초등 문해력 한 권》은 십수 년 경력의

교사들이 교육 현장에서 분석한 공부 실패 원인과 그 해결책을 함께 제시합니다.
초등 시기부터 정확한 방향을 잡아야 수능까지 흔들리지 않고 나아갈 수 있습니다.

**지금 아이들에게 필요한 건 '아무 문해력'이 아니라
'공부할 때 무조건 써먹는 문해력'입니다.**

아이들에게 정말 필요한 문해력은 교과서로 길러집니다. 교과 문해력이 있어야 교과서의 지문을 읽고 이해할 수 있으며, 교과서를 바탕으로 하는 학교 수업을 따라갈 수 있습니다. 내신이 되는 지필평가, 수행평가의 문제들도 모두 교과서에서 출제됩니다. 교과 문해력이 있어야 지필평가, 수행평가의 어떤 문제든 이해하고 풀어낼 수 있습니다. 또한 초중고 12년간 교과서에서 배운 것, 지필평가와 수행평가가 수능으로 이어집니다. 수능에 꼭 필요한 이해력과 분석력도 교과 문해력으로 길러집니다.

교과 문해력은 초중고 공부에 중요한 역량이자 수능의 핵심입니다.《**초등 문해력 한 권》은 전·현직 교사들이 2022 개정 교육과정, 교과 성취기준을 바탕으로 초등학교 교과서의 핵심 개념을 선별해 소개합니다.** 국어, 영어, 수학, 사회, 과학 교과별 핵심 개념으로 공부할 때 무조건 써먹는 문해력, 진짜 성적이 되는 문해력을 키울 수 있습니다.

**초등 공부를
성공적으로 해낼 수 있는 가장 현실적인 방법,
전·현직 교사들이 알려줍니다.**

공부는 교과 특성에 따라 달리해야 한다는 사실을 많은 학부모와 학생이 뒤늦게 깨닫습니다. 국어, 영어, 수학은 어떤 내용을 학습하기 위한 능력을 길러주는 '도구

교과'입니다. 국어와 영어는 각각 언어라는 도구를 이용해 읽고 쓰고 듣고 말하는 방법을 배웁니다. 수학은 숫자라는 도구를 이용해 논리적으로 사고하는 방법을 배웁니다. 도구 교과인 국어, 영어, 수학은 단기간에 성적을 올리기가 쉽지 않습니다. 오랜 시간 꾸준한 인풋이 필요합니다. 이는 초등 시기부터 올바른 공부 습관이 필요하다는 뜻입니다.

사회와 과학은 지식의 내용을 다루는 '내용 교과'입니다. 도구 교과로 학습하는 방법을 배우고 지식의 틀을 만들었다면, 그 안에 다양한 재료를 집어넣는 게 바로 내용 교과입니다. 사회와 과학은 명확한 범위가 정해져 있습니다. 공부 방법만 제대로 익힌다면 바로 성적이 크게 오를 수 있습니다. 특히 학년이 올라갈수록 개념이 확장되는 교과인 만큼 초등 시기부터 교과 핵심 개념과 함께 올바른 방법으로 공부한다면 고등학교까지 좋은 성과를 얻을 수 있습니다.

《초등 문해력 한 권》은 국어, 영어, 수학, 사회, 과학 각 교과별 특성에 맞춰 정확한 공부 방법을 알려줍니다. 공부의 시작부터 끝까지 성공적으로 해낼 수 있는 현실적이고 효율적인 방법입니다. 누구나 인정하는 각 교과의 우수 교수자가 교육의 최전선에서 수많은 아이를 가르친 경험과 노하우를 이 한 권에 꽉꽉 눌러 담았습니다.

프롤로그 ◆ 4

Chapter1. 국어

문해력의 기본, 국어 실력을 키우는 힘 ◆ 12

국어 공부의 적기? 시기보다 중요한 '이것' | 진정한 국어 공부는 과제 중심이 아닌 '과정 중심' | 모든 교과 문해력의 바탕에 국어가 있다

공부할 때 무조건 써먹는 교과 핵심 개념 ◆ 30

규칙적인 습관이 국어 문해력을 만든다 ◆ 54

문해력의 씨앗을 뿌리는 초등 1~2학년: 읽기, 쓰기, 듣기, 말하기를 골고루 | 문해력의 싹을 틔우는 초등 3~4학년: 깊이 있는 읽기와 쓰기 | 문해력의 꽃을 피우는 초등 5~6학년: 학습 방향을 파악하는 읽기와 조건에 맞는 글쓰기

Chapter2. 영어

회화부터 수능 영어까지, 모든 영역을 꿰뚫는 진짜 공부의 시작 ◆ 74

영어 조기 교육이 '득'이 아닌 '실'이 되는 순간 | 영어에서 빠른 시작보다 중요한 건 '탄탄한 공부'

공부할 때 무조건 써먹는 교과 핵심 개념 ◆ 90

영어는 반드시 '문장'을 볼 줄 알아야 한다 ◆ 108

단어만 아는 아이 vs. 문장 구조도 아는 아이 | 달달 외우고 공부하는 것들의 '정체'를 알아야 제대로 써먹을 수 있다 | 뼈대 5가지로 문장을 꿰뚫을 수도, 조립할 수도 있다 | 초급(초등 3~4학년)은 문장의 뼈대를 발견하는 탐험가 | 중급(초등 4~5학년)은 문장을 조립하고 확장하는 건축가 | 고급(초등 5~6학년)은 문장의 구조를 꿰뚫는 건축가 | 단어만 많이 아는 아이가 되지 않으려면

Chapter3. 수학

초등 수학을 제대로 공부한다는 것 ◆ 132

"우리 아이는 이미 중학교 선행까지 끝냈어요." | 잘못된 공부 습관이 수학을 어렵게 만든다 | 초등 수학에서 반드시 챙겨야 할 2가지 | 95%의 아이에게는 수학머리가 없다

공부할 때 무조건 써먹는 교과 핵심 개념 ◆ 147

다시 우리 아이에게 수학을 가르친다면 ◆ 163

초등 1~2학년: '공부 루틴'을 잡아야 하는 시기 | 초등 3~4학년: 수학 공부가 힘들어지는 시기 | 초등 5~6학년: 자기주도 학습을 시작해야 하는 시기 | 초등 수학이라고 '방치'하실 건가요?

[익힘 문제] [정답]

Chapter4. 사회

지금은 사회에 '집중'할 시간 ◆ 202

초등 사회가 공부의 첫인상을 결정한다 | 사회가 어렵다는 아이들의 공통점 | 초등 시기, 사회를 공부해야 하는 이유 | 사회 교과서를 보면 공부의 흐름이 보인다 | 사회 공부는 문해력이 좌우한다

공부할 때 무조건 써먹는 교과 핵심 개념 ◆ 215

사회 공부, 시작부터 끝까지 앞서가고 싶다면 ◆ 231

가정에서 시작하는 사회 문해력 수업 | 문해력 긴급 처방 6단계 | 사회 교과서와 친해지기 | 나만의 정리 노트 만들기 | 독서로 쌓는 문해력

[익힘 문제] [정답]

Chapter5. 과학

과학, 아무 로드맵이나 통하지 않는다 · 260

초중고 과학 상위권의 핵심 | 교육과정의 변화를 놓치면 '구멍'이 생긴다 | 부모도, 아이도 절대 무리할 필요 없다

공부할 때 무조건 써먹는 교과 핵심 개념 · 273

과학 공부는 생각하고, 읽고, 써야 한다 · 289

공부한 듯한 착각에서 벗어나 '진짜 공부'로 | 생각하는 공부 | 읽는 공부 | 쓰는 공부

[익힘 문제] [정답]

Chapter 1

국어

문해력의 기본,
국어 실력을 키우는 힘

국어 공부의 적기?
시기보다 중요한 '이것'

공부에 있어 '비결'만큼 자주 언급되는 것이 바로 '적기'입니다. 아무리 뛰어난 방법이라도 그 효과를 제대로 누릴 수 있는 시기를 놓친다면 안타까운 법이지요. 그러다 보니 어디를 가든 '언제 공부해야 좋다'는, 이른바 '카더라'가 난무합니다. 반대로 '언제 공부해야 좋을까?'라는 질문도 많습니다. 저 역시 아이들을 가르치며 자주 듣는 질문입니다. 그럴 때마다 저는 중요한 건 시기가 아니라고 말합니다.

아이들이 학교에서 배우고 수능까지 공부해야 하는 교과로는 '국영수사과'가 있습니다. 그중 국어는 영어, 수학, 사회, 과학과 달리 이른 시기부터 달려들어 공부하지 않아도 됩니다. 일상에서 '문해력'만 잘 갖춰놓으면 충분히 성적을 올릴 수 있는

‘꿀 교과’거든요. 본격적인 공부를 뒤늦게 시작해도 일정 수준 이상의 문해력을 갖춘 아이들은 훈련에 따라 얼마든지 기량을 뽐낼 수 있습니다. 그러나 문해력이 없어 ‘흰색은 종이요, 검은색은 글자로다’ 하는 아이들은 무엇을, 언제 배우든 그 이상으로 나아갈 수가 없습니다. 이런 아이들에게 국어는 어떻게 공부해야 할지 모르겠는 ‘미지의 교과’가 되지요. 국어가 꿀 교과가 되느냐, 미지의 교과가 되느냐. 이를 좌우하는 건 ‘문해력’입니다. 그렇기 때문에 문해력은 ‘시기’의 문제가 아니라 ‘습관’의 문제로 접근해야 합니다.

| 읽는 습관

국어 공부에서 문해력을 이야기할 때 가장 중심에 있는 것이 ‘읽기’입니다. 문해력을 기르기 위해서는 읽기부터 시작해야 하고, 읽기 능력을 기반으로 국어 공부가 실현됩니다. 특히 초등학교 때 독서를 통해 다져놓은 읽기는 중학교 이후의 국어 공부에 매우 큰 힘이 됩니다. 그러다 보니 초등 국어 과정에서 ‘읽기를 위한 독서’를 배제할 수가 없습니다. 3학년 국어 교과서부터 독서 단원이 들어가는 이유도 읽기가 모든 배움의 토대가 되기 때문입니다. 그리고 이것은 부모가 도와주기 가장 좋은 영역이면서, 개인별 격차가 심해지는 영역이기도 합니다.

대다수 부모는 아이가 태어나자마자 혹은 말을 떼는 시점부터 읽기에 관심을 기울입니다. 그림책, 전집 등 다양한 책을 보여주고 읽어주려고 노력하지요. 우리가 흔히 ‘책육아’라고 부르는 엄마표 읽기입니다. 그러다 아이가 어느 정도 자라면 다른 교과에 대한 관심에 비해 빠르게 손을 떼는 것도 모국어 독서입니다. 이유는 책육아의 다음 단계로 ‘읽기 독립’을 필수인 것처럼 여기기 때문입니다. 다른 아이들보다 더 빨리 독립하는 것이, 더 잘하고 있는 것 같은 착각이 들게 하거든요. 그러다 보니 장기적인 안목을 가지고 지속돼야 할 읽기가, 가장 빠르게 중단됩니다.

읽기가 지속성을 가지지 못하는 또 다른 원인으로는 성급한 '자기주도'의 환상이 있습니다. 부모들은 아이들이 결국 자기주도적으로 배움을 이어나가야 한다는 것에는 공감하는데요. 스스로 책을 읽는 아이, 스스로 자기 공부를 이끌어가는 아이를 너무 빨리 기대합니다. 시키지도 가르치지도 않았는데 자기 흥미에 따라 파고드는 아이는 늘 남의 집 아이입니다. 다수의 아이들에게는 자기주도에 대한 '학습'이 필요하다는 사실을 먼저 기억해주세요.

읽기가 습관이 되려면 먼저 환경이 구성되어야 합니다. 초등 시기 가장 중요한 독서 환경은 '부모와 함께 읽기'입니다. 그림책에서 줄글책으로 넘어가면 끝나는 것이 아닙니다. 줄글책도 분량이 늘어나는 만큼 활용되는 단어(낱말)나 문장, 구성의 복잡도가 모두 올라가서 중간중간 아이들은 허들을 만나게 되거든요. 그때마다 부모의 도움 없이 혼자 읽는 아이는 많은 경우 독서 과정에서 이탈하게 됩니다. 적극적인 '책육아'를 초등 고학년까지는 지속해야 합니다.

부모가 읽는 환경 또한 중요합니다. 자녀를 위한 책 읽기가 아니라, 자신의 책을 읽는 것이 일상인 부모가 있습니다. 그것을 본 아이는 성인이 된 후에도 독서가 삶의 일부로 작용한다는 것을 경험하게 되지요. 부모가 그러한 모습을 보이지 않은 채로 아이에게만 책 읽기를 강요한다면, 아이에게 독서는 삶이 아니라 과제가 됩니다. 읽지 않는 아이들 뒤에는 읽지 않는 부모가 많습니다. 아이가 책을 읽는 삶을 살기를 바란다면, 부모 먼저 그러한 삶을 보여주는 게 좋습니다.

그런데 부모가 책을 열심히 읽는데도 안 읽는 아이들도 있습니다. 초등 3학년 무렵 영어, 수학 사교육에 진입하면서 한 발 멀어지게 되고요. 고학년이 되면 어려워진 교과와 늘어난 공부량에 더 바빠집니다. 게임, 유튜브, SNS에 발을 들이면 세상 재미없는 것 중 하나가 '책'이 됩니다. 물론 줄글과의 균형 없이 학습 만화만을 끼고 살더라도 깊이 있는 독서 행위로 넘어가는 것은 쉽지 않습니다.

세계적인 인지신경학자이자 읽기 연구의 권위자인 매리언 울프는 인류 진화의 관점에서 보면 인간의 뇌는 독서를 할 수 있게 프로그램되어 있지 않다고 말합니다. 인간은 원래 책을 읽을 능력을 타고난 게 아니라는 것이지요. 즉, 독서는 선천적인 능력이 아니라 후천적으로 학습되어야 하는 능력이고, 독서가 가능하도록 뇌를 발달시키려면 오랜 시간 공을 들여야 한다는 말입니다.

▎쓰는 습관

요즘 아이들을 보면 필통이 없습니다. 공부 연장을 두고 다니는 겁니다. 연필을 손에 쥐여주고 겨우 글을 쓰게 해도 문장을 만들지 못합니다. 알아볼 수만 있게 써도 훌륭하지요. 맞춤법은 둘째치고 의식의 흐름대로 써 주어, 목적어, 서술어가 호응되지 않고 뒤죽박죽입니다. 한 문장이 서너 줄을 넘어가도 끊지 않고, 중심 문장과 뒷받침 문장의 구성에 대한 이해가 없어 문단도 엉망입니다. 한 편의 글에 존댓말과 반말이 공존하는 경우도 다반사고요. 글쓰기와 관련된 아이들의 어려움은 모두 나열하기 어렵습니다.

아이들이 제대로 쓰지 못하는 이유는 쓸 기회가 많이 없기 때문입니다. 읽기 교육이 지속되지 못하는 가정에서 쓰기 교육은 요원합니다. 그렇다고 학교에서는 가능할까요? 쓰기를 가르치기 위해서는 교사 한 명당 아이의 수가 많지 않아야 하는데요. 아무리 학급 인원수가 줄었다고 해도 현재의 교실 환경에서는 제대로 된 쓰기 교육까지 나아가기는 어렵습니다. 이것은 물리적인 환경의 문제이지, 교사의 역량 문제는 아닙니다.

여기에 평가를 위한 지식 위주의 수업이 이루어지는 경우 글쓰기에 대한 지식 자체는 배울 수 있지만 실제로 적용하지는 못할 수 있습니다. 또한 글쓰기 수업을 진행한다고 하더라도 계획된 수업 시간 내에 모든 활동이 이루어져야 하는데, 아이들이 안 쓰고 버티는 경우가 많고요. 쓴다고 하더라도 개별적으로 유의미한 피드백을 받기 어렵습니다. 글쓰기의 일반적인 과정은 쓰기 목적에 따라 계획을 세우고, 자료를 수집하고, 그중 적절한 자료를 선정한 후에, 그것을 바탕으로 개요를 짜고, 실제 글로 옮기는 거예요. 각 과정에서 고쳐 쓰기도 합니다. 정해진 시간 내에 계획된 교과 진도를 나가야 하는 상황에서 모든 과정이 충실히 이루어지기는 현실적으로 어렵습니다. 결국 쓰기도 가정에서 연습해야 합니다.

초등 1학년 때는 글자를 익힘과 동시에 바른 글씨를 잡는 것부터 해주세요. 쓰기는 글자를 정성스럽게 쓰는 것부터가 시작이라는 것을 분명히 알려줘야 합니다. 이후 자음과 모음을 익히고, 단어를 써보고, 문장으로 나아갑니다. 이 모든 과정에 교과서를 중심에 두면 쉽습니다. 1학년 2학기 교과서만 봐도 '흉내 내는 말을 넣어 문장 만들기' '듣는 사람을 생각하며 자신의 기분 말하기' '기억에 남는 일을 문장으로 말하기' '경험한 일을 그림일기로 쓰기' '이야기를 읽고 일이 일어난 차례 정리하기' 등의 활동이 있는데요. 모두 글쓰기의 중요한 자료가 되면서 체계적인 글쓰기를 연습할 수 있습니다. 학교에서 배우는 것을 일상에 적용하는 방식은, 배움의 효율성 측면에서도 충분히 의미가 있지만 학교에서의 배움을 중시하는 태도를 아이가 내면화할 수도 있습니다. 이는 아이의 수업 집중도에도 영향을 미칩니다.

간혹 개인적으로 이루어지는 독서 활동을 모두 글쓰기로 연결시키고 싶어하는 부모들이 있습니다. 그러나 이는 아이들 입장에서는 숨막히는 일이지요. 만약 독후 활동을 하고 싶다면 1~4학년 때는 주 1회, 5~6학년은 격주 1회가 좋습니다. 자주 하는 것 말고, 한 번을 하더라도 '제대로 꾸준히' 하는 것이 중요합니다.

듣고 말하는 습관

아이들이 사용하는 교과서는 국가 교육과정에 준해 개발됩니다. 거기에 학습자가 일정 수준까지 도달해야 할 영역별 기준이 제시되는데요. 그것이 '성취기준'이고, 교과서에는 '학습 목표'로 제시됩니다. 그중 초등 3~4학년 국어 교과의 성취기준을 보면 '상황에 적절한 준언어, 비언어적 표현을 활용해 듣고 말하기'가 제시되어 있습니다. 의사소통 상황에서 준언어적 표현(억양, 어조, 속도 등)과 비언어적 표현(시선, 몸동작, 자세 등)을 활용해 상호작용하는 능력을 길러야 하는 것이지요.

초등학교 때까지는 아이들이 아직 어리다는 것이 무기가 되어 부모나 교사도 여유 있게 접근하는 경우가 많습니다. 아이의 목소리가 작거나 말하는 속도가 느리거나 발음이 부정확해도 '부끄러움이 많아서' '아직 어려서' '본인의 의지가 있어야' 등 여러 이유와 사정을 헤아립니다. 말하기 능력이 발달할 수 있도록 기회를 더 준다거나, 마음의 준비가 될 때까지 기다려주기도 합니다.

하지만 중학교에서는 다릅니다. 말하는 태도 자체가 수행평가 항목에 포함되어 수업 발표와 토의·토론 등에서 의사 전달을 제대로 하지 못하면 낮은 점수를 받게 됩니다. 게다가 목소리의 크기나 속도에서 약한 전달력, 부정확한 발음, 맥락에 맞지 않는 의사소통은 교우관계와 학교생활의 질을 결정하는 요소로 작용합니다.

듣고 말하는 것도 제대로 하려면 잘 배우고 익혀야 합니다. 뛰어난 말솜씨는 타고나는 것이라 생각하기도 하는데요. 물론 기질적으로 더 좋은 요건을 갖추고 있는 아이들도 분명 있지만 더 많은 경우는 연습을 통해 발달합니다. 그리고 그 시작은 가정에서 이루어지는 질 높은 대화입니다. 여기서 질이 높다는 건 대화의 기술이나 내용을 말하는 게 아닙니다. 자녀와의 대화에 진심으로 참여하는 부모의 태도, 즉 아이와 눈을 마주치고 핑퐁처럼 주고받는 대화를 매일 꾸준히 하는 것입니다.

이때 유아어(처음 말을 배우기 시작하는 유아가 쓰는 말. 또는 어른이 유아를 대할 때 쓰는 말) 사용은 자제해야 합니다. 그나마 대화 기회가 많은 취학 전이나 초등 저학년 시기 아이의 눈높이에 맞춘다고 유아어를 사용하는 부모가 있습니다. 부모의 말을 그대로 따라 학습하는 시기에는 되도록 표준어로 대화해야 합니다. 정확한 단어와 발음 등을 익히며 올바른 언어 습관이 형성될 수 있게 해주세요.

초등 중학년으로 넘어가면 주중 학교 수업 또는 사교육으로 바쁜 아이들과 대화 시간을 갖기 어렵습니다. 그러다 보니 아이와 "밥 먹었어?" "학교 잘 다녀왔어?"와 같은 단편적인 대화, "숙제했어, 안 했어?" "똑바로 안 할래?"처럼 지시나 훈계형의 말만 하게 되지요. 이는 아이에게 부모와 더 이상 대화하고 싶지 않은 마음만 갖게 할 뿐입니다. 또, 공부하느라 바쁘고 힘든 아이를 위해 기분을 세심히 맞춰주는 대화도 많이 할 겁니다. 이런 경우에는 상대방을 고려한 말하기를 배우기가 어렵습니다. 아이가 집 밖에서 접하게 되는 대화는 무조건적으로 한쪽이 맞춰주는 대화가 아닙니다. 부모라는 지위를 이용한 훈계하기, 무조건적인 들어주기가 아니라 동등한 위치에서 서로의 생각을 주고받는 대화를 해야 합니다.

| 한자 익히는 습관도 중요하다

국어에서는 한자를 빼놓을 수 없습니다. 읽고 쓰고 듣고 말하는 모든 과정에서 사용되는 언어 중 가장 많은 비중을 차지하고 있는 것이 한자이기 때문입니다. 워낙 그 필요가 강조되다 보니, 한자 교육도 매우 과열되어 있습니다.

초등 시기 한자 공부를 끝내야 한다는 부담감에 저학년 때부터 한자검정능력시험에 많이들 응시합니다. 그러다 4급 정도의 자격을 얻으면 과업을 달성한 양 한자 공부에 손을 놓아버리고요. 그렇게 해서 중학교에 온 아이들이 '따긴 땄는데' '배운 것 같은데' 기억나지 않는다는 표정으로 앉아 있습니다. 문해력을 위한 한자는 특정 시기에 자격을 얻기 위해 공부하는 것이 아닙니다. 모든 배움의 근간이 되기 때문에 초중고뿐만 아니라 대학에 가서도 한자를 익혀야 합니다.

잘못된 방향으로 과열된 양상과 반대로 학교 교육과정에서는 한문이 선택과목으로 분류되어 있습니다. 운이 나쁘면 중학교에서조차 한문을 배울 수 없다는 의미이지요. 일상에서 한자를 익히는 것도 습관을 들여야 합니다.

아이가 단어를 몰라서 물어볼 때 사전을 찾으라고 고집만 하지 않는다면, 일상에서 충분히 가르쳐줄 수 있는 것이 한자입니다. 아이들은 하루에도 몇 번씩 낯선 어휘들을 접합니다. 그런데 그 모든 단어를 사전 찾아보라고 하면 아이는 귀찮아서 그냥 넘어가버릴 거예요. 모든 어휘를 사전 찾아가며 정리할 수 없음을 이해해야 합니다. 무엇이든 정석대로 공부해야 한다는 착각도 내려놓아야 합니다. 사전 찾아보라는 말을 안 한다고 사전 보는 습관이 안 들지도, 자기주도 능력이 훼손되지도 않습니다.

아이는 모르는 단어를 부모가 아는 경우 "각각의 한자는 이거인데 종합하면 이런 뜻이야" 하고 알려줘도 됩니다. 부모도 그 단어를 모를 때는 같이 찾아보세요. 간단한 검색으로 "이런 한자가 쓰여서 이런 뜻이래"라고 말해줘도 좋고, 더 나아가 그 단어와 함께 제시된 유의어나 반의어를 찾아봐도 좋습니다. 그러나 문맥이나 상황을 통해 유추 가능한 것은 넘어가주세요(한자도 습관이 되어야 단어의 의미를 역으로 유추할 수 있습니다.)

아이가 같은 단어를 나중에 또 물어올 때는 혼내지 않는 게 좋습니다. 인간은 망각의 동물입니다. 그러니 잊은 것을 혼낼 게 아니라 다시 공부해 습득하는 법을 알려줘야 합니다. 이 경험이 쌓여 한자어 한 번 공부한 적 없어도 단어를 익힐 때마다 한자의 존재를 명확히 인식하는 아이로 자랍니다.

초등 고학년이 되어 학습력이 올라오면 그때 한자 공부를 시키세요. 구슬이 서 말이라도 꿰어야 보배라 하니, 긴 겨울방학 동안 흩어져 있던 한자들을 정리해보는 시간을 가져도 좋겠지요. 이때도 한자 그 자체를 달달 외우는 것은 자제해야 합니다.

| 읽기, 쓰기, 듣기, 말하기 모두가 문해력의 기본

국어 교과는 읽기, 쓰기, '듣기와 말하기, 문학, 문법, 매체 총 여섯 영역으로 구성되어 있습니다. 이중 읽기, 쓰기는 글을 수단으로 하는 '문자 언어', 듣기와 말하기는 말을 수단으로 하는 '음성 언어'라고 불리기도 합니다. 문학은 문자 언어에 가깝고, 문법과 매체는 문자 언어와 음성 언어에 모두 해당되지요. 이처럼 여섯 영역은 문자 언어와 음성 언어로 구분되기도 하지만 이해와 표현으로 범주화되기도 합니다. 듣기와 읽기는 청각이나 시각을 통해 들어온 언어를 처리하는 활동으로 '이해 영역'에 해당합니다. 그리고 그것을 말과 글로 드러내는 말하기와 쓰기는 '표현 영역'으로 구분됩니다.

그런데 대부분은 문해력을 '문자 언어'에 한정해서 생각합니다. 많은 경우의 평가가 문자 언어로 이루어지기 때문이지요. 평가에 응해야 하는 아이들, 그 아이들을 돕는 부모들은 문자 언어에 더 집중할 수밖에 없습니다. 그러나 글(文)을 읽고 이해(解)한다는 것은 곧 글과 '소통하는 것'을 의미합니다. 인물이나 서술자의 목소리에 귀를 기울이고, 작가가 전달하려는 메시지를 파악하는 것. 즉, 의도를 파악하는 방식으로 글을 이해하고 적절한 방식으로 소통하는 능력이 '문해력(文解力)'입니다. 국어에서의 문해력은 문자 언어뿐만 아니라 음성 언어 활동까지 모두 포함한 개념이라고 이해하는 게 좋습니다.

그렇기 때문에 국어 교육에서 이루어지는 모든 문자 언어 활동은 듣기, 말하기와 같은 음성 언어 활동과 다르지 않습니다. 이는 말하기에 수반되는 비언어적인 메시지와 준언어적인 메시지까지 범위가 확장된다는 의미이기도 합니다. 읽기, 쓰기, 듣기, 말하기가 모두 국어 문해력의 중요한 요소임을 밝힙니다.

진정한 국어 공부는
과제 중심이 아닌 '과정 중심'

● ● ● ● ● ●

모든 교과가 그렇지만 국어는 더더욱 배움의 과정이 중요한 교과입니다. '무엇'을 했는지보다 '어떻게' 했는지가 더 중요하기 때문입니다. 그런데 부모들 입장에서는 '어떻게'의 과정이 눈에 잘 안 보입니다. 저와 같이 아이들을 가르치는 교수자가 아닌 이상 보통의 부모들은 결과물을 보고 아이가 어디까지 숙고했는지를 알기 어렵습니다.

| 진단 도구가 부족한 교과

국어는 부모 입장에서 정말 헷갈리는 교과입니다. 잘하든 못하든 수학이나 영어는 결과가 명확한데, 국어는 레벨테스트라는 것을 주기적으로 보는 학원이 별로 없고, 있다고 하더라도 초등 수준에서는 과하다 싶을 정도입니다. 더군다나 대부분의 초등학교가 평가가 없을 뿐만 아니라, 그나마 있는 수행평가도 아이들에게 재시험의 기회를 주니 객관적인 평가가 어렵습니다. EBS에 문해력 테스트가 있기는 하지만 가정에서 하면 뭔가 제대로한 것 같지 않은 느낌이 들고요.

'중학교에 가서 시험 보면 달라지겠지' 하고 안심하면 안 됩니다. 중학교는 절대평가이다 보니 평가 난도가 낮고, 고등학교처럼 전국 단위의 평가가 없으니 자신의 현 위치를 확인하기 어렵습니다. 결국 고등학교에 가서 모의고사를 봐야 '생각보다 내가 잘하고 있었구나' 또는 '엉망이었구나'를 판단할 수 있게 되지요.

더 헷갈리는 이유는 일상에서 문제가 보이지 않습니다. 제가 가르쳤던 아이 중 하나는 국어 능력이 한참 부족했는데도 부모가 전혀 눈치채지 못했습니다. 일상생활에 한해서는 자신의 생각이나 의견을 분명하게 잘 표현하는 아이였거든요. 그런 아이를 보며 단순히 공부를 안 한다 여기지 기초가 부족하다고는 생각하지 못한 겁니다. 이처럼 국어는 무엇인가 뚜렷한 결과물을 확인할 수 있는 도구가 부족해 실력을 측정하기가 어렵습니다.

▌즉각적인 결과가 보이지 않는 교과

국어는 결과가 즉각적으로 나타나지 않는 교과입니다. 수학은 한 문제 혹은 한 단원만 풀어도 해당 단원에 대한 이해도를 쉽게 판단할 수 있지만 국어는 그렇지 않습니다. 고작 가능한 것이 단계별 독해 문제집을 푸는 정도이지요. 짧은 글 하나 읽고 문제를 푸는 것으로 국어 실력을 판단하기에는 아쉬움이 있습니다. 중학교에 진학하면 쓰기와 말하기 평가가 커지는데, 독해 문제집만 푼다고 해결할 수 있는 부분이 아닙니다. 지필평가도 독해평가라고 하기보다는 배운 내용을 잘 익혔는지를 평가하기 때문에 독해와는 거리가 멉니다.

부모 입장에서는 국어가 점점 더 중요해지니 아이를 일단 어디든 보내려고 합니다. 요즘에는 초등 3~4학년부터 유명하다는 국어 학원에 입학하는 추세입니다. 입학 시험에 합격해야 하고 들어가서도 계속 정기 평가를 보니 그 과정을 따라가면 잘할 수 있다고 생각하는 것이지요. 그러나 다수의 가정에서는 이런 학원의 접근성이 떨어져 책을 읽는 학원을 보내는 게 현실입니다. 초등 3~4학년까지는 독서 논술 학원에 많이 보내고요. 5~6학년은 국어 학원으로 갈아타기도 합니다. 어쨌든 학원을 가면 매번 무언가를 읽고 쓰는 것 같기는 한데, 그것이 어떤 객관적 지표가 되어 주지 않으니 잘하고 있는 건지 잘 모릅니다.

게다가 이런 학원들은 읽고 쓰고 듣고 말하기를 종합적으로 지도하기 어렵습니다. 한다 하더라도 한순간에 좋아지거나 성장을 체감하기 어렵습니다. 언어는 지속적인 노출과 반복이 이루어지는 환경이 필요한데, 모국어임에도 불구하고 쉽지 않거든요. 그러니 결국 조금 더 명확한 결과가 보이는 것에 치중할 수밖에 없습니다. 이는 국어 공부가 수학과 영어 공부에 밀리는 원인으로도 작용합니다.

| 부모의 관심이 필요하고, 개입이 수월한 교과

초등 시기에 부모는 아이가 여유를 갖고 공부할 수 있게 하고 그 과정과 깊이를 세심히 살펴봐야 합니다. 잠시 한눈판 사이에 아이가 잘못된 방법으로 공부하다 어느새 그 방법이 고착화되면 교정하기 힘듭니다. 특히 깊이 사고하지 않으려는 아이들의 습관은 되돌리기가 어렵습니다. 주기적으로 교과서를 살펴보고 활동에 답이 적혀 있는지, 교과서 단원 아래 적힌 학습 목표를 읽고 이해하는지, 모르는 단어는 없는지를 점검해주세요.

이때 "했어, 안 했어?"처럼 "예, 아니오"로 이어지는 질의응답 말고 "어려운 것은 없었어?" "이 표현은 너무 좋다" "이 내용은 조금 어려워 보이는데 이해가 잘됐어?" 와 같이 공부 과정이나 상황을 점검할 수 있는 질문들을 해주세요. 아이들이 적어놓은 글이 재밌거나 놀라울 때 그 감정을 솔직하게 표현해주세요. 부모가 긍정의 반응들을 계속 보이면 어느 순간 아이가 교과서를 부모 앞에 가져다 놓기도 합니다. 자신의 글을 봐줄 부모를 떠올리며 수업 시간에 더 정성스럽게 생각하는 아이가 될 수도 있습니다.

아이가 책을 읽을 때는 모든 책을 세세히 간섭해서는 안 됩니다. 자신의 취향에 따라 마음껏 자유를 만끽할 수 있게 두어야 합니다. 그러나 앞에서도 이야기했듯이, 책 한 권 정도는 아이와 함께 읽으며 공감하고 생각을 나누는 게 좋습니다. 소소한 이야기와 감정만 나눠도 책을 읽는 깊이가 달라집니다.

아이를 독서 논술 학원에 보낸다면 학원에서 보는 책을 같이 읽어주세요. 책을 제대로 읽고 가는지를 점검하기 위한 함께 읽기가 아니고요. 학원에서는 독후 활동을 위주로 하니, 가정에서 독서 중 활동에 흥미를 높여주면 좋다는 의미입니다. 보통의 독서 논술 학원의 수업은 한 시간에서 한 시간 반 정도입니다. 읽은 내용을 충분히 발산하고 오기 어렵지요. 부모가 함께 읽고 읽기 중에 터져 나오는 감흥들을 공감해주는 것만큼 아이에게 좋은 독서 중 활동은 없다고 생각합니다

모든 교과 문해력의 바탕에 국어가 있다

● ● ● ● ● ●

"국어를 잘하면 수학도 잘한다."

"서술형 문제를 풀기 위해선 문해력이 필수다."

"영어를 잘하려면 국어 실력이 뒷받침되어야 한다."

모든 교과 학습은 읽기와 쓰기 능력을 전제로 합니다. 특히 고학년으로 올라갈수록 글의 난도가 높아지며, 이에 대응하기 위한 전략적 읽기와 쓰기 능력이 필수적으로 강조되고 있습니다. '도구 교과'로서 국어의 중요성이 커지는 실정이지요. 국어는 다른 교과 학습을 가능하게 하는 토대이자 핵심 수단입니다.

그런데 안타깝게도 코로나19 팬데믹으로 학습 방식의 변화와 결손을 겪으면서 아이들 간 읽기와 쓰기 능력의 격차가 더 벌어졌습니다. 특히 기초가 약한 아이들은 다른 교과 학습에서도 어려움을 겪으며 전반적인 학습 능력이 떨어지는 상황에 처해 있습니다. 그렇기에 문해력의 선봉에 있는 국어 공부를 통해 필수 역량을 제대로 다져야 합니다.

'국어가 중요한 것은 잘 알고 있지만 어떻게 공부해야 할지 모르겠다'는 부모들과 아이들에게 저는 가장 먼저 교과서를 권합니다. 국어를 가장 잘 학습할 수 있는 도구가 '교과서'이기 때문이지요. 이를 경시하고 외부에서 방법을 찾다 보면 오히려 체계

적인 학습이 안 될 수 있고, 학교 수업의 중요성을 간과하게 될 수 있으며, 바쁜 아이들에게 공부의 가짓수를 늘리는 일이 될 수 있습니다. 또한 일부 학교에서는 학기 전체를 온 책 읽기(한 권의 책을 통째로 읽기)로 진행하면서 교과서를 직접적으로 다루지 않기도 합니다. 책으로 배울 수 있는 것과 교과서로 배워야 하는 것에는 분명한 차이가 있습니다. 국어를 공부할 때는 다른 교재들보다 교과서를 우선순위에 두세요.

부모 세대 중 "나는 책을 안 읽었는데 공부는 잘했어요" "독서와 국어는 별개"라는 말을 하는 분들이 많습니다. "독서는 충분조건이지 필요조건이 아니다"라는 말도 심심치 않게 합니다. 틀린 말은 아닙니다. 그러나 이는 교과서를 열심히 보고, 학교 수업에 충실하며, 공부를 열심히 할 때나 통하는 말입니다. 공부를 잘한다는 것은 교과서에서의 요점이 무엇인지를 알고 구조화 및 내용 요약, 추론과 비판적 읽기까지 모두 가능하다는 것을 의미합니다. 개인적인 독서를 하지 않더라도 교과서와 같은 좋은 자료를 꾸준히 정독하며 읽기 쓰기 기반을 탄탄히 다지면 대학 전공 도서를 읽어내는 데 무리가 없습니다. 이는 '독서'가 문제가 아니라 '글'을 읽는가가 중요하다는 이야기입니다.

| 교과의 내용 요소를 확인하자

내용 요소란 국어 교과에서 배워야 할 필수 학습 내용을 지식과 이해, 과정과 기능, 가치와 태도로 나눠놓은 것을 말합니다. 학년군별로 해당 영역에서 알고 이해해야 할 내용, 익혀야 하는 사고 및 탐구 과정과 기능, 교과 활동을 통해 기를 수 있는 가치와 태도를 담고 있습니다. 그리고 이것을 학습할 수 있는 다양한 요소들이 교과서에 온전히 구현되어 있습니다.

개인적 경험이지만, 지역을 넘어서서 교육에 관심이 많은 부모들은 아이의 공부를 돕기 위해 교과별 교육과정까지 읽기도 합니다. 세세한 해설까지는 아니더라도 내용 요소 정도의 확인은 공부 방향을 잡는 데 매우 유용하기 때문입니다. 각 단원의 학습 목표가 전체 학습 요소에서 무엇을 배우기 위함인지도 알 수 있습니다. 초등 교육과정의 내용 체계 및 성취기준, 내용 요소를 담은 자료는 '국가교육과정 정보센터(ncic.re.kr/dwn/ogf/inventory.cs)'에서 다운로드할 수 있습니다.

초등 1~2학년 교육과정의 내용 요소 중 일부를 살펴보겠습니다.

듣기·말하기	읽기	쓰기
집중하기	글자, 단어, 문장 읽기	글자, 단어, 문장 쓰기
문법	문학	매체
언어 단위 관찰하기	낭송하기와 말놀이하기	매체 자료 접근하기

이런 사소한 것들이 중요 학습 요소라니, 많이 놀라우실 겁니다. 그런데 한편으로 생각해보세요. 국어에는 아이들이 언어 활용 과정에서 익혀야 하는 다양한 기능들이 있습니다. 그런데 대다수가 지식 습득에 치중해 다양한 기능들을 체득하지 않은 상태로 성장해버립니다. 초등 고학년이 되어서도 여전히 집중하지 못하거나, 바르게 읽고 쓰는 것이 안 되는 아이들이 많습니다. 중학생이 되어도 크게 다르지 않고요.

초등 저학년 국어 공부는 독해 문제집을 하나 더 풀기보다 기초적인 내용 습득과 태도를 함양하는 방향으로 나아가야 합니다. 예를 들면 '상황 맥락'이 있습니다. 상황 맥락이란 의사소통 상황에 직접적으로 작용하는 환경적 요소를 말하는데요. 듣기·말하기 영역에서는 이 상황 맥락을 짚는 것도 가르쳐야 합니다. 자기가 하고 싶은 말을 불쑥불쑥하는 것이 아니라 기다릴 줄도 알아야 하고, 맥락에 맞게 이야기를 주고받으면서 장면에 대한 집중력도 길러야 하는 거예요. 이 모든 것이 저학년 국어 교육의 내용 요소입니다. 학교 교육은 수업 시간 내에 일시적으로 일어나기에 가정에서 신경 써서 연속적으로 가르쳐야 합니다.

| 중학년부터는 '문해력의 기본'을 바로 세워야 한다

초등 3, 4학년의 내용 요소를 보면 갑자기 난도가 확 올라가는 것을 알 수 있습니다.

영역	1~2학년	3~4학년
듣기·말하기	집중하기	중요한 내용과 주제 파악하기
읽기	글의 중심 내용 확인하기	내용 요약하기
쓰기	자유롭게 표현하기	문장, 문단 수준의 고쳐 쓰기

1~2학년 때는 집중해서 듣고 말한다면 3~4학년에서는 중요한 내용과 주제를 파악하며 듣고 말해야 합니다. 중학년에서는 글의 중심 내용을 바탕으로 내용을 요약하기도 해야 하고, 문장과 문단 수준의 고쳐 쓰기까지 이루어져야 합니다. 배우는 지식이 늘어나는 만큼 익혀야 하는 기능도 많아지는 시기입니다.

이때부터 'ㅇ 포자'라는 말이 등장합니다. 아이들이 어려워하는 개념이 나오기 시작하며, 아이 스스로 여러 교과 공부에서 멀어집니다. 글에서 멀어지면 개인 독서 활동에도 당연히 적신호가 생깁니다. 안정적으로 줄글책을 읽어나가야 하는 시기에 아예 독서를 하지 않게 되는 겁니다.

이럴 때는 '독서'에 골몰하기보다 교과서 활동에 더 매진해야 합니다. 읽는 것에서 그치는 것이 아니라, 기능을 익히기 위한 교과서 활동이 체화될 수 있게끔 복습이 이루어져야 하는 거지요. 국어 역량을 키우기 위해 국어 교과서뿐만 아니라 사회, 과학 교과서도 챙겨야 합니다 사회, 과학 교과서는 해당 교과의 배움을 위한 재료이기도 하지만, 국어 비문학 읽기에 필수적인 자원입니다.

또한 이 시기부터는 학습적인 내용이 본격화되고, 글의 길이도 길어집니다. 그러다 보니 '문자 언어'에 치중하는 경향이 두드러집니다. 듣기·말하기 영역에서 아이들이 음성 언어 역량을 기르기는 하지만, 중학년에 추가된 '토의' 활동마저 자료 수집 및 내용 정리는 문자 언어로 이루어지기에 음성 언어 활동이 등한시될 수밖에 없습니다. 이 시기에는 문자 언어 활동 끝에 발표를 해보거나, 생각을 나누거나, 일상에서 문제 해결을 위해 토의를 하는 등의 음성 언어 활동을 반드시 병행해주기 바랍니다.

| 고학년 때는 '깊이'를 더하며 '확장'으로

초등 5~6학년은 국어 학습의 본격적 확장기입니다. 저학년 때는 듣기·말하기에서, 중학년 때는 읽기에서 파악하던 상황 맥락을 고학년 때는 읽기, 쓰기, 듣기·말하기 모두에서 파악함은 물론 '사회 문화적 맥락'까지 고려합니다. 지역, 시대와 세대, 성별, 문화 등을 넘나들며 국어 활동이 이루어진다는 말입니다.

영역	3~4학년	5~6학년
듣기·말하기	중요한 내용과 주제 파악하기	생략된 내용을 추론하기
읽기	생각이나 감정이 명시적으로 제시된 글	글의 구조 고려하며 내용 요약하기
쓰기	문장, 문단 수준에서 고쳐 쓰기	글 수준에서 고쳐 쓰기
문법	단어의 정확한 발음과 표기	단어, 문장의 정확한 표기와 사용
문학	자신의 경험을 바탕으로 읽기	작가의 의도를 생각하며 읽기
매체	매체 자료 의미 파악하기	매체 자료의 신뢰성 평가하기

중학년에서 중요한 내용이나 주제를 파악하는 읽기가 고학년이 되면 생략된 내

용을 추론하는 것까지 나아갑니다. 중심 생각을 파악해서 내용을 요약했다면 글의 구조까지 고려하며 요약해야 하고요. 문학에서는 경험을 바탕으로 읽으면 됐는데, 이제 작가의 의도를 유추하며 읽어야 합니다. 사실과 허구의 차이를 이해하는 정도에서 갈래의 기본 특성까지 다져야 하지요. 이 시기에는 국어 기본 개념을 이해하고, 기능을 연습하며, 사고력의 깊이를 더해야 합니다.

교과 단어의 성격도 달라집니다. 저학년 때는 아이들의 연령을 고려해 국어 개념어가 의미 위주로 풀어서 서술되었다면, 고학년부터는 개념어 그 자체를 익혀야 합니다. '글쓴이가 하고 싶은 말과 그렇게 말한 까닭 찾기'가 '작가의 주장과 근거 찾기'로 표현이 달라지는 것입니다. 이런 표현은 중등 과정과도 연계되기 때문에 교과 개념어를 충실히 익혀두는 것이 중요합니다.

공부할 때 무조건 써먹는
교과 핵심 개념

읽기, 쓰기, 듣기, 말하기

대화(對 대할 대, 話 말씀 화)	
마주 대하여 이야기를 주고받는 것 또는 그 이야기.	대화하는 상대, 시간이나 장소, 대화의 목적이나 방식 등 상황에 따라 적절한 대화 예절을 지켜야 한다.
	대화할 때 각자 순서를 지켜가며 말하거나 상호작용하는 것을 '차례 주고받기'라고 한다.

낭송(朗 밝을 랑, 誦 외울 송)	
크게 소리를 내어 글을 읽거나 욈.	시를 낭송할 때에는 노래하듯이 부드럽고 자연스럽게 읽어야 한다.
	낭송의 유의어로는 글을 소리 내어 읽는다는 뜻의 '낭독' '음독'이 있다.

발표(發 필 발, 表 겉 표)

어떤 사실이나 결과, 작품 따위를 세상에 널리 드러내어 알리는 것.	발표할 때는 듣는 사람을 바라보고, 알맞은 목소리로 말하며, 적절한 자료를 활용하면 좋다.

토의(討 칠 토, 議 의논할 의)

여러 사람이 모여 어떤 문제에 대해 의견을 주고받으며 문제를 해결해 나가는 과정.	토의 주제는 모두와 관련이 있고, 여러 가지 의견이 나올 수 있으며, 해결할 수 있는 문제로 정한다.
	토의는 '주제 정하기 → 의견 마련하기 → 의견 모으기 → 의견 결정하기' 순서로 진행된다.

토론(討 칠 토, 論 논할 론)

어떤 문제에 대하여 여러 사람이 각각 의견을 말하며 논의하는 것.	토론의 핵심 요소는 주제, 찬성과 반대, 주장과 근거로 나눌 수 있다.
	토론할 때는 상대방의 의견을 주의 깊게 경청하고 존중하며, 논리적인 순서에 따라 구체적인 까닭을 들어 말해야 한다.

장면(場 마당 장, 面 낯 면)/분위기(雰 눈 날릴 분, 圍 에워쌀 위, 氣 기운 기)

영화, 연극, 문학 작품 등에서 어떤 일이 일어나는 광경을 '장면'이라고 하며, 장면에서 느껴지는 기분을 '분위기'라고 한다.	장면에 따라 분위기는 즐겁거나, 조용하거나, 긴장되거나 어둡거나 행복할 수 있다.
	장면 속 인물이 처한 상황, 인물의 말과 행동, 인물의 마음을 바탕으로 분위기를 파악할 수 있다.

표현(表 겉 표, 現 나타날 현)

생각이나 느낌 따위를 언어나 몸짓 따위의 형상으로 드러내어 나타냄.	목소리의 높낮이, 크기, 속도, 억양 등을 통해 의미를 전달하는 것을 '준언어적 표현(準 준할 준)'이라고 한다.
	시선, 표정, 손동작, 눈맞춤, 옷차림 등을 통해 의미를 전달하는 것을 '비언어적 표현(非 아닐 비)'이라고 한다.

'소통'은 뜻이 서로 통해 오해가 없음을 말하며, '공감'은 다른 사람의 감정과 의견과 주장에 대해 자기도 그렇다고 느끼는 것 또는 그렇게 느끼는 기분을 말한다.	공감하는 대화는 상대의 마음을 이해하고 상대가 느끼는 감정을 같이 느끼며 귀 기울여 듣고 상대를 배려하는 말하기다.
	상대의 처지를 이해하는 것은 더욱 적극적인 소통을 이끌어나가는 데 도움이 된다.

제목(題 제목 제, 目 눈 목)	작품이나 강연, 보고 따위에서, 그것을 대표하거나 내용을 보이기 위하여 붙이는 이름.
주제(主 주인 주, 題 제목 제)	대화나 연구 따위에서 중심이 되는 문제. 글의 제목, 중요한 낱말, 중심 문장을 살피면서 파악할 수 있다.
목적(目 눈 목, 的 과녁 적)	실현하려고 하는 일이나 나아가는 방향. 글은 정보를 전달하는 글, 설득을 위한 글, 정서를 전달하기 위한 글로 목적을 구분할 수 있다.

설명하는 글(說 말씀 설, 明 밝을 명)	읽는 이들이 어떠한 사항에 대해 이해할 수 있도록 객관적이고 논리적으로 서술한 글.
주장하는 글(主 주인 주, 張 베풀 장)	어떤 주제에 관하여 자기의 생각이나 주장을 체계적으로 밝혀 쓴 글.
감상을 나타내는 글(感 느낄 감, 想 생각 상)	다양한 체험을 소재로 진솔하게 정서를 전달하는 글.

정의(定 정할 정, 義 옳을 의)	어떤 말이나 사물의 뜻을 명백히 밝혀 규정함 또는 그 뜻을 말한다. '무엇은 무엇이다'의 형식이다.
비교(比 견줄 비, 較 견줄 교)	두 가지 이상의 대상에서 공통점을 찾아 설명하는 것을 말한다.
대조(對 대할 대, 照 비칠 조)	두 가지 이상의 대상에서 차이점을 찾아 설명하는 것을 말한다.

열거(列 벌일 렬/열, 擧 들 거)	설명하려는 대상의 특징을 나열하는 방식으로 설명하는 것을 말한다. 표현하려는 대상이나 내용을 구체적으로 알려주는 데 좋은 방법이다.
예시(例 법식 례, 示 보일 시)	어떤 사실이나 현상에 대해 구체적인 예를 들어 설명하는 것을 말한다.
부연(敷 펼 부, 衍 넓을 연)	독자 또는 청자가 이해하기 쉽도록 설명을 덧붙여 자세히 말하는 방법이다.
인용(引 끌 인, 用 쓸 용)	남의 말이나 글을 자신의 말이나 글 속에 끌어와 쓰는 것을 말한다.
분류(分 나눌 분, 類 무리 류)	종류에 따라 나누어 체계적으로 정리해놓은 것을 말한다.
인과(因 인할 인, 果 실과 과)	원인과 결과를 아울러 이르는 말. 어떤 일이 일어나게 된 까닭을 '원인'이라고 하며, 원인에 의해 일어난 일을 '결과'라고 한다.

사실(事 일 사, 實 열매 실)/의견(意 뜻 의, 見 볼 견)

과거에 실제로 있었던 일이나 현재에 있는 일을 '사실'이라고 하며, 어떤 일이나 대상에 대해 가지는 생각을 '의견'이라고 한다.	이번 시험에서 1등한 사실은 내가 최선을 다했다는 의견의 훌륭한 근거가 된다.
	지구 온난화로 북극의 빙하가 녹고 있다는 사실을 보며, 환경을 보호해야 한다는 의견을 갖게 되었다.

주장/근거

글에서 글쓴이가 내세우는 생각을 '주장'이라고 하며, 주장할 때 이를 뒷받침하는 내용을 '근거'라고 한다.	토의 시간에 친구의 주장을 듣고 나는 근거가 부족하다고 생각했다.
	나는 이 동화의 주인공이 용감하다고 주장한다. 그 근거는 주인공이 무서워하지 않고 괴물을 물리쳤기 때문이다.

경험(經 날 경, 驗 시험 험)/ 감상

자신이 실제로 해보거나 겪어봄 또는 거기서 얻은 지식이나 기능을 '경험'이라고 하며, 마음속에서 일어나는 느낌이나 생각을 '감상'이라고 한다.	경험을 떠올리며 작품을 읽으면 내용을 더 생생하게 감상할 수 있다.
	경험을 통해 내용뿐만 아니라 인물의 마음을 더 잘 이해할 수 있다.
	같은 이야기로 글을 쓰더라도 개인의 경험이나 감상에 따라 다르게 표현될 수 있다.

추론(推 밀 추, 論 논할 론)

직접 드러나지 않는 내용을 글의 앞뒤 사실로 미루어 짐작해보는 것.	확실한 근거 없이 추론에 의해서만 결론을 내려서는 안 된다.
	어떤 일이나 사건이 일어난 까닭을 풀 수 있는 실마리를 '단서'라고 한다.

관점(觀 볼 관, 點 점 점)

사물이나 현상을 관찰할 때, 그 사람이 보고 생각하는 태도나 방향 또는 처지.	관점에 따라 같은 사물이나 현상도 다르게 보일 수 있다.

문학

• • • • • •

문학의 갈래

시(詩 시 시)	일상에서 느끼는 감정을 함축적이고 리듬이 있는 언어로 표현한 글.
소설(小 작을 소, 說 말씀 설)	현실에서 있을 법한 이야기를 상상하여 쓴 허구적 이야기.
극(劇 심할 극)	등장인물의 말과 행동을 통해 무대 위에서 공연하는 것을 전제로 창작되는 글.
수필(隨 따를 수, 筆 붓 필)	일정한 형식을 따르지 않고 일상생활에서의 느낌이나 체험을 자유롭게 쓴 글.

시 구성 요소

행(行 다닐 행)	시에서 하나의 줄을 말한다.
연(聯 연이을 련)	시에서 몇 개의 행을 한 단위로 묶은 것을 말한다.
운율(韻 운 운, 律 법칙 률)	시가 음악처럼 느껴지게 하는 요소로, 비슷한 글자나 일정한 글자 수, 유사한 문장의 반복으로 생긴다.

시조(時 때 시, 調 고를 조)

고려 말기부터 발달하여 온 우리나라 고유의 정형시.	초장, 중장, 종장의 3장으로 구성된다.
	각 장이 2개의 구로 나뉘어 총 6구이다.
	총 글자 수는 45자 내외이며, 4음보를 기본으로 한다.

비유(比 견줄 비, 喩 깨우칠 유)

어떤 현상이나 사물을 직접 설명하지 아니하고 다른 비슷한 현상이나 사물에 빗대어서 설명하는 것.	사물의 상태나 움직임을 암시적으로 나타내는 방법을 '은유'라고 한다. '~은/는~이다'의 방식으로 빗대어 표현한다.
	'같이' '처럼' '듯이'와 같은 연결어로 비슷한 성질이나 모양을 가진 두 사물을 견주어 표현하는 방법을 '직유'라고 한다.

감각적 표현

시각적 표현(視 볼 시)	다양한 색깔이나 모양, 동작이나 상태 등을 눈으로 보는 것처럼 생생히 떠오르게 하는 표현.
청각적 표현(聽 들을 청)	소리를 떠오르게 하는 표현.
미각적 표현(味 맛 미)	맛을 떠오르게 하는 표현.
후각적 표현(嗅 맡을 후)	냄새 또는 향기를 떠오르게 하는 표현.
촉각적 표현(觸 닿을 촉)	손이나 몸으로 느껴지는 감촉을 떠오르게 하는 표현.

소설 구성 요소

인물(人 사람 인, 物 물건 물)	소설에서 사건을 끌고 가는 사람. 인물의 말과 행동을 통해 성격을 짐작할 수 있다.
사건(事 일 사, 件 물건 건)	인물들 간의 갈등을 일으키는 요소. 작품에 긴장감을 조성한다.
배경(背 등 배, 景 볕 경)	이야기가 일어나는 시간과 공간. 이는 인물의 행동이나 사건이 발생하는 데에 영향을 준다.

<table>
<tr><td colspan="2">소설 구조(構 얽을 구, 造 지을 조)</td></tr>
<tr><td>발단(發 필 발, 端 끝 단)</td><td>사건이 시작되거나 또는 사건 발생의 계기가 되는 부분.</td></tr>
<tr><td>전개(展 펼 전, 開 열 개)</td><td>사건이 본격적으로 발생하고 갈등이 일어나는 부분.</td></tr>
<tr><td>절정(絕 끊을 절, 頂 정수리 정)</td><td>사건 속의 갈등이 최고조에 이르면서 긴장감이 높아지는 부분.</td></tr>
<tr><td>결말(結 맺을 결, 末 끝 말)</td><td>사건이 해결되는 부분.</td></tr>
</table>

<table>
<tr><td colspan="2">연극</td></tr>
<tr><td rowspan="2">배우가 각본에 따라 어떤 사건이나 인물을 말과 동작으로 관객에게 보여주는 무대 예술.</td><td>연극을 구성하는 요소에는 이야기를 이끌어가는 배우, 인물의 말과 행동이 나와 있는 극본, 연극을 보는 관객 등이 있다.</td></tr>
<tr><td>극본에서 때, 곳, 나오는 사람, 무대와 무대 바뀜 따위를 설명하는 것을 '해설', 인물이 직접 하는 말을 '대사', 괄호 안에 써서 인물의 행동이나 표정을 나타내는 부분을 '지문'이라고 한다.</td></tr>
</table>

매체

• • • • • •

<table>
<tr><td colspan="2">매체</td></tr>
<tr><td rowspan="3">책, 신문, 라디오, 휴대전화, 텔레비전, 컴퓨터, 태블릿PC, 인터넷처럼 생각이나 정보를 전달하거나 소통하는 도구.</td><td>매체 자료에는 사진, 동영상, 표, 그래프 등이 있다.</td></tr>
<tr><td>어떤 내용을 일정한 형식과 순서에 따라 보기 쉽게 나타낸 것을 '표'라고 한다.</td></tr>
<tr><td>여러 자료를 분석해 그 변화를 한눈에 볼 수 있도록 직선이나 곡선으로 나타낸 것을 '그래프'라고 한다.</td></tr>
</table>

뉴스/광고(廣 넓을 광, 告 고할 고)

사람들에게 중요하거나 흥미로운 사건을 때에 알맞게 보도하는 것을 '뉴스'라고 하며, 상품이나 서비스에 대한 정보를 여러 가지 매체를 통해 소비자에게 널리 알리는 의도적인 활동을 '광고'라고 한다.	뉴스나 광고는 사람들에게 새로운 정보를 알려줄 뿐만 아니라 어떤 현상에 대한 비판적인 시각을 갖게 한다.
	상품이 잘 팔리게 하려고 상품 기능을 실제보다 부풀려 광고하는 것을 '과장 광고'라고 한다.
	있지도 않은 상품 기능을 있는 것처럼 설명하는 광고를 '허위 광고'라고 한다.

매체 활용 관련

댓글	온라인 게시 글에 대해 자신의 생각이나 느낌을 표현하는 글.
익명 게시판(匿 숨길 닉, 名 이름 명)	자신이 누구인지 밝히지 않고 자신의 생각이나 정보를 소통하는 공간.
줄임말	여러 단어를 한 단어로 줄여서 나타내는 말. 주로 온라인 대화에서 볼 수 있다.
저작권(著 나타날 저, 作 지을 작, 權 권세 권)	글, 음악, 그림이나 사진, 동영상 따위를 만든 사람이 가지는 권리.
출처(出 날 출, 處 곳 처)	자료를 만든 사람, 자료의 이름, 자료를 만든 곳 따위의 정보.
신뢰성(信 믿을 신, 賴 의뢰할 뢰, 性 성품 성)	제시된 자료가 믿을 만한 것인지를 판단하는 기준.
온라인	인터넷을 통해 다른 컴퓨터와 연결되거나 다른 컴퓨터에 접근이 가능한 상태.
초상권(肖 닮을 초, 像 모양 상, 權 권세 권)	자신의 얼굴이나 모습을 촬영하거나 공개하는 것을 결정할 수 있는 권리. 상대의 사진을 온라인에 올릴 때에는 허락을 구해야 하고, 자신의 사진을 올릴 때에도 모르는 사람의 얼굴은 나오지 않도록 해야 한다.
개인 정보	이름, 주소, 전화번호, 생일, 비밀번호처럼 자신과 남을 구별해주는 정보.

문법

<table>
<tr><td colspan="2">글의 단위</td></tr>
<tr><td>글자(글, 字 글자 자)</td><td>말을 적는 문자 기호. 한글에서는 자음과 모음이 결합하여 하나의 글자를 이룬다.</td></tr>
<tr><td>단어(單 홑 단, 語 말씀 어)</td><td>하나의 의미를 가지는 최소 단위. 자립적으로 쓰일 수 있는 말이다. 낱말이라고도 한다.</td></tr>
<tr><td>문장(文 글월 문, 章 글 장)</td><td>주어와 서술어를 갖추어 의미를 전달하는 최소 단위. 생각이나 감정을 담을 수 있다.</td></tr>
<tr><td>문단(文 글월 문, 段 조각 단)</td><td>문장이 모여 한 가지 생각을 나타내는 글의 단위. 문단 안에는 내용을 대표하는 '중심 문장'과 중심 문장을 강조하기 위해 설명하거나 예로 드는 '뒷받침 문장'이 있다.</td></tr>
</table>

<table>
<tr><td colspan="2">글자의 구성</td></tr>
<tr><td>자음(子 아들 자, 音 소리 음)</td><td>우리 글자는 자음과 모음이 합쳐져서 만들어진다. 자음은 소리를 낼 때 입술이나 이, 잇몸, 혓바닥, 목구멍 등의 방해를 받으면서 내는 소리를 의미한다. 'ㄱ, ㄴ, ㄷ, ㄹ' 등과 같다.</td></tr>
<tr><td>모음(母 어미 모, 音 소리 음)</td><td>모음은 자음과 달리 소리를 낼 때 발음 기관의 방해를 받지 않는 소리를 의미한다. 'ㅏ, ㅑ, ㅓ, ㅕ' 등과 같다.</td></tr>
<tr><td>첫소리</td><td>자음과 모음이 합쳐지거나 모음 단독으로 글자를 이루는데 그 글자 중 가장 먼저 나오는 음운을 첫소리라 한다. '글'의 'ㄱ'과 같다.</td></tr>
<tr><td>가운뎃소리</td><td>글자의 가운데에 나타나는 경우를 의미하며 '글'의 'ㅡ'와 같다.</td></tr>
<tr><td>끝소리</td><td>글자의 마지막에 나오는 소리를 의미하며 '글'의 'ㄹ'과 같다. 받침이 없는 글자의 경우 모음이 끝소리가 될 수도 있다.</td></tr>
<tr><td>소리마디</td><td>자음과 모음이 합쳐지거나, 첫소리·가운뎃소리·끝소리가 합쳐져 하나의 종합된 소리를 낼 때를 의미한다. '음절(音 소리 음, 節 마디 절)'이라고도 한다.</td></tr>
</table>

한글 자모 24개

자음	ㄱ	기역	ㄴ	니은	ㄷ	디귿
	ㄹ	리을	ㅁ	미음	ㅂ	비읍
	ㅅ	시옷	ㅇ	이응	ㅈ	지읒
	ㅊ	치읓	ㅋ	키읔	ㅌ	티읕
	ㅍ	피읖	ㅎ	히읗		
모음	ㅏ	아	ㅑ	야	ㅓ	어
	ㅕ	여	ㅗ	오	ㅛ	요
	ㅜ	우	ㅠ	유	―	으
	ㅣ	이				

받침

'강'의 받침 'ㅇ'처럼 글자 아래쪽에 있는 자음.	'강, 밭, 산' 등과 같이 하나의 자음으로 이루어진 받침을 '홑받침'이라고 한다.
	'있-' '닭-'과 같이 2개의 같은 자음으로 된 받침을 '쌍받침'이라고 한다.
	'읽-' '넓-'과 같이 서로 다른 2개의 같은 자음으로 된 받침을 '겹받침'이라고 한다.
	단어의 받침에 자음자가 2개 있어도 하나만 발음한다.

문장 부호

문장의 뜻을 잘 나타내려고 쓰는 여러 부호를 말한다.	마침표(.)는 설명하는 문장 끝에 쓴다.
	쉼표(,)는 부르는 말이나 대답하는 말 뒤에 쓰거나, 나열할 때 쓴다.
	물음표(?)는 묻는 문장, 즉 의문문의 끝에 쓴다.
	느낌표(!)는 느낌을 나타내는 문장 끝에 쓴다.
	작은따옴표(' ')는 인물이 마음속으로 한 말을 적거나 어떤 말을 강조할 때 쓴다.
	큰따옴표(" ")는 인물이 소리 내어 한 말을 적거나 남의 말이나 글을 직접 인용할 때 쓴다.

언어의 구분

음성 언어(音 소리 음, 聲 소리 성)	음성으로 나타내는 말.
문자 언어(文 글월 문, 字 글자 자)	문자로 나타내는 말. 음성 언어에 상대하여 말을 글자로 적은 것을 이른다.

사전(辭 말씀 사, 典 법 전)

어떤 범위 안에서 쓰이는 단어를 모아서 일정한 순서로 배열하여 싣고 그 각각의 발음, 의미, 어원 등을 해설한 책.	표준국어대사전은 국립국어원이 만든 한국어 표준 사전이다.
	우리말샘은 일반 사용자가 단어와 뜻을 등록하고 편집할 수 있는 참여형 온라인 국어사전이다.

단어 간의 의미 관계

유의어(類 무리 류, 義 옳을 의, 語 말씀 어)	'의상, 옷'과 같이 뜻이 비슷한 단어의 관계를 의미한다.
반의어(反 돌이킬 반, 義 옳을 의, 語 말씀 어)	'내려가다, 올라가다'와 같이 뜻이 반대되는 단어의 관계를 의미한다.
상위어(上 윗 상, 位 자리 위, 語 말씀 어)	하위 단어의 뜻을 포괄하는 말이다. '앞, 뒤, 아래, 위'의 상위어는 '방향'이다.
하위어(下 아래 하, 位 자리 위, 語 말씀 어)	상위의 뜻에 포함되는 하위 단어를 이른다. '방향'의 하위어로는 '앞, 뒤, 아래, 위' 등이 있다.
동형이의어(同 한가지 동, 形 모양 형, 異 다를 이, 義 옳을 의, 語 말씀 어)	형태는 같지만 뜻이 다른 단어. 예를 들어, 신체의 일부인 '손', 다른 곳에서 찾아온 사람을 뜻하는 '손', 후손을 뜻하는 '손'은 동형이의어다.
다의어(多 많을 다, 義 옳을 의, 語 말씀 어)	원래 쓰던 하나의 뜻을 넓혀 여러 가지 뜻으로 쓰이는 단어. 예를 들어 신체의 일부를 뜻하는 '손'은 손가락, 일을 하는 사람, 어떤 사람의 영향력이나 권한이라는 의미로 확장되어 쓰인다.

고유어(固 굳을 고, 有 있을 유, 語 말씀 어)

해당 언어에 원래부터 있던 말이나 그것에 기초해서 새롭게 만들어진 말.	토박이말이라고도 한다.
	우리말은 고유어, 외래어, 한자어로 이루어져 있다.

단일어(單 홀 단, 一 한 일, 語 말씀 어)/복합어(複 겹옷 복, 合 합할 합, 語 말씀 어)

나누면 본래의 뜻이 없어져 더 이상 나눌 수 없는 단어를 '단일어'라고 하며, 뜻이 있는 두 단어가 합쳐지거나 뜻이 있는 단어에 접사를 더한 단어를 '복합어'라고 한다.	단일어의 예로는 '하늘' '바다' '잡다' '먹다' 등이 있다.
	'손+수건' '사과+나무'처럼 뜻이 있는 두 단어가 합쳐져 하나의 단어가 된 것을 '합성어'라고 한다.
	접두사(단어의 앞에 붙는 말) 또는 접미사(단어의 뒤에 붙는 말)가 붙어 하나의 단어가 된 것을 '파생어'라고 한다. 예를 들면 '햇(당해에 새로 난)+사과' '어린+이(사람)'가 있다.

비속어(卑 낮을 비, 俗 풍속 속, 語 말씀 어)/은어(隱 숨을 은, 語 말씀 어)

격이 낮고 저속한 말을 '비속어'라고 하며, 어떤 특정한 집단에서만 서로 알아듣게 만들어 쓰는 말을 '은어'라고 한다.	비어(점잖지 못하고 천한 말 또는 대상을 낮추거나 낮잡는 말)와 속어(통속적으로 쓰는 저속한 말)를 아울러 비속어라고 한다.
	은어가 사람들 사이에 널리 쓰이면 비속어가 되기도 한다.
	비속어, 은어의 사용은 의사소통에 방해가 될 수 있다.

표준어(標 우듬지 표, 準 준할 준, 語 말씀 어)/방언(方 모 방, 言 말씀 언)

전 국민이 공통적으로 쓸 수 있는 자격을 부여받은 단어를 '표준어'라고 하며, 어느 한 지방에서만 쓰고 표준어가 아닌 말을 '방언'이라고 한다.	고유어 외에 한자어, 비속어, 순화어들도 표준어에 해당한다.
	방언은 '사투리'라고도 한다.

문장 성분

주어(主 주인 주, 語 말씀 어)	문장에서 동작이나 상태의 주체가 되는 말. '누가/무엇이'에 해당하는 말이다.
서술어(敍 차례 서, 述 펼 술, 語 말씀 어)	주어의 움직임, 상태, 성질 따위를 풀이하는 말. '어찌하다/어떠하다/무엇이다'에 해당하는 말이다.
목적어(目 눈 목, 的 과녁 적, 語 말씀 어)	문장에서 동장의 대상이 되는 말. '무엇을(를)'에 해당하는 말이다.

문장의 짜임

누가/무엇이 + 어찌하다	'민준이가 말한다'와 같이 문장을 만들 수 있다. 주어+서술어 구조 중에 '서술어' 자리에 품사 '동사'가 오는 경우를 익히는 문장이다. 동사는 움직임을 나타낸다.
누가/무엇이 + 어떠하다	'바람이 시원하다'와 같이 문장을 만들 수 있다. 주어+서술어 구조 중에 '서술어' 자리에 품사 '형용사'가 오는 경우를 익히는 문장이다. 형용사는 상태나 성질을 나타낸다.
누가/무엇이 + 무엇이다	'오늘은 월요일이다'와 같이 문장을 만들 수 있다. 주어+서술어 구조 중에 '서술어' 자리에 품사 '명사+서술격 조사'가 오는 경우를 익히는 문장이다. 사물의 이름에 조사가 붙어 서술어를 만든다.

높임/지시/접속

높임	말하는 이가 어떤 대상에 대하여 높임의 태도를 나타내는 표현. '께/께서', '-시-', '-습니다'나 '요' 등이 있다. 연세(나이), 진지(밥), 생신(생일), 편찮으시다(아프다), 여쭈다(묻다), 주무시다(자다) 등의 높임 어휘를 사용하기도 한다.
지시(指 가리킬 지, 示 보일 시)	말하는 이가 특정 대상이나 상황, 앞뒤 내용 들을 가리켜 표현하는 것. '이, 그, 저' '나, 너, 우리, 그' 등이 있다.
접속(接 이을 접, 續 이을 속)	문장과 문장, 문단과 문단을 이어, 글의 흐름을 자연스럽게 연결해주는 표현. '그리고, 그러나, 또' 등이 있다.

문장 호응[呼 부를 호, 應 응할 응]

문장에서 앞에 어떤 말이 오고 짝인 말이 뒤따라오는 것.	주어와 서술어의 호응 예) 분리수거를 해야 하는 **이유는** 지구 환경을 지켜야 하기 **때문이다.**
	부사어와 서술어의 호응 예) **별로** 기분이 내키지 **않는다.**
	높임의 대상을 나타내는 말과 서술어의 호응 예) **아버지께서** 많은 조언을 **주셨다.**
	시간을 나타내는 말과 서술어의 호응 예) **어제** 비가 많이 **내렸다.**
	동작을 당하는 주어와 서술어 호응 예) **도둑이** 경찰에게 **잡혔다.**

가리키다	손가락 따위로 어떤 방향이나 대상을 짚어서 보이거나 말하거나 알리다.
가르치다	지식이나 기능, 이치 따위를 깨닫게 하거나 익히게 하다.
걸음	두 발을 번갈아 옮겨놓는 동작을 말한다.
거름	밭에 뿌리는 비료를 말한다.
낫다	• 병이나 상처 따위가 고쳐져 본래대로 된다. • 보다 더 좋거나 앞서 있다.
낮다	아래에서 위까지의 높이가 보통 정도에 미치지 못하는 상태에 있다.
낳다	배 속의 아이, 새끼, 알을 몸 밖으로 내놓다.
느리다	움직임이 빠르지 못하다.
늘이다	길이를 원래보다 더 길게 하다.
다르다(↔ 같다)	비교가 되는 두 대상이 서로 같지 아니하다.
틀리다(↔ 맞다)	셈이나 사실 따위가 그르게 되거나 어긋나다.
다치다	몸에 상처를 입다.
닫히다	열려 있던 것이 도로 제자리로 가 막히다.
메다	어깨에 걸치거나 올려놓다.
매다	끈이나 줄의 두 끝을 엇걸고 잡아당겨 풀어지지 않게 마디를 만들다.
마치다	어떤 일을 끝내다.
맞히다	문제에 대한 답을 틀리지 않게 하다.
맞추다	서로 떨어져 있는 부분을 제자리에 맞게 대어 붙이다.
바래다	볕이나 습기를 받아 색이 변하다.

바라다	생각이나 바람대로 어떤 일이나 상태가 이루어지거나 그렇게 되었으면 하고 생각하다.
반드시	틀림없이 꼭.
반듯이	비뚤어지거나 기울거나 굽지 않고 바르게.
적다	수효나 분량, 정도가 일정한 기준에 미치지 못하다.
작다	길이, 넓이, 부피 따위가 비교 대상이나 보통보다 덜하다.
잊다	한번 알았던 것을 모두 기억하지 못하거나 전혀 기억해내지 못하다.
잃다	가졌던 물건이 자신도 모르게 없어져 그것을 아주 갖지 아니하게 되다.
안	'아니'의 준말이다. '안 춥다'와 같이 '아니'로 대체될 수 있는 경우에 쓴다.
않	'아니하다'의 준말이다. '밥을 먹지 않는다'와 같이 '아니하다'로 대체될 수 있는 경우에 쓴다.

복수 표준어

자장면, 짜장면	날개, 나래	만날, 맨날
봉선화, 봉숭아	옥수수, 강냉이	이쁘다, 예쁘다
터트리다, 터뜨리다	헛갈리다, 헷갈리다	간질이다, 간지럽히다
메우다, 메꾸다		

표준 발음법

않고[안코] 놓다가[노타가] 쌓지[싸치]	받침 'ㅎ'뒤에 'ㄱ, ㄷ, ㅈ'이 오면 각각 [ㅋ], [ㅌ], [ㅊ]으로 발음된다.
입학[이팍] 국화[구콰]	받침 'ㅂ'과 'ㄱ' 뒤에 'ㅎ'이 오면 각각 [ㅍ], [ㅋ]으로 발음된다.

식당[식땅] 국밥[국빱] 낙지[낙찌] 숟가락[숟까락] 밥상[밥쌍]	'ㄱ, ㄷ, ㅂ' 뒤에 연결되는 'ㄱ, ㄷ, ㅂ, ㅅ, ㅈ'은 각각 [ㄲ], [ㄸ], [ㅃ], [ㅆ], [ㅉ]으로 소리난다.

기본 띄어쓰기

단어와 단어 사이는 띄어 쓰되, '이/가, 을/를, 은/는, 의'와 같은 말은 앞말에 붙여 쓴다.	서우가∨옷을∨입는다.
마침표(.)나 쉼표(,) 뒤에 오는 말은 띄어 쓴다.	어머,∨깜짝이야.∨정말 놀랐잖아.
수를 나타내는 말과 단위를 나타내는 말 사이는 띄어 쓴다.	연필 한∨자루 샀어요.
'-(으)ㄴ', '-(으)ㄹ'로 끝나는 말 뒤에 오는 '만큼, 대로, 뿐'과 같은 말들은 띄어 써야 한다.	나는 열심히 한∨만큼 준비한∨대로 할∨뿐입니다.

단어

• • • • • •

기분, 생각, 느낌을 나타내는 말

궁금하다	무엇이 알고 싶어 마음이 몹시 답답하고 안타깝다
답답하다	숨이 막힐 듯이 갑갑하거나 애가 타다.
고맙다	남이 베풀어준 친절이나 도움에 대하여 마음이 흐뭇하다.
놀라다	뜻밖의 일이나 무서움에 가슴이 두근거리거나, 뛰어나거나 신기한 것을 보고 매우 감동하다.
반갑다	그리워하던 사람을 만나거나 원하는 일이 이루어져서 마음이 즐겁고 기쁘다.

괜찮다	별로 나쁘지 않고 보통 이상이다.
무섭다	어떤 대상에 대하여 꺼려지거나 무슨 일이 일어날까 겁나는 데가 있다.
부럽다	남의 좋은 일이나 물건을 보고 자기도 그런 일을 이루거나 그런 물건을 가졌으면 하고 바라는 마음이 있다.
속상하다	화가 나거나 걱정이 되는 일로 인하여 마음이 불편하고 우울하다.
뿌듯하다	기쁨이나 감격이 마음에 가득 차서 벅차다.
신나다	어떤 일에 흥미가 생겨 기분이 매우 좋아지다.
걱정되다	안심이 되지 않아 속이 타다.
즐겁다	마음에 거슬림이 없이 흐뭇하고 기쁘다.
심심하다	하는 일이 없어 지루하고 재미가 없다.
화나다	화가 나서 마음에 뜨거운 기운이 생기다.
기쁘다	욕구가 충족되어 마음이 흐뭇하고 흡족하다.
슬프다	원통한 일을 겪거나 불쌍한 일을 보고 마음이 아프고 괴롭다.
피곤하다	몸이나 마음이 지쳐 고달프다.
불안하다	몸과 마음이 편하지 않다.
긴장되다	마음을 조이고 정신을 바짝 차리게 되다.
설레다	마음이 가라앉지 않고 들떠서 두근거리다.
외롭다	홀로 되거나 의지할 곳이 없어 쓸쓸하다.
안심되다	모든 걱정이 떨쳐지고 마음이 편해지다.
고민되다	어찌할 줄 몰라 괴로워하고 애를 태우게 되다.
의심되다	확실히 알지 못하여 믿음이 생기지 못하다.
망설이다	이리저리 생각만 하고 태도를 결정하지 못하다.

소리나 모양을 흉내 내는 말

깔깔	못 참을 듯이 웃는 소리.
삑	호루라기 따위가 크게 울리는 소리.
씽씽	바람이 매우 세차게 스쳐 지나가는 소리.
헉헉	몹시 놀라거나 힘들어서 숨을 거칠게 몰아쉬는 소리.
째깍째깍	시계 따위의 톱니바퀴가 자꾸 돌아가는 소리.
후드득	굵은 빗방울 따위가 갑자기 떨어질 때 나는 소리.
둥실둥실	물체가 공중이나 물 위에 가볍게 떠서 잇따라 움직이는 모양.
활짝	꽃 따위가 한껏 피거나, 얼굴 가득히 웃음을 띤 모양.
폴짝폴짝	가볍고 힘 있게 자꾸 뛰어오르는 모양.
뒤뚱뒤뚱	크고 묵직한 물체나 몸이 중심을 잃고 가볍게 이리저리 기울어지며 자꾸 흔들리는 모양.
엉금엉금	큰 동작으로 느리게 걷거나 기는 모양.
덩실덩실	신이 나서 팔다리를 흥겹게 자꾸 놀리며 춤을 추는 모양.
빙글빙글	큰 것이 잇따라 미끄럽게 도는 모양.
사뿐사뿐	소리가 나지 아니할 정도로 잇따라 가볍게 발을 내디디며 걷는 모양.
울긋불긋	짙고 옅은 여러 가지 빛깔들이 야단스럽게 한데 뒤섞여 있는 모양.
깡충깡충	짧은 다리를 모으고 자꾸 힘 있게 솟구쳐 뛰는 모양.
소곤소곤	남이 알아듣지 못하도록 작은 목소리로 자꾸 가만가만 이야기하는 소리. 또는 그 모양.
버럭버럭	화가 나서 잇따라 기를 쓰거나 소리를 냅다 지르는 모양.
절레절레	머리를 좌우로 자꾸 흔드는 모양.
꼬불꼬불	이리로 저리로 고부라지는 모양.
포슬포슬	덩이진 가루가 물기가 적어 굳어지지 못하고 바스러지기 쉬운 모양.

| 주렁주렁 | 열매 따위가 많이 달려 있는 모양. |

성격을 나타내는 말

겸손하다	남을 존중하고 자기를 내세우지 않는 태도가 있다.
공정하다	판단이나 행동이 한쪽으로 치우치지 않고 올바르다.
꼼꼼하다	빈틈이 없이 차분하고 조심스럽다.
끈기 있다	쉽게 단념하지 아니하고 끈질기게 견뎌나간다.
너그럽다	마음이 넓고 아량이 있다.
다정하다	정이 많거나 두텁다.
대범하다	성격이나 태도가 사소한 것에 얽매이지 않으며 너그럽다.
털털하다	사람의 성격이나 하는 행동이 까다롭지 않고 소탈하다.
명랑하다	유쾌하고 활발하다.
배려심이 있다	도와주거나 보살펴주려는 마음이 있다.
믿음직하다	믿을 만하고 의지가 된다.
부지런하다	어떤 일을 꾸물거리거나 미루지 않고 꾸준하게 열심히 한다.
사려 깊다	여러 가지 일에 대하여 깊게 생각하다.
예의 바르다	말이나 행동이 바르고 공손하다.
용감하다	용기가 있으며 씩씩하고 기운차다.
자상하다	인정이 넘치고 정성이 지극하다.
자주적이다	남의 보호나 간섭을 받지 않고 자기 일을 스스로 처리한다.
적극적이다	대상에 대한 태도가 긍정적이고 능동적이다.
정직하다	마음에 거짓이나 꾸밈이 없이 바르고 곧다.
차분하다	마음이 가라앉아 조용하다.

활기차다	힘이 넘치고 생기가 가득하다.
게으르다	행동이 느리고 움직이거나 일하기를 싫어하는 성미나 버릇이 있다.
냉정하다	태도가 정다운 맛이 없고 차갑다.
덤벙거리다	들뜬 행동으로 아무 일이나 자꾸 함부로 서둘러 뛰어들다.
무책임하다	책임감이 없다.
소극적이다	스스로 앞으로 나아가거나 상황을 계산하려는 기백이 부족하고 비활동적이다.
소심하다	대담하지 못하고 조심성이 지나치게 많다.
엄격하다	말, 태도, 규칙 따위가 매우 엄하고 철저하다.
예민하다	무엇인가를 느끼는 능력이나 분석하고 판단하는 능력이 빠르고 뛰어나다.
욕심이 많다	분수에 넘치게 무엇을 탐내거나 누리고자 한다.

관용 표현

● ● ● ● ● ●

관용어(慣 익숙할 관, 用 쓸 용, 語 말씀 어)	
간 떨어지다	(사람이) 순간적으로 몹시 놀라다.
간이 크다	(사람이) 겁이 없고 매우 대담하다.
금이 가다	서로의 사이가 벌어지거나 틀어지다.
김이 식다	재미나 의욕이 없어지다.
눈이 번쩍 뜨이다	정신이 갑자기 들다.
눈 깜짝할 사이	매우 짧은 순간.
눈에 띄다	두드러지게 드러나다.

막을 열다	무대의 공연이나 어떤 행사를 시작하다.
머리를 맞대다	어떤 일을 의논하거나 결정하기 위하여 서로 마주 대하다.
발이 넓다	아는 사람이 많아 활동하는 범위가 넓다.
손이 크다	씀씀이가 후하고 크다.
손꼽아 기다리다	기대에 차 있거나 안타까운 마음으로 날짜를 꼽으며 기다리다.
손발을 맞추다	함께 일을 하는 데에 마음이나 의견, 행동 방식 따위를 서로 맞게 하다.
시치미를 떼다	자기가 하고도 하지 않은 체하거나 알고 있으면서도 모르는 체하다.
애간장이 타다	(사람이) 몹시 안타깝고 초조하여 걱정이 되다.
엎친 데 덮친 격이다	어렵거나 나쁜 일이 겹치어 일어나다.
천하를 얻은 듯	매우 기쁘고 만족스럽다.
하루에도 열두 번	어떤 일이 매우 빈번하게 일어나다.

속담

가는 말이 고와야 오는 말이 곱다	자기가 남에게 말이나 행동을 좋게 해야 남도 자기에게 좋게 한다는 말이다.
소 잃고 외양간 고친다	소를 도둑맞은 다음에서야 빈 외양간의 허물어진 데를 고치느라 수선을 떤다는 뜻으로, 일이 이미 잘못된 뒤에는 손을 써도 소용이 없음을 비꼰다.
가루는 칠수록 고와지고 말은 할수록 거칠어진다	이러쿵저러쿵 시비가 길어지면 말다툼에까지 이를 수 있음을 경계하는 말이다.
공든 탑이 무너지랴	공들여 쌓은 탑은 무너질 리 없다는 뜻으로, 힘을 다하고 정성을 다하여 한 일은 그 결과가 반드시 헛되지 않음을 비유적으로 이르는 말이다.
개천에서 용 난다	시원찮은 환경이나 변변찮은 부모에게서 빼어난 인물이 나는 경우를 이르는 말이다.
까마귀 고기를 먹었나	까마귀의 색깔이 까맣다는 데서 무엇을 까맣게 잘 잊어버리는 사람을 핀잔하는 투로 이르는 말이다.

낮말은 새가 듣고 밤말은 쥐가 듣는다	아무리 비밀히 한 말이라도 반드시 남의 귀에 들어가게 된다는 말이다.
누워서 떡 먹기	하기가 매우 쉬운 것을 비유적으로 이르는 말이다.
늙은 말이 길을 안다	나이와 경험이 많으면 그만큼 일에 대한 이치를 잘 앎을 비유적으로 이르는 말이다.
닭 쫓던 개 지붕 쳐다본다	개에게 쫓기던 닭이 지붕으로 올라가자 개가 쫓아 올라가지 못하고 지붕만 쳐다본다는 뜻으로, 애써 하던 일이 실패로 돌아가거나 남보다 뒤떨어져 어찌할 도리가 없이 됨을 비유적으로 이르는 말이다.
독장수구구는 독만 깨뜨린다	실현 가능성이 없는 허황된 계산을 하거나 헛수고로 애만 씀을 이르는 말이다. 옛날에 옹기장수가 길에서 독을 쓰고 자다가 꿈에 큰 부자가 되어 좋아서 뛰는 바람에 꿈을 깨고 보니 독이 깨졌더라는 이야기에서 유래한다.
말이 많으면 쓸 말이 적다	하지 않아도 될 말을 이것저것 많이 늘어놓으면 그만큼 쓸 말은 적어진다는 뜻으로, 말을 삼가라는 말이다.
말이 씨가 된다	늘 말하던 것이 마침내 사실대로 되었을 때를 이르는 말이다.
바늘 가는 데 실 간다	바늘이 가는 데 실이 항상 뒤따른다는 뜻으로, 사람의 긴밀한 관계를 비유적으로 이르는 말이다.
발 없는 말이 천리 간다	말이란 순식간에 멀리까지 퍼져나가므로 말을 삼가야 함을 비유적으로 이르는 말이다.
배보다 배꼽이 크다	기본이 되는 것보다 덧붙이는 것이 더 많거나 큰 경우를 비유적으로 이르는 말이다.
백지장도 맞들면 낫다	쉬운 일이라도 협력하여 하면 훨씬 쉽다는 말이다.
벼 이삭은 익을수록 고개를 숙인다	교양이 있고 수양을 쌓은 사람일수록 겸손하고 남 앞에서 자기를 내세우려 하지 않는다는 것을 비유적으로 이르는 말이다.
사공이 많으면 배가 산으로 간다	여러 사람이 저마다 제 주장대로 배를 몰려고 하면 결국에는 배가 물로 못 가고 산으로 올라간다는 뜻이다. 주관하는 사람 없이 여러 사람이 자기주장만 내세우면 일이 제대로 되기 어려움을 비유적으로 이르는 말이다.

사람은 죽으면 이름을 남기고 범은 죽으면 가죽을 남긴다	호랑이가 죽은 다음에 귀한 가죽을 남기듯이 사람은 죽은 다음에 생전에 쌓은 공적으로 명예를 남기게 된다는 뜻이다. 인생에서 가장 중요한 것은 생전에 보람 있는 일을 해놓아 후세에 명예를 떨치는 것임을 비유적으로 이르는 말이다.
세 살 적 버릇이 여든까지 간다	어릴 때 몸에 밴 버릇은 쉽게 고쳐지지 않는다는 뜻이다. 어릴 때부터 나쁜 버릇이 들지 않도록 잘 가르쳐야 함을 비유적으로 이르는 말이다.
살은 쏘고 주워도 말은 하고 못 줍는다	화살은 쏘아도 찾을 수 있으나 말은 다시 수습할 수 없다는 뜻으로, 말을 삼가야 한다는 말이다.
쇠뿔도 단김에 빼라	든든히 박힌 소의 뿔을 뽑으려면 불로 달구어놓은 김에 해치워야 한다는 뜻이다. 어떤 일이든지 하려고 생각했으면 한창 열이 올랐을 때 망설이지 말고 곧 행동으로 옮겨야 함을 비유적으로 이르는 말이다.
시작이 반이다	무슨 일이든지 시작하기가 어렵지 일단 시작하면 일을 끝마치기는 그리 어렵지 않음을 비유적으로 이르는 말이다.
아 해 다르고 어 해 다르다	같은 내용의 이야기라도 이렇게 말하여 다르고 저렇게 말하여 다르다는 말이다.
우물을 파도 한 우물을 파라	일을 너무 벌여놓거나 하던 일을 자주 바꾸어 하면 아무런 성과가 없으니 어떠한 일이든 한 가지 일을 끝까지 해야 성공할 수 있다는 말이다.
원숭이도 나무에서 떨어질 때가 있다	아무리 익숙하고 잘하는 사람이라도 간혹 실수할 때가 있음을 비유적으로 이르는 말이다.
입은 비뚤어져도 말은 바로 해라	상황이 어떻든지 말은 언제나 바르게 해야 함을 이르는 말이다.
쥐구멍에도 볕 들 날 있다	몹시 고생을 하는 삶도 좋은 운수가 터질 날이 있다는 말이다.
지렁이도 밟으면 꿈틀한다.	아무리 눌려 지내는 미천한 사람이나, 순하고 좋은 사람이라도 너무 업신여기면 가만있지 않는다는 말이다.
천 리 길도 한 걸음부터	무슨 일이나 그 일의 시작이 중요하다는 말이다.
콩 심은 데 콩 나고 팥 심은 데 팥 난다	모든 일은 근본에 따라 거기에 걸맞은 결과가 나타나는 것임을 비유적으로 이르는 말이다.

티끌 모아 태산이다	아무리 작은 것이라도 모이고 모이면 나중에 큰 덩어리가 됨을 비유적으로 이르는 말이다.
하나를 보면 열을 안다	일부만 보고 전체를 미루어 안다는 말이다.
하룻강아지 범 무서운 줄 모른다	철없이 함부로 덤비는 경우를 비유적으로 이르는 말이다.
호랑이에게 물려 가도 정신만 차리면 산다	아무리 위급한 경우를 당하더라도 정신만 똑똑히 차리면 위기를 벗어날 수 있다는 말이다.
호랑이도 제 말 하면 온다	다른 사람에 관한 이야기를 하는데 공교롭게 그 사람이 나타나는 경우를 이르는 말이다.
호랑이가 호랑이를 낳고 개가 개를 낳는다	근본에 따라 거기에 합당한 결과가 이루어짐을 비유적으로 이르는 말이다.

규칙적인 습관이 국어 문해력을 만든다

문해력의 씨앗을 뿌리는 초등 1~2학년: 읽기, 쓰기, 듣기, 말하기를 골고루

| 읽기

아이들이 책을 가장 많이 읽는 때가 태어나서부터 초등 저학년 때입니다. 초등 1~2학년 시기에는 책을 읽을 때 관련 단어, 상황 맥락을 충분히 연습할 수 있는 간접 경험이 될 수 있도록 그 주 교과 내용과 연계해 읽기를 권합니다. 예를 들어, <기분을 말해요> 단원을 학습하는 주에는 '기분'과 관련한 책을 읽는 것이지요. 어린이 도서관이나 서점에서 '기분' 또는 '감정'이라는 단어로 검색하면 관련 책을 살펴볼 수 있습니다. 또는 '그림책 박물관(picturebook-museum.com)'에 들어가서 '주제어'에 '기분'만 입력해도 관련된 그림책이 나옵니다. 교육부에서 만든 독서 지도 시스템 '책열매(ireading.kr)'에서도 주제별 도서 찾기가 가능하고요. 교과 연계 도서를 찾아볼 수 있는 방법은 많습니다.

이 시기에는 읽기 유창성을 키워야 하니 소리 내어 읽기도 충분히 해야 합니다. 이는 아이들의 말하기 자신감을 높여야 하기 때문이기도 하지만, 중학년 이후 읽기에 문제가 생기지 않게 예방하기 위해서이기도 합니다. 중학년 이상의 아이들 중 글을 읽어도 내용을 이해하지 못하는 아이, 묵독 시(소리를 내지 않고 속으로 글을 읽을 때) 정확한 읽기가 안 되는 아이가 많습니다. 이 아이들에게 소리 내어 읽어보게 하면 '은, 는, 이, 가, 도' 등의 조사를 잘못 읽고, 글자를 원래와 다른 글자로 바꿔 읽고, 줄 바꿈 시에 한 줄 이상 건너뛰어 읽고, 읽다가 자꾸 멈추고, 띄어쓰기를 무시하고 읽습니다. 그래서 초등 1~2학년 시기에 소리 내어 읽기(음독)를 꾸준히 해 아이들의 읽기 역량을 키워주세요. 단순 읽기도 좋고 부모와 1쪽씩 번갈아가며 읽기, 틀리면 뺏어 읽기, 작품 속 인물의 입장에서 역할극하듯 읽기, 녹음해서 들어보기 등 다양한 방법을 활용해도 좋습니다.

| 쓰기

저학년 쓰기의 최우선은 글씨체입니다. 기본적으로 요즘 아이들 다수가 글씨를 못 씁니다. 종이와 펜보다 스마트폰과 태블릿PC에 더 익숙한 세대라 글을 쓸 일이 별로 없고요. 초등학교, 중학교에서도 평가 외에 쓰기를 자주 시키기 어렵습니다. 아이들이 잘 안 쓰기도 하지만 PPT, 영상 등의 시각 자료를 보며 활동지에 빈칸을 채우는 학습을 하다 보니 수업 중 연필을 길게 들 일이 거의 없습니다. 그런데 이런 환경에서 자란 아이들을 기다리고 있는 것이 '논술형 평가'입니다.

교육청에서 나날이 논술형 평가의 비중을 늘리고 있고요. 교과에 따라 한 학기 평가의 50% 이상을 차지하기도 합니다. 저는 주로 한 학급 인원이 35명 안팎인 학교에서 근무했고, 다섯 반 정도 수업을 맡았었습니다. 그러면 약 180명의 논술평 평가지를 보게 되는데, 괴발개발 글씨는 판별조차 할 수 없어 좋은 점수를 주고 싶어도 줄 수가 없었습니다.

그러니 글씨를 익히는 초등 저학년 시기에는 '바르게 쓰기'를 연습하는 게 좋습니다. 초등 1학년 교과서에서부터 바르게 쓰기가 나와 있지만 교과서 분량으로는 충분히 연습이 안 됩니다. 시중에 나와 있는 교본을 사서 쓰는 연습을 해주세요. 교본 없이도 글씨를 바르게 쓸 수 있을 때까지 매일 연습해야 합니다. 단, 교본은 다음 네 가지를 고려해 구매하는 게 좋습니다.

X	• 이응에 뿔이 달려 있는 것(ㅇ) • 모음을 꺾어 쓴 것(ㅏ, ㅓ, ㅗ)
O	• 지읒, 치읓이 3획(ㅈ), 4획(ㅊ)으로 되어 있지 않고 2획(ㅈ), 3획(ㅊ)인 것 • 음절 수준부터 쓰는 것 말고 자음과 모음, 획순부터 연습할 수 있는 것

이유는 간단합니다. 안 그래도 쓰기 싫어하는 아이들은 이응을 예스럽게 쓰고, 모음을 꺾어 써가며, 지읒과 치읓의 획 하나 더 긋는 것도 귀찮아합니다. 교본은 최대한 현실 운음을 고려해 제작된 것을 찾아주세요. 그리고 자음과 모음, 획순을 연습할 수 있는 것이어야 음운을 가장 효율적인 순서로 익힐 수 있습니다. 글씨를 쓸 수 있을 만큼의 손힘이 없는 아이들은 선 긋기부터 연습하는 것을 권합니다.

글쓰기는 교과서를 활용해주세요. 시중에 나와 있는 그 어떤 독서 논술 교재보다 뛰어난 게 국어 교과서입니다. 어느 학원을 보내도 국가 차원의 전문가들이 개발한 성취기준에 맞게, 체계적으로 구성한 자료를 받을 수 없을 거라 생각합니다. 교과서를 매주 집으로 가져오게 하거나 한 권 더 구매해두고, 학교에서 나오는 주간 계획표에 따라 가정에서 발맞춰 글쓰기를 하면 좋습니다. 1, 2학년은 국어 교과서뿐만 아니라 국어활동 책까지 같이 활용하면 더 도움이 됩니다.

| 듣기·말하기

국어는 삶을 배우는 교과입니다. 국어 점수가 높다고 해서 좋은 삶을 살아가는 것은 아니지만, 국어 영역에서 목표하는 바를 제대로 성취한 사람은 반드시 귀감이 되는 삶을 살아갈 거라고 확신합니다. 그렇게 삶을 배워나가는 순서는 '나'로부터 출발합니다. 지피지기면 백전백승이고, 수신제가치국평천하이기도 하지요. 천하를 다스리는 것까지는 너무 거창하지만, 자신을 정확히 인식하고 표현하는 것은 매우 중요한 일입니다. 그래서 저학년 국어 교육과정 또한 '나'로부터 출발해 가족, 이웃으로 확장하며 세상으로 나아갈 수 있는 준비를 합니다. 그러므로 가정에서도 그 인식과 확장을 위한 어휘력을 키워주는 게 좋습니다.

저학년 때는 자신의 감정이나 생각을 충분히 표현하도록 교과서가 구성되어 있지만, 실상 아이들은 단어를 다채롭게 활용하지 못합니다. 자신이 느끼는 그 감정이 무엇인지 인식하는 것도 어렵고요. 그래서 '기분, 생각, 느낌을 나타내는 말'이나, '소리나 모양을 흉내 내는 말'을 잘 보이는 곳에 붙여두고 의식적으로 사용하면 좋습니다. 아이가 특정 감정을 드러내는데 말로는 표현하지 못할 때, 관련 단어를 짚어보라고 한 후에 그 감정에 대해 설명해줘도 좋습니다. 저는 아이가 초등 3학년 때까지 거실 통로에 nvc느낌 욕구 카드를 붙여두고 오가는 길에 보게 했습니다. 틈날 때마다 아이나 저의 감정을 같이 이야기 나눠보기도 했고요. 그 카드를 선택했던 것은 현재의 느낌을 인식한 후 어떤 상태에 이르기를 바라는지를 욕구 카드를 활용해 대화할 수 있었기 때문입니다. 시중에 느낌과 감정 카드들이 많이 있습니다. 훨씬 다채로운 단어들을 접하고 싶으면 그런 것들을 적극 활용해도 좋습니다.

또한 우리말에는 '이것, 저것, 그것' 또는 '여기, 저기, 거기' 등 사물, 장소, 방향 등을 일컫는 '지시대명사'가 있습니다. 이것만큼 만능어가 없지요. 그러나 지시대명사의 빈번한 활용은 아이가 세상을 인식해가는 데 걸림돌이 됩니다.

엄마, 오늘 오다가 넘어져서 **여기** 까졌어요.

→ 어머, **여기**? 아프겠다. 약 발라줄게. (X)

→ **무릎**을 다쳤네. 아프겠다. 약 발라줄게. (O)

아이가 지시대명사를 써서 말할 경우에는 되도록 부모가 '명사'로 되돌려주면 좋습니다. 사랑이나 우정과 같은 눈에 보이지 않는 것을 지시하는 추상 단어들은 경험의 부족으로 저학년 시기에 어려울 수 있지만, 구체적인 사물을 지시하는 말들은 모두 명사로 인식할 수 있게 도와주세요. 저학년 시기에 해야 할 중요한 연습 중 하나입니다.

마지막으로, 이 시기에는 언어 감각을 키우기 위한 말놀이도 많이 해주세요. 언어유희나 난센스 방식의 수수께끼, 끝말 잇기, 꼬리따기 말놀이, 단어를 이용해 문장 만들기 등을 추천합니다. 언어 감수성을 키울 뿐만 아니라 어휘력 확장에도 좋습니다. 그리고 국어를 공부하기 위한 기초적인 수준의 단어들이 제시되는 시기인 만큼 부모가 아이와 충분한 대화를 통해 모국어의 씨를 잘 뿌려주어야 합니다.

문해력의 싹을 틔우는 초등 3~4학년: 깊이 있는 읽기와 쓰기

| 어떻게 읽어야 할까?

3학년부터는 많은 학교에서 온 책 읽기가 시작됩니다. 학년별 국어 (가) 교과서 제일 앞에 독서 단원이 있어 언제든 교실 상황에 맞게 독서 활동을 할 수 있습니다. 단원을 살펴보면 독서 준비 단계부터 독서 중, 독서 후 과정까지 아이들의 발달 단계에 맞춰 구체적으로 안내하고 있어요. '공부하느라 책을 읽지 못한다'는 아이들의 독서 문제를 해결하는 데 도움이 될 거라 생각합니다.

다음은 초등 3~6학년 국어 교과서의 독서 단원에 제시된 활동을 정리한 표입니다. 어떤 활동들이 이루어지는지 살펴보고 가정에서 책 읽기를 할 때 참고해주세요. 학년별 구체적인 활동은 교과서를 확인하기 바랍니다.

독서 전	• 책을 살피며 읽을 책 정하기
	• 저자, 머리말, 제목과 표지를 살펴보고 내용 예상하기
	• 제목, 차례, 책 속 그림, 글을 훑어본 후 질문에 답하며 내용 짐작하기
독서 중	• 글의 종류에 따라 다르게 읽는 방법 ① 설명하는 글 : 설명하는 대상, 이미 알던 내용, 새롭게 안 내용 등을 정리하기 ② 주장하는 글 : 글쓴이의 주장, 뒷받침 근거 파악하기, 주장과 근거의 타당성 판단하기, 자신의 생각과 같은 점 및 다른 점 비교하기 ③ 이야기(동화) : 핵심 인물, 배경, 사건 파악하기, 시간의 흐름이나 공간의 이동 정리하기, 핵심 사건을 통해 갈등의 전개 과정이나 해결 방법 파악하기, 작가의 의도 파악하기

독서 중	**• 책을 즐기며 읽는 방법** 장면을 떠올리며 읽기, 상상하며 읽기, 인상 깊은 부분을 찾으며 읽기, 자신의 삶과 연결 지으며 읽기, 다른 작품과 연결 지으며 읽기
	• 질문을 만들고 답하며 읽는 방법 책에서 답을 찾을 수 있는 질문(내용 확인 질문), 책 내용에서 답을 짐작할 수 있는 질문(추론 질문), 책을 읽고 떠오른 생각이나 느낌에 대한 질문(감상 질문), 자신의 삶과 관련짓는 질문(적용 질문), '만약~'을 통해 사실에 대한 가치 판단을 묻는 질문(평가 질문) 등을 만들고 답하기
	• 비판하며 읽는 방법 선입견, 과장, 왜곡이 있는지 생각하며 읽기, 책에 나오는 내용이 사실인지 생각하며 읽기
독서 후	**• 책 내용 간추리기** ① 설명하는 글 : 중요한 단어 중심으로 내용 정리한 후 관련 내용 덧붙이기 ② 주장하는 글 : 글쓴이의 주장과 이유 정리하기 ③ 이야기 글(동화) : 인물, 사건, 배경, 주제 중심으로 정리하기 ④ 시 : 시를 읽고 떠올린 장면, 시의 분위기, 가장 중요하다고 생각하는 말, 재미있게 느끼거나 감동받은 부분, 주제 중심으로 정리하기
	• 생각 나누기 새롭게 안 점이나 더 알고 싶은 점 정리하기, 책 소개하기, 책 속 인물과 자신의 비슷한 점 및 다른 점 찾기, 개념 지도 그리기, 책 속 좋은 구절 말하기, 독서 토의하기, 책 평가하기, 책 띠지 만들기, 독서 지도 채우기, 책 속 인물에게 편지 쓰기, 독서 신문 만들기
	• 독서 활동 돌아보기

읽을 책을 정했다면, 본격적으로 책을 읽기 전에 표지와 머리말을 살펴보며 내용을 예상해보거나 차례, 책 속 글을 훑어본 후 질문을 만들어보는 등 '읽기 전' 활동부터 차근히 챙겨주세요. 호기심을 가지고 독서 중 활동에 집중할 수 있습니다. 독서 전·중·후 활동을 의미 있게 실천해 좋은 독서 습관이 자리 잡을 수 있게 도와주세요.

| 문학

초등 과정은 문학 작품을 통해 삶을 더 배워나가야 하는 시기입니다. 초등 3~4학년까지는 문학 작품을 더 많이 보기를 권합니다. 문학 작품을 읽을 때는 시도 잘 챙겨주세요. 자주 접해보지 않으면 함축적 언어 표현에 대한 생경함이 난해함으로 느껴질 수도 있습니다. 섬세한 정서 표현에 부담을 느끼기도 하고요. 자연스러운 노출을 통해 시에 대한 친근감을 길러야 합니다.

특히 소설을 읽은 다음에는 마인드맵을 그려보면 좋습니다. 문학적 감수성을 바탕으로 주요 내용과 감상을 정리할 수 있기 때문입니다. 즉, 요약하기와 종합하기의 연습을 하는 것이지요. (앞으로 다른 교과 챕터에서 자세히 설명하겠지만 요약하기와 종합하기는 아이들의 학습에서 매우 중요합니다.)

· 책을 읽고 떠오른 장면 혹은 주제를 나타낼 수 있는 중심 이미지를 그립니다.

· 인물, 사건, 배경, 주제를 주 가지로 그립니다.

· 핵심적 인물의 특성, 주요 사건과 의미, 시간 및 공간적 배경의 특징, 작가가 전하려고 하는 메시지나 본인이 깨달은 점을 세부 가지로 이어 그립니다.

이와 같이 요약하기와 종합하기를 연습해보세요. 마인드맵은 단어와 이미지 중심으로 세부 가지를 잇지만, 주제 부분은 줄글의 형태로 세 문단 쓰기를 권하기도 합니다. 초등 3~4학년 아이들의 독후 활동에 대한 부담을 줄이면서 글쓰기까지 연습할 수 있기 때문이지요.

마인드맵을 그릴 때 저는 가장 먼저 '중심 이미지'에 공을 들이게 합니다. 실제로 이 부분을 그려보게 하면, 이야기와 관련된 중요 장면을 따라 그리는 아이들이 많아요. 그러나 새로운 이미지를 창조해내는 아이도 있습니다. 이런 작업은 고학년에서 요구되는 추상화 작업과도 연결됩니다. 그리고 무엇이든 디자인을 궁리하고 그려보는 것은 중학교 수행평가에서 요구되는 역량이기도 하고요. 책에서 제시하는 다양한 정보들을 활용해 상황에 맞게 구현하면 됩니다.

교과서에 있는 독서감상문을 활용하는 것도 좋은 방법입니다. 특정 방법에 얽매이거나 또는 글쓰기 정답이 있을 거라 생각하며 헤매지 마세요. 교과서에 있는 큰 틀을 따르되, 모두 적용할 필요도 없어요. 여러 요소 중 아이가 몇 가지를 취사 선택해 재구성해보는 것이 글쓰기 주도성을 기르는 데 더욱 좋습니다. 다음은 교과서에 제시된 독서감상문 요소입니다. 자신의 생각이나 감상 없이 사실 내용을 간추리는 글쓰기만 하지 않는다면, 책에 따라 아이가 더 적고 싶은 요소에 집중해주세요.

· 책의 내용을 대표하거나 주제를 나타낼 수 있는 제목을 적습니다.
· 책을 언제, 어디에서, 어떤 계기로 읽게 되었는지 적습니다.
· 책의 배경, 등장인물, 줄거리를 정리해 적습니다.
· 재미있는 장면, 슬픈 장면, 감동적인 장면 등 인상 깊은 장면을 떠올리고 이유와 함께 적습니다.
· 책에 대한 생각이나 느낌, 책을 읽고 깨닫거나 다짐한 점을 이유와 함께 적습니다.

| 비문학

초등 3~4학년은 교과서를 통해 비문학 읽기에 대한 연습도 충분히 해야 하는 시기입니다. 그러나 국어 교과서만으로는 연습량이 충분하지 않습니다. 당해 학년의 사회, 과학 교과서를 활용해주세요. 해당 시기에 갖춰야 할 배경지식을 충실히 쌓고, 비문학 글이 가지고 있는 구조를 익히며, 다양한 관점과 정보를 스스로 연결해 해석하는 힘을 기를 수 있습니다.

이 시기 국어 교과서에서는 설명하는 글이나 주장하는 글을 3단 구성에 따라 본격적으로 쓰지는 않습니다. 문단 수준의 짧은 글을 먼저 쓰게 하지요. 설명하는 글의 경우 '중심 문장과 뒷받침 문장'을 구성하는 연습을 하고, 주장하는 글은 '문제 상황 제시-의견 제시-그렇게 생각한 까닭'을 적어보는 연습을 합니다. 한 문단 쓰기가 잘되면 그것이 모여 한 편의 글이 됩니다. 그러니 3~4학년 시기에는 한 문단 쓰기를 우선 연습해주세요.

그리고 설명하는 글쓰기, 주장하는 글쓰기 연습은 말하기에도 적용할 수 있습니다. 두괄식으로 전하고자 하는 생각을 먼저 말하고, 그에 대해 구체적인 내용을 덧붙이는 방식의 문단 구성은 쓰기는 물론 말하기에서도 명확한 표현을 익히는 데 도움이 됩니다.

[플라스틱의 장점에 대해 설명하는 글쓰기]

중심 문장	플라스틱은 좋은 점이 많아 우리 생활에 널리 사용된다.
뒷받침 문장	① 일정한 온도에서 모양을 자유롭게 바꿀 수 있어 다양한 물건을 만드는 데 사용된다. 예) 장난감, 물병, 비닐봉지 등 ② 플라스틱으로 만든 물건은 가볍고 단단하며 녹이 슬지 않는다.
한 문단으로 구성	플라스틱은 좋은 점이 많아 우리 생활에 널리 사용된다. 일정한 온도에서 모양을 자유롭게 바꿀 수 있어서 장난감, 물병, 비닐봉지 같은 다양한 물건을 만드는 데에 쓰인다. 또한 플라스틱으로 만든 물건은 가볍고 단단하며 녹이 슬지 않는다. 그러다 보니 학교 가방에 넣어서 들고 다니거나 집에서 자주 사용하기에 편리하다.

[교실에서 반려식물 기르기에 대해 주장하는 글쓰기]

문제 상황 제시	우리 반 교실은 공기가 탁하고 분위기가 어둡다.
의견 제시	교실 안에 반려식물을 들여야 한다.
그렇게 생각한 까닭	① 식물은 공기를 정화해 쾌적하게 만들어준다. ② 식물을 돌보며 친구들과 협동심을 기르고 학급에 활기가 생길 수 있다.

우리 반 교실은 공기가 탁하고 분위기가 어둡다. 그래서 나는 교실 안에 반려식물을 들여야 한다고 생각한다. 첫 번째 까닭은 식물이 공기를 정화해 쾌적하게 만들어줄 수 있기 때문이다. 실제로 식물이 교실 안 공기를 깨끗하게 해준다는 연구도 있다. 두 번째는 식물을 돌보며 친구들과 협동심을 기르고, 또한 학급에 활기가 생길 수 있기 때문이다.

교과서 읽기가 잘되고 시간에 여유가 있다면 신문 읽기를 권합니다. 물론 종이 신문이면 제일 좋지만 여의치 않을 경우에는 주요 언론사의 웹사이트에서 인터넷 기사를 출력해 읽어도 괜찮습니다. 비문학 읽기 연습은 물론 세상 돌아가는 것에 대한 인식을 확장하는 계기가 될 거예요. 아이의 어휘력이 폭발적으로 증가하는 경험도 할 수 있습니다.

초등 3~4학년은 아이들의 수준을 고려해 어린이 신문이 좋습니다. 저는 아이와 어린이 경제 신문을 꾸준히 읽었습니다. 경제가 우리 삶과 밀접한 관련이 있고, 시의성 있는 주제를 다루는 만큼 요즘 아이들이 이해할 만한 경제 현상들이 잘 드러나 있거든요. 포켓몬빵이 대유행했을 때 '희소성'과 관련한 기사를 보면서 왜 사람들이 포켓몬빵을 사려고 오픈런을 하는지, 많은 사람이 원하는데 왜 그만큼 생산하지 않는지 등에 대한 이야기를 아이와 나눌 수 있었습니다. 관심 있는 주제를 기사로 접하면 거기에서 배운 개념은 쉽게 잊어버리지 않았습니다.

다만 교과서 이해를 위해 교과서를 보지 않고 독해 문제집만 푸는 것에 반대하는 것과 마찬가지로, 신문을 읽겠다고 대안 자료를 찾는 것은 반대합니다. 늘 도구의 본질에 집중하는 습관을 길러주세요. 아이가 공부의 가장 기본적인 도구에 집중하고 잘 배우는 것이 초등 시기 학습에서 우선되어야 합니다. 중학생 아이들을 보면 학교 시험을 준비한다고 문제집만 찾아 헤매거나, 다른 사람이 요약한 필기 노트나 보조 자료를 찾고는 훌륭한 공부 자료를 찾은 양 기뻐하는 경우가 있습니다.

학교 시험의 중심이 되는 교과서, 활동지는 제쳐두고요. 산만하게 이것저것 공부하다 산으로 가는 아이가 정말 많습니다. 공부 도구가 단순하고 공부의 본질에 충실할수록 학습 과정에서 아이들의 집중력도 올라갑니다.

문해력의 꽃을 피우는 초등 5~6학년: 학습 방향을 파악하는 읽기와 조건에 맞는 글쓰기

● ● ● ● ●

| 교과서 학습 목표 읽기

초등 5~6학년은 초등학교의 마무리 단계이기도 하지만, 중학교 입학 대비를 염두에 두는 시기이기도 합니다. 이때는 중학교 수업에 적응할 수 있게 교과 개념어를 더욱 잘 챙겨야 합니다. 그리고 중학교 입학 전에 교과서 학습 목표 읽는 습관을 들여주세요. 학습 목표는 공부할 내용이 무엇인지를 알려줌과 동시에 평가의 방향을 제시합니다.

예를 들면 초등 6학년 1학기 <비유하는 표현> 단원에는 '비유적 표현의 특성과 효과를 살려 생각과 느낌을 다양하게 표현한다'라는 학습 목표가 설정되어 있습니다. 이를 보면 '비유적 표현에는 무엇이 있고, 그것의 특성과 효과는 무엇인지를 공부하는구나'를 알 수 있지요. 이를 활용해 표현 활동을 하고, 이는 수행평가로 활용될 확률이 높습니다. 학습 목표를 인지하는 습관이 내면화되어 있는 아이는 혼자서도 방향을 잡아가며 공부를 할 수 있습니다. 또한 학습 목표를 중심에 두고 공부를 하게 되면, 교과에서 다루고자 하는 개념어를 빠짐없이 챙길 수 있습니다. 학습 목표를 자꾸 쪼개어보는 연습은 논술형 평가의 조건을 분석하는 데에도 도움이 됩니다.

ㅣ쓰기

초등 5~6학년 시기에는 글쓰기에 조금 더 중점을 두는 게 좋습니다. 교과서 또한 본격적인 글쓰기로 나아갑니다. 좋은 글을 쓰기 위해 문장 성분, 문장 호응, 관용 표현, 문단의 짜임, 갈래별 글쓰기 등을 배우고 반복적으로 연습할 수 있게 교과서가 구성되어 있습니다. 1~2학년 때 단어를 익히고 문장을 쓰는 연습을 하고, 3~4학년 때 문단을 짜임새 있게 쓰는 연습을 거쳐, 5~6학년 때는 한 편의 글을 쓸 수 있게 되어 있지요.

초등 6년 동안 다양한 글쓰기를 배우겠지만, 중등 평가를 대비하기 위해서는 설명하는 글과 주장하는 글만 쓸 수 있으면 됩니다. 앞에서 언급했듯이 학습 목표를 읽어내거나 논제를 분석할 줄 알면 충분하거든요. 교과마다 학습 목표를 달성할 수 있는 논제가 제시되면, 아이들은 주어진 조건을 분석해 그에 맞게 글을 쓸 수 있으면 됩니다. 개요를 쓸 때 다음의 표를 참고해주세요. 이 표는 비문학 지문을 요약할 때도 활용할 수 있습니다. (개요는 교과서에 따라 차이가 있을 수 있습니다.)

[설명하는 글쓰기]

제목	글의 주제를 간단히 나타내는 문장	
처음	흥미 유발	
	전달하고자 하는 정보 제시	
	정보의 유용성	

초등 문해력 한 권

중간 (설명 방법 활용)	중심 문장1	
	뒷받침 문장1 (구체적인 예시 또는 근거)	
	중심 문장2	
	뒷받침 문장2 (구체적인 예시 또는 근거)	
	중심 문장3	
	뒷받침 문장3 (구체적인 예시 또는 근거)	
끝	중간 요약	
	자신의 생각 또는 제안으로 마무리	

[주장하는 글쓰기]

제목	글의 주제를 간단히 나타내는 문장	
서론	흥미 유발	
	문제 상황 제시	
	글을 쓰는 동기와 목적	
본론	주장	
	이유1	
	근거1 (구체적인 예시 또는 객관적 자료)	
	이유2	
	근거2 (구체적인 예시 또는 객관적 자료)	

본론	예상 반론	
	반론에 대한 반박 (구체적인 예시 또는 객관적 자료)	
결론	본론 요약	
	중요성 강조	
	의견 제안 및 행동 촉구	

무엇보다 글쓰기를 연습하기 위해서는 교과서 활동을 따라가는 것이 가장 좋은 방법입니다. 그리고 그때는 교과서에 안내된 글쓰기 전체 과정을 충실히 거치기를 당부합니다. 교과서는 글을 쓰기 위해 '계획하기-내용 생성하기-조직하기-표현하기-고쳐 쓰기'를 거치도록 구성되어 있습니다. 좋은 글을 쓸 수 있는 역량은 단계별 충실한 연습을 통해 기를 수 있습니다.

글쓰기의 최종 단계는 고쳐 쓰기입니다. 그러나 가정에서 세세하고 전문적인 첨삭은 어렵지요. 초등 단계에서 그렇게까지 엄격한 잣대를 들이밀 필요도 없고요. 초등 교육과정에서도 단어, 문장, 문단, 글 수준에서 고쳐 쓰기를 다룹니다. 글 수준에서 고쳐 쓰기를 할 때는 하나의 주제로 통일되어 있는지, 문단 수준에서는 중심 문장과 뒷받침 문장이 긴밀하게 연결되어 있는지, 문장 수준에서는 문장의 호응과 길이, 단어 수준에서는 적절한 단어 표현과 맞춤법 정도를 봐주시면 됩니다.

| 문법 공부

중학교에 입학하면 초등과 달리 본격적인 문법 학습이 시작됩니다. 중 1학년에는 품사와 단어의 짜임(단일어와 복합어)이 나오는데요. 초등학교와는 비교도 되지 않게 문법 용어가 쏟아지기 때문에 예습 없이는 이해가 어렵습니다. 문법은 시간을 두고 원리를 이해하며 충분한 적용을 해봐야 하기 때문에 초등학교 졸업을 앞둔 겨울방학에 미리 예습하기를 추천합니다. 문법의 첫 단추를 잘 끼워야 중학교, 고등학교 6년간 해당 영역에 대한 심리적 허들을 낮출 수 있습니다.

문해력을 갖추고 있는 아이라 할지라도 첫 문법 공부를 혼자서 하기는 어렵습니다. 중학교 입학을 앞두고 《EBS 중학 뉴런 국어1》에 문법(품사의 종류와 특성, 단어의 짜임과 새말) 부분 강의만 먼저 들어도 되고요. 《EBS 필독 중학 국어 문법》에서 품사(품사의 종류와 특성)와 단어의 짜임 1, 2를 먼저 수강해도 됩니다. 학교마다 선택된 국어 교과서가 달라 품사는 1학기, 단어의 짜임은 2학기에 혹은 둘 다 2학기에 배울 수도 있습니다. 그러나 어떤 경우든 6학년 겨울방학이 가장 여유가 있기 때문에 미리 예습해두었다가, 중학교 첫 여름방학 때 다시 한번 복습하는 게 좋습니다. 문법만 다져놓아도 중학교 국어 수업은 한결 수월합니다.

아이들은 공부량이 너무 많으면 '배운다'는 개념보다 '해치운다'는 개념에 익숙해집니다. 당연히 공부하는 과정에서도 사고 작용이 잘 일어나지 않습니다. 눈앞에 있는 공부에 집중하고 파고들기보다 빨리 해치우고 남아 있는 공부로 넘어가야 하니까요. 저는 공교육에서 사교육으로 넘어왔지만 무조건 사교육을 권하지는 않습니다. 가정에서 부모의 도움을 받아 스스로 공부할 수 있는 것이 1순위, 안 되면 가정의 가치관과 맞는 사교육의 도움을 받는 것이 효과적이라고 생각합니다. 그러나 모든 교과를 사교육으로 내몰아 학교 공부 외에 학원 숙제까지 쏟아지게 하는 것은 반대합니다. 국어 또는 독서의 경우 지식은 습득하나 깊은 사고를 하지 않을 확률이 높습니다.

학교에 있을 때 저는 아이들에게 주는 모든 활동지의 상단에 '삶을 풍요롭게 하는 국어'라고 적었습니다. 국어가 삶 곳곳에 손을 뻗치는 교과이기 때문이지요. 꾸준한 독서를 포함한 유의미한 국어 교육은 아이 인생의 시간과 공간을 확장하며 삶의 차원을 넓힙니다. 현재와 과거, 미래를 넘나들고, 자신을 기준으로 원하는 만큼 반경을 넓혀갈 수 있게 하지요. 그런데 평가를 잘 보기 위한 독서, 시험 문제 하나 더 맞히는 학습에 매몰된 아이는 역량을 기르기보다 지식을 빠르게 쌓는 데에만 치중하게 됩니다. 그러다 보면 진짜 필요한 순간에 잘 읽고, 쓰고, 듣고 말할 수 없습니다.

초등 과정은 국어 교육의 골든타임이자 이후 모든 역량의 기초가 되는 시기입니다. 아이들이 국어 교과를 통해 올바른 배움의 태도를 내면화할 수 있도록 이끌어주세요. 그리고 국어는 독서로 확장될 때 더욱 큰 시너지를 얻을 수 있음을 꼭 기억하기 바랍니다.

chapter
2

영어

회화부터 수능 영어까지, 모든 영역을 꿰뚫는 진짜 공부의 시작

영어 조기 교육이
'득'이 아닌 '실'이 되는 순간

"헐⋯. 프렌드가 이렇게 생겼어요?"

영어 시간, 단어를 배우던 아이들이 눈을 동그랗게 뜨며 말합니다. 한 반에 25명, 그중 80%는 어릴 때부터 영어 유치원, 영어 학원, 각종 영어 콘텐츠를 접하며 자란 아이들입니다. 방학을 이용한 단기 어학연수나 해외여행, 화상영어 학습으로 완벽하지 않아도 외국인과 대화하는 데 어색함이 없지요. 그런데 수차례 듣고 말하던 '프렌드(friend)'라는 단어를 정작 중학교에 올라와 직접 써야 할 차례가 오면 매우 낯설어합니다. 이처럼 영어를 곧잘 하지만 낯선 외계어처럼 보는 아이들이 매해 늘고 있습니다.

| 공부가 어느 한쪽으로 기울거나 치우칠 때

어릴 때부터 자연스럽게 영어 환경에 노출시키는 것이 아이의 영어 실력 향상에 도움이 된다는 말은 익히 들어 아실 겁니다. 실제로 어릴 때부터 영어를 읽고 듣고 말하는 경험 자체는 정말 소중합니다. 영어에 대한 거부감을 낮추고 자연스럽게 습득하는 데 도움을 주기 때문입니다.

그래서 2000년 초반부터 현재까지 유행하는 공부법이 '엄마표 영어'입니다. 아이들이 모국어를 익히는 방식에 착안해 어릴 때부터 영어를 '생활 영어'처럼 자연스럽게 노출시키는 데 초점을 두는 공부법이지요. 온라인 서점에서 '엄마표 영어'를 검색하면 수십 권의 교육서가 검색되고, 매일같이 육아 카페와 블로그에서는 다양한 후기와 인증샷이 올라옵니다. 아이에게 영어 그림책을 읽어주고, 동요를 들려주고, 원어민 선생님과 놀이 수업을 연결해주며 영어에 노출시키는 부모들의 정성은 누구보다 뜨겁고 대단합니다. 그리고 여기까지는 정말 훌륭히 잘하고 계신 겁니다.

문제는 그다음입니다. 많은 부모가 들려주고 읽어주는 공부에는 익숙합니다. 즉 영어 듣기에만 집중하는 것이지요. 자연히 아이는 스스로 영어를 직접 읽고 쓰는 경험이 부족해집니다. 부모가 잘 듣고 잘 말하면 된다는 생각에 매몰되면 아이는 읽고 쓰는 경험으로 나아가야 할 중요한 시기를 놓치게 될 수 있습니다.

또한 읽고 쓰기가 중요하다는 사실을 알아도 어떻게 가르쳐야 할지를 몰라 다음 단계로 나가지 못하는 경우도 있습니다. '책 읽어주는 건 좋은데 그다음에는 뭘 해야 하지?' '내가 영어를 잘하는 것도 아니라 쓰기까지 시킬 자신이 없어.' '문법은 아직 이르지 않을까?' 엄마표 영어를 할 때 흔히 부딪히는 난관입니다.

실제로 영어 유치원도 다니고 2년간 미국에서 지낸 학생A가 있었습니다. 스스로도 영어 공부를 일찍 시작한 것이 도움이 되었다고 말할 정도로 영어 실력에 자부심을 갖고 있었습니다. 하지만 A가 중학교에서 받은 영어 성적은 기대와 달리

B(80~89.45점)였습니다. 해외 거주 경험까지 있다는 점을 고려하면 다소 의외라고 생각할 겁니다. 그러나 이는 어찌 보면 당연한 결과입니다. 듣고 말하기에 치중된 영어 습득 방식은 정작 학교 시험에서는 힘을 발휘하기 어렵거든요. 영어는 단순한 감각이 아니라 의미를 알고 구조를 이해하며 다시 표현하는 능력, 즉 문해력이 포함된 언어이기 때문입니다.

듣기와 말하기에 집중된 영어 교육은 아이에게 영어에 대한 흥미를 유발하고 자신감을 키우는 좋은 시작점이 될 수 있습니다. 하지만 장기적으로 탄탄한 영어 실력을 쌓기 위해서는 읽기와 쓰기까지 포함해 균형 잡힌 발전이 반드시 필요합니다. 먼저, 지금 우리 아이의 영어 학습이 균형 있게 이루어지고 있는지를 점검해보세요.

학습 활동 체크리스트

아이가 현재 하고 있는 영어 학습(학원, 과외, 엄마표 영어 모두 포함)을 떠올리며 각 항목에 체크해보세요.

영역	항목	매우 그렇다 (5)	그렇다 (4)	보통이다 (3)	아니다 (2)	전혀 아니다 (1)
듣기·말하기 관련 활동	영어 노래, 챈트, 애니메이션 시청이 활동의 대부분을 차지한다.					
	새로운 단어나 문장을 배울 때, 소리를 듣고 따라 말하는 연습을 주로 한다.					
	발음과 억양 교정에 많은 시간을 사용한다.					
	말하기는 자신 있지만 글쓰기에는 부담을 느낀다.					
	문법과 문장 구조를 정확하게 설명하지 못하고 느낌으로 말한다.					

읽기·쓰기 관련 활동	알파벳 대·소문자를 읽고 쓸 줄 안다.					
	파닉스의 규칙을 배우고, 소리와 철자의 관계를 이해하고 있다.					
	배운 단어나 문장을 공책에 따라 써보는 활동을 한다.					
	영어 그림책이나 짧은 글을 혼자 또는 도움을 받아 읽는 시간이 있다.					
	책을 읽은 후 내용에 대한 질문에 답하거나 자신의 생각을 짧은 문장으로 표현한다.					

결과 분석

듣기·말하기 관련 활동 점수에서 읽기·쓰기 관련 활동 점수를 뺐을 때 점수 차이를 따져보면 우리 아이가 듣기·말하기에 치중된 공부를 하고 있는지 아닌지 쉽게 판별할 수 있습니다.

◑ 10점 이상: 듣기·말하기 편중

현재 아이는 듣기·말하기에 비해 읽기·쓰기 활동이 매우 부족합니다. 명백한 불균형 상태입니다. 장기적인 문해력 발달을 위해 읽기·쓰기 활동을 의식적으로 늘리는 적극적인 계획이 필요한 시점입니다.

◑ 9~5점: 주의 및 점검 필요

학습의 무게 중심이 듣기·말하기 쪽으로 기울어지고 있다는 신호입니다. 심각한 상태는 아니지만, 이 격차가 더 벌어지지 않도록 읽기·쓰기 활동에 대한 동기 부여와 시간 배분을 점검해볼 필요가 있습니다.

◑ -4~4점: 매우 이상적인 균형

읽기·쓰기·듣기·말하기 4대 영역이 매우 균형 잡힌 상태로 이상적으로 성장하고 있습니다. 지금처럼 꾸준히 유지해주세요.

◑ -5점 이하: 읽기·쓰기 편중 가능성

반대로 읽기·쓰기 학습 부담이 너무 커서 아이가 영어 자체에 대한 흥미를 잃을 가능성은 없는지 점검해볼 필요가 있습니다. 즐거운 듣기· 말하기 활동으로 균형을 맞춰주는 것이 좋습니다.

영어 능력 체크리스트

평소 아이의 영어 사용 모습을 관찰하고 해당하는 항목에 체크해보세요.

영역	항목	예	아니오
언어 지식 및 활용	아는 단어는 많지만, 그 단어의 철자를 써보라고 하면 어려워한다.		
	영어로 대화는 곧잘 하지만, 아주 간단한 영어 문장도 읽는 데에는 시간이 걸린다.		
	sea(바다)와 see(보다), sun(태양)과 son(아들)처럼 비슷한 소리가 나는 단어들을 글자로 구분하지 못한다.		
학습 태도	영어로 된 책이나 글자를 보면 흥미를 보이기보다 피하려는 경향이 있다.		
	영어로 글씨를 쓰는 활동에 자신감이 없고 스트레스를 받는다.		

결과 분석

◑ 언어 지식 및 활용 '예' 2개 이상 / 학습 태도 '예' 0개: 초기 기술 격차 단계

언어 지식 영역에서 2개 이상 문제가 발견되어 언어 사용에 기술적인 어려움(소리를 글자로 바꾸거나, 글자를 소리로 바꾸는 방법이 아직 서툴다는 의미)이 분명 있지만, 다행히

아직 학습에 대한 거부감은 없는 골든타임입니다. 긍정적인 태도를 가지고 있는 지금 도와주면 가장 효과가 좋습니다. 파닉스 규칙, 철자 쓰기 연습 등 부족한 부분을 재미있는 활동으로 채워주세요. 아이가 흥미를 잃기 전에 빨리 도와주는 것이 중요합니다.

◐ 언어 지식 및 활용 '예' 2개 이상 / 학습 태도 '예' 1개 이상: 악순환 단계

가장 우려되는 악순환 단계입니다. 기술적인 어려움과 학습에 대한 부정적인 태도가 함께 나타나는 상태입니다. 실력 부족이 스트레스를 낳고, 그 스트레스가 다시 학습 회피로 이어져 실력 향상을 가로막고 있습니다.

기술 훈련보다 태도 개선이 우선입니다. 어려운 과제는 잠시 멈추고, 아이가 아주 쉽게 성공할 수 있는 활동으로 자신감을 회복시켜야 합니다. '학습'이 아닌 '즐거운 놀이'라는 인식을 다시 심어주는 데 집중해야 합니다.

◐ 언어 지식 및 활용 '예' 1개 이하 / 학습 태도 '예' 1개 이상: 정서적, 환경적 요인 단계

영어를 읽고 쓰고 말하는 데 어려움이 없거나 아주 미미함에도 불구하고, 학습에 대한 부정적인 태도가 더욱 두드러지는 경우입니다. 실력보다는 과도한 부담감, 흥미 부족 등 다른 정서적, 환경적 요인이 더 큰 원인일 가능성이 높습니다.

이 경우 원인 파악이 핵심입니다. 아이와 대화를 통해 왜 싫은지, 어떤 점이 재미없는지 솔직한 마음을 들어보세요. 아이가 좋아하는 주제의 책을 고르게 하거나 학습량을 줄여 부담을 덜어주는 것만으로도 학습 태도가 바뀔 수 있습니다.

◐ 언어 지식 및 활용 '예' 1개 / 학습 태도 '예' 0개: 주의 관찰 단계

심각한 불균형은 아니지만, 특정 영역에서 약간의 어려움을 보이기 시작하는 초기 신호일 수 있습니다. 아이에게 '이건 문제야'라고 인식시키지 않는 것이 가장 중요합니다. 해당 문제를 보완할 수 있도록 놀이처럼 부담 없이 접근해야 합니다. 아이가 어려워하는 것 1개와 이미 잘 알고 있는 것 3~4개를 섞어서 퀴즈를 내주세요. 아이의 자신감을 지켜주며 학습 태도가 나빠지지 않게 주의를 기울여야 합니다.

◑ 언어 지식 및 활용 '예' 0개 / 학습 태도 '예' 0개: 이상적인 균형 상태

가장 이상적인 상태입니다. 언어를 이해하고 사용하는 데 어려움도 없으며 학습 태도 또한 긍정적입니다. 지금처럼 아이의 수준과 흥미에 맞는 다양한 자료를 제공하며 꾸준히 격려하고 칭찬해주세요.

이렇게 긍정적인 태도를 꾸준히 학습하며 쌓인 언어 능력과 이해력을 객관적으로 확인하고 점검하는 수단이 학교 시험입니다. 즉 학교 시험은 문해력을 종합적으로 점검하는 것을 가장 중요한 목표로 삼습니다. 학교별로 문항 수는 20~30개 내외로 차이가 있을 수 있지만, 평가의 방향성은 같습니다. 단편적인 문법 지식을 묻기보다 글의 전체 내용을 정확히 파악했는지를 더 중요하게 여기는 것입니다. 문법 문제 역시 이러한 흐름에 맞춰 단순히 규칙의 암기를 확인하는 대신 문맥 안에서 그 쓰임이 적절한지를 판단하도록 출제되는 경향이 뚜렷해지고 있습니다. 그러므로 듣고 말하는 영어 공부에만 치중한 아이들은 문맥을 파악하고 추론하는 능력을 요구하는 문제를 풀어내기 어려울 수밖에 없습니다. 아이가 영어권 국가에서 공부하다 대학을 갈 예정이라면 상관없습니다. 하지만 한국에서 중학교, 고등학교를 다니고 수능 시험을 치를 예정이라면 듣고 말하기에만 치중한 공부는 독이 될 수 있습니다.

| 공부의 정도가 지나칠 때

영어 공부에서 가장 어려운 부분이 무엇이냐고 물으면 아이들은 망설임 없이 두 가지를 꼽습니다. 바로 문법과 독해입니다. 영어의 뼈대와 살이라고 할 수 있는 가장 핵심적인 두 영역에서 어려움을 느낀다니 영어 교사로서 여간 답답한 일이 아닙니다. 요즘 아이들, 정말 이른 나이부터 영어 공부 열심히 합니다. 4세 고시, 7세 고시라는 말이 나올 정도로 어릴 때부터 사교육의 도움을 받으며 누구보다 열심히 영어에 노출되고 있습니다. 그 오랜 노력이 중학교에 와서 빛을 발하지 못하는 이유는 무엇일까요?

어느 날, 영어 문법 문제집을 열심히 풀고 있는 학생B에게 슬쩍 말을 걸었습니다.

"문법 공부할 만해? 사실 문법 많이들 어려워하던데."

"저는 문제집 푸는 건 괜찮아요. 초등학교 때부터 많이 풀어봤거든요."

"그래? 대단하다! 그럼 영어 공부하면서 특별히 어려운 점은 없어?"

"사실… 문법 문제를 풀 땐 다 알겠는데, 막상 독해할 때 배운 문법을 적용하기가 힘들어요. 그리고 이상하게 학교 시험만 보면 꼭 문법에서 많이 틀려요. 그래서 이렇게 계속 풀고 있는 거예요…."

"그렇구나. 문법을 그렇게 열심히 했는데도 시험에서 자꾸 틀리니 정말 속상하겠다. 사실 중학교 독해나 시험에 필요한 핵심 문법은 생각보다 많지 않은데, 일찍부터 너무 많이 배워서 머릿속이 뒤죽박죽된 건 아닐까?"

"어? 그럴까요?!"

"영어는 생각보다 정말 단순해! 영문법을 이렇게까지 깊게 파고들지 않아도 충분히 잘할 수 있어."

"에이~그건 샘이 이미 다 아니까 하는 말씀이겠죠."

맞습니다. 저는 영어 교사라서 그럴지도 모릅니다. 하지만 영어 교사이기에 잘못된 공부를 더 잘 파악하고 냉정하게 진단할 수도 있습니다.

고등학교 수준의 문법 문제집을 풀고 있는 아이가 정작 중학교 시험에서 높은 오답률을 보인다면, 이것은 아이의 노력이 부족해서가 아니라 공부 방법이 잘못되었다는 명백한 신호입니다.

많은 학부모가 이렇게 말합니다. "문법을 빨리 공부해두면 중학교에서 덜 힘들지 않을까요?" 겉보기엔 그럴 듯한 말이지만, 현실은 반대인 경우가 훨씬 많습니다. 영어의 기본적인 문장 구조와 어순에도 익숙해지기 전인 초등 시기에 관계대명사, to 부정사, 현재완료와 같은 어려운 문법 용어와 예외 규칙을 공부하게 되면, 아이의 머릿속에는 '영어는 어렵고 지겨운 교과'란 부정적인 인상이 깊이 박히게 됩니다.

더 큰 문제는, 언어의 의미를 충분히 접하기도 전에 언어의 형식부터 따로 공부하면서 형식과 의미가 전혀 다른 영역인 것처럼 받아들이게 된다는 점입니다. 이것이야말로 모국어를 익히듯 영어에 노출시켜야 좋다는 생각과 완전히 반대로 접근하는 방식입니다. 영어를 노래와 그림책으로 즐기듯 접했던 아이들이 갑자기 규칙을 배우게 되면, 그 규칙을 노래와 그림책에서 접하던 영어와는 또다른 영역이라고 생각해버리기 십상이지요. 아이들이 공부한 문법 지식을 독해에 적용하지 못하는 결정적 원인입니다. 영어를 더 잘하게 하려던 조기 교육이 오히려 아이를 영어에 지치게 만들고, 스스로 '나는 영어 체질이 아니야'라는 낙인을 찍게 만듭니다. 결국 중학교에 가서 초등학교 때 어려웠던 기억을 떠올리며 쉽게 포기해버리고 맙니다.

이렇듯 너무 이른 시기에 시작된 과도한 문법 위주의 학습은 불필요하게 영어에 대한 심리적 장벽을 높이는 역효과를 낳습니다. 규칙과 의미가 따로 분리된 영어 공부는 그저 영어를 더 복잡하고 추상적인 대상으로만 느끼게 만들 뿐입니다.

중학교 영어는 결코 어려운 문법 지식을 요구하지 않습니다. '누가, 무엇을, 한다'와 같은 영어의 가장 단순하고 핵심적인 구조만 제대로 익혀도, 중학교 영어 공부는 얼마든지 성공적으로 해나갈 수 있습니다. 이 기본 뼈대 위에서 의미를 생각하며 살을 붙여나가는 방식으로 공부할 때, 비로소 아이들은 흩어져 있던 규칙과 의미를 연결하고 영어에 대한 진정한 자신감을 얻을 수 있습니다.

| '감'만 쫓다가는 실속 없이 끝난다

모두가 알다시피 요즘 아이들은 어릴 때부터 영어에 많은 정성과 시간을 들입니다. 어릴 때부터 한 권 한 권 읽어낸 영어책, 풀어낸 문제집의 개수가 쌓이는 만큼 아이들에게 '내가 영어 좀 하지'라는 자신감이 덩달아 커집니다. 영어에 쏟아부은 시간과 노력의 양을 따지면 어디서든 자신 있게 말할 수 있을 정도가 되지요. 그런데 읽어낸 문장 구조가 어떻게 되는지, 풀어낸 문제의 정답이 왜 그런지를 물어보면 정확히 설명하지 못합니다.

"영어는 필링(feeling)이잖아요~."

"제가 감이 참 좋거든요. 그런데 그 감이 요즘 좀 줄어든 거 같아요."

이런 문제가 일어나는 이유는 바로 '알고 있다는 착각' 때문입니다. 초등 시기까지는 짧고 단순한 문장 구조 속에서 단어 몇 개만 알음알음 조합해도 '감'으로 문제를 맞힐 수 있습니다. 눈에 익은 표현과 단어가 반복적으로 등장하기에 깊이 생각하지 않아도 정답을 고르는 데 큰 어려움을 느끼지 못합니다. 부모 역시 아이가 풀어낸 문제의 양과 동그라미의 개수에 안도하며 우리 아이의 영어 실력이 늘고 있다고 믿습니다.

하지만 중학교에 올라가고 고등학교로 넘어가면서 영어의 수준이 급변합니다. 문장은 길고 복잡해지며 내용은 추상적이고 논리적인 사고를 요구합니다. 더 이상 감이나 눈치만으로는 통하지 않는 순간을 마주하게 되는 것입니다. 이때부터 아이는 혼란에 빠지기 시작합니다. 예전처럼 분명히 열심히 공부하는데도 성적은 오르지 않고, 지문을 읽어도 도무지 머릿속에 들어오지 않습니다. 영어 감각만 열심히 키워온 공부가 발목을 잡는 것입니다. 이는 단순히 아이의 노력이 부족해서가 아닙니다. 그동안 해왔던 공부의 질에 문제가 있기 때문이지요. 이제 부모는 아이의 영어 공부를 돌아보며 다음의 질문들을 던져봐야 합니다.

진도에만 집착하고 있지 않은가?
생각하며 공부하고 있는가?
정확성을 확인하고 넘어가는가?

진도를 나가는 데만 급급한 아이는 '이 문장은 왜 이런 의미를 가질까?' '이 글의 요지가 무엇일까?'와 같은 능동적인 질문을 던지지 않습니다. '대충 이런 뜻이 아닐까?' 하며 감에 의존하지요. 이런 영어 공부는 언젠가는 반드시 한계, 즉 밑천이 드러납니다.

문장의 핵심인 주어와 동사를 정확히 찾지 않고, 아는 단어 몇 개를 조합해 대강의 의미를 유추하는 것은 초등 영어까지만 통하는 방법입니다. 우리 아이가 이런 습관을 기르고 있지 않은지 부모는 냉철하게 살펴봐야 합니다. 정확하게 한 문장, 한 문장을 이해하는 훈련이 되어 있지 않으면 모든 문장을 소설 쓰듯 읽게 됩니다. 이러한 습관은 학년이 올라갈수록 교정하기 더욱 힘들어지며, 결국 영어 전체에 대한 자신감 하락으로 이어집니다.

소중한 우리 아이가 영어라는 높은 산을 오르다 길을 잃고 헤매지 않길 바란다면 이제는 공부의 방향키를 바로잡아야 합니다. 단순히 많은 시간을 쏟아붓고, 여러 권의 문제집을 푸는 것에서 위안을 얻는 대신, 아이가 오늘 배운 단 하나의 문장이라도 제대로 분석하고 이해했는지를 확인하는 과정이 중요합니다. 자신의 언어로 설명조차 못하는 공부는 마치 모래 위에 정성껏 지은 성과 같습니다. 당장은 화려하고 높아 보여도 기반이 약하기에 작은 파도에도 쉽게 무너져내리지요.

물론 튼튼한 성을 쌓기 위해서는 아이의 인지적 성장이 뒷받침되어야 합니다. 하나의 문장이라도 제대로 분석하고 자신의 언어로 설명하는 깊이 있는 공부는 상당한 인지적 노력이 필요하기 때문입니다. 이러한 공부가 가능한 최적의 시기는 논리적으로 사고하는 힘이 본격적으로 길러지는 초등 5~6학년입니다. 그전까지는 조급하더라도 인내심을 가지고 기다려주세요. 3~4학년까지는 아이가 수업을 충실히 따라가며 영어에 대한 흥미를 잃지 않는 것만으로도 충분합니다. 이때까지 쌓인 긍정적인 경험과 충분한 언어 노출이 본격적인 학습을 시작할 때 지치지 않고 더 높이 도약할 수 있는 강력한 발판이 됩니다.

영어에서 빠른 시작보다 중요한 건 '탄탄한 공부'

• • • • • •

| 교과서를 보면 해야 할 공부가 보인다

초등 3학년부터 학교에서 영어를 배우기 시작합니다. 3~4학년 영어는 읽기와 쓰기가 단어 수준에 머물기 때문에 100% 듣기와 말하기 중심의 수업으로 진행됩니다. 아이들은 "Hello. I'm Sumi" "I like apples"와 같이 아주 간단한 문장을 반복해서 듣고 말하며, 영어의 기본 구조에 익숙해지는 시간을 갖습니다.

5~6학년이 되면, 표현의 범위가 넓어져 "I'm taller than my brother" "We watched a movie" "I'll visit New York next year"처럼 보다 다양한 주제를 다룰 수 있는 문장이 등장합니다. 이 시기에는 문장 단위의 읽기, 쓰기 활동이 도입되고 전체 수업의

30~40% 정도를 차지하게 됩니다. 이는 읽기, 쓰기 비중이 70~80%로 증가하는 중학교 영어 수업 방식에 자연스럽게 적응하기 위한 준비 단계라고 볼 수 있습니다.

초등 3~4학년	초등 5~6학년

· Hello, I'm Sumi.
· He's my father.
· I like apples.
· I'm running.
· Let's play soccer.
· What's this?
  – This is a watch.
· How much is it?
  – It's $5.
	· I'm taller than my brother.
	· We watched a movie.
	· I'll visit New York next year.
	· What a wonderful song!
	· Can I borrow your pen?
	  – Yes, you can.
	· Where are you from?
	  – I'm from Canada.
	· When is your birthday?
	  – It's on June 13th.

중학교
· He is as tall as Mike. · I was taking a shower when you called me. · I heard Tim sing a song beautifully. · My mom made me clean my room. · Tom said that he would visit his grandparents this weekend. · Have you ever been to LA?   – Yes, I have. / No, I haven't.

2022 개정 교육과정에서 제시하는 '의사소통에 필요한 언어 형식 분류표'를 살펴보면, 초등학교에서 익혀야 할 문장 구조는 73개인 반면 중학교는 193개로 2.5배 이상 늘어납니다. 이 표에서 볼 수 있듯이 단순히 문장의 길이만 늘어나는 것이 아니라 구조 또한 복잡해지는 것을 알 수 있습니다. 단순히 귀로 듣는 것만으로는 구조를 파악하기 어렵습니다.

들기와 말하기 중심의 학습에서는 아이가 문장 속 각 요소의 정확한 기능(주어, 동사, 목적어 등)을 인식하지 않고, 의미만 대략적으로 파악한 채 넘어가는 경우가 많습니다. 하지만 문장 구조가 점점 복잡하고 길어지는 중학교 영어에서는 눈으로 직접 보고, 반복해서 읽고, 문장을 나누어 분석해보는 과정이 정확한 이해를 위한 필수 요건이 됩니다.

언어는 기본적으로 읽기, 쓰기, 듣기, 말하기라는 네 가지 기능이 유기적으로 연결된 체계이며 어느 하나만으로는 언어를 온전히 이해하거나 사용할 수 없습니다. 따라서 초등학교와 중학교 영어는 단순히 평가 방식이 다른 게 아닙니다. 듣고 말하는 영어에서 읽고 쓰는 활동을 강화해 언어 능력을 균형 있게 기르는 것이 중학교 영어이지요. 이 필연적인 변화의 단계를 위해서는 아이 역시 한두 기능에 치중된 공부가 아닌 읽기, 쓰기, 듣기, 말하기 네 가지 기능을 골고루 살리는 공부를 해야 합니다.

중학생들에게 '어릴 적부터 해온 영어 공부가 지금 자신의 영어 실력에 도움이 되는가?'라고 설문하면, '예'와 '아니오'가 절반 정도로 나뉩니다. 간혹 '아니오'가 5%가량 더 높게 나올 때도 있습니다. 십수 년간 아이들을 가르치며 영어 학습 과정과 그 결과를 지켜본 제 입장에서도 듣기 말하기에만 치중한 영어 교육의 효과는 크지도, 길지도 않다고 말할 수 있습니다.

︱중심에는 '문해력'이 있어야 한다

그런데 왜 교육과정에서 '의사소통에 필요한 언어 형식 분류표'를 제시하는 걸까요? 이는 언어인 영어의 핵심 역량이 의사소통이기 때문입니다. 그래서 영어는 수학, 사회, 과학 교과처럼 점진적으로 확장하거나 심화되는 과정이 아닌, 초중고 모두 의사소통 능력을 키우는 것을 목표로 수업이 진행됩니다.

유창한 말하기도, 풍부한 어휘력도 결국 문장 안에서 연결되어야만 진짜 영어 실력이 됩니다. 그래서 의사소통에 필요한 '언어 형식', 즉 문장 구조를 가르치는 것입니다. 영어 공부에서는 '얼마나 일찍 노출시켰나'보다 '문장을 읽고 이해하고 표현할 기회를 주었는가'가 더 중요합니다. '언제'가 아니라 '어떻게' 쌓아올리느냐의 문제이지요. 그리고 그 중심에는 반드시 문해력이 있어야 합니다. 문해력이 없는 언어 경험은 기억으로도, 성적으로도 남지 않습니다.

초등 시기에는 최소한의 문법을 위해 영어 문장을 주어, 동사, 목적어 같은 기본 구조로 나누고, 문장을 스스로 바꿔보는 경험이 반드시 필요합니다. 이 정도만 해도 충분합니다. 이때 주의할 점은 문법 학습을 너무 일찍 시작하지는 말아야 한다는 것입니다. 문법 학습을 너무 이른 시기에 시작하면 오히려 아이에게 부담과 거부감을 줄 수 있습니다. 문장을 정확히 분석하는 능력을 갖추기 위해서는 영어의 기본 문장 구조에 충분히 반복적으로 노출되어 영어 문장의 흐름과 구조에 대한 감각을 익히는 과정이 먼저 이루어져야 합니다. 따라서 문법을 서두르기보다는 교육과정의 흐름에 따라 읽기와 쓰기 활동의 비중이 증가하는 초등 5~6학년부터 자연스럽게 시작하는 게 좋습니다.

그런데 문법 공부를 시작함과 동시에 영어에 대한 흥미를 잃게 되는 경우가 많습니다. 그동안 즐거운 분위기에서 듣고 말하며 익히던 영어와는 전혀 다른 방식으로 영어를 접하게 되기 때문입니다. 낯설고 딱딱한 용어, 암기 위주의 규칙 설명은 아이들에게 결코 환영받지 못합니다. 조심스럽게 접근해야 할 결정적 이유입니다. 공부는 아이가 해야 하는 영역이니까요. 초등학교 5~6학년 시기에 문법 공부를 시작할 때는 아이의 흥미와 자신감을 유지하기 위해 다음의 세 가지 원칙을 지켜주세요.

1. 어려운 문법 용어 사용은 최소화하기

2. 많은 예시를 통해 규칙을 자연스럽게 익히기

3. 직접 문장을 써보며 활용하는 경험 쌓기

아이에게 영어 문장을 가르칠 때 굳이 어려운 문법 용어를 모두 다 사용하지 않아도 됩니다. 다음에 소개할 가장 핵심적인 최소한의 문법 용어를 바탕으로 주어, 동사, 목적어/보어, 부가어 등 의미 중심으로 문장을 구성해보는 활동이 훨씬 효과적입니다. 구체적으로 예를 들자면, 'I am from Australia'와 같은 간단한 문장을 '주어(누가, 무엇이)' '동사(~이다, 하다)' '목적어/보어(무엇)' '부가어(시간, 장소)'로 구성된 기본 틀에 넣어보는 방식으로 문장의 구조를 익히는 겁니다. 이 기본 틀은 고등학교까지 쭉 연결됩니다.

기본 틀에 넣어 문장 구조를 익힌 이후에는 아이가 직접 문장을 분류해보고, 스스로 짧은 문장을 만들어보는 활동으로 확장합니다. 구체적인 활동 방법은 뒤에서 자세히 소개하겠지만, 이처럼 딱딱한 문법 용어를 굳이 많이 사용하지 않고도 문장의 구조를 감각적으로 익힐 수 있다는 점을 꼭 기억하면 좋겠습니다.

아이가 중학교, 고등학교에 올라가서도 영어 자신감을 유지하기 위해서는 초등 시기부터 '읽기 기반의 사고력'과 '문장 구조에 대한 이해'를 중심으로 한 학습 습관을 함께 길러주는 것이 무엇보다 중요합니다. 다시 말해, '문장을 읽고, 의미를 파악하고, 앞뒤 맥락을 연결하여, 글 전체의 흐름을 이해하는 힘'을 길러야 합니다.

그래서 다음 장에서는 영어에 있어 아주 기본이자 핵심 그리고 고등 영어까지 꿰뚫게 되는 문장 구조와 단어의 핵심 속성을 설명할 예정입니다. 2022 개정 교육과정에서 제시한 93개의 문장 구조와 단어를 소개하고, 그것을 바탕으로 아이들의 문해력을 키우는 방법에 대해 본격적으로 살펴보겠습니다.

공부할 때 무조건 써먹는
교과 핵심 개념

핵심 단어

3~4학년

A			
a	하나의	about	~에 대하여
above	위에	after	후에
afternoon	오후	airplane aeroplane	비행기
album	앨범	alright	괜찮은
animal	동물	apple	사과
arm	팔	at	~에서
aunt	이모, 고모	autumn	가을

B

baby	아기	bad	나쁜
badminton	배드민턴	bag	가방
ball	공	banana	바나나
baseball	야구	basket	바구니
basketball	농구	be	~이다, ~있다
bear	곰	bed	침대
bell	종	belt	벨트
big	큰	bike	자전거
bird	새	birth	출생
black	검은색	blue	파란색
board	판	body	몸
book	책	bottle	병
box	상자	bread	빵
breakfast	아침	brother	형제
brown	갈색	bus	버스
busy	바쁜	butter	버터

C

cake	케이크	camera	카메라
camp	캠프	can	할 수 있다
candy	사탕	cap	모자
car	자동차	card	카드
carrot	당근	case	상자
cat	고양이	catch	잡다
chair	의자	cheese	치즈
chicken	닭	child	아이
chocolate	초콜릿	class	수업
clean	청소하다	clever	영리한
climb	오르다	clock	시계

close	닫다	cloud	구름
cold	추운	color colour	색깔
come	오다	cook	요리하다
cookie cooky	쿠키	cool	시원한, 멋진
cow	소	crayon	크레용
cream	크림	cry	울다
cup	컵	cut	자르다

D

dance	춤(을 추다)	dark	어두운
date	날짜	daughter	딸
day	날	desk	책상
dinner	저녁	do	하다
doctor	의사	dog	개
doll	인형	door	문
down	아래로	draw	그리다
dress	드레스	drink	마시다
drum	드럼	duck	오리

E

ear	귀	eat	먹다
egg	계란	eight	8, 여덟
elephant	코끼리	eleven	11, 열하나
enter	들어가다	evening	저녁
exercise	운동	eye	눈

F

face	얼굴	family	가족
fan	팬, 부채, 선풍기	farm	농장
fast	빠른	fat	뚱뚱한
father	아버지	field	들판
fine	좋은	finger	손가락

fish	물고기	five	5, 다섯
flower	꽃	fly	날다
foot	발	football	축구
for	위하여	four	4, 넷
fox	여우	friend	친구
fruit	과일	fun	재미

G

game	게임	get	얻다
glad	기쁜	go	가다
good	좋은	goodbye	안녕(히 가세요)
grandfather	할아버지	grape	포도
grass	풀	gray grey	회색
great	훌륭한	green	초록색
ground	땅	guitar	기타

H

hair	머리카락	hamburger	햄버거
hand	손	happy	행복한
hat	모자	have	가지다, 먹다
he	그(남자)	head	머리
heart	심장	heavy	무거운
hello hey hi	안녕(하세요)	helmet	헬멧
here	여기	high	높은
holiday	휴일	home	집
homework	숙제	horse	말
hot	뜨거운	house	집
hundred	100, 백	hurry	서두르다

I

I	나	ice	얼음

in	안에	it	그것
J			
jacket	재킷	jam	잼
juice	주스	jump	점프하다
K			
key	열쇠	kick	차다
kind	친절한	king	왕
kitchen	주방	knife	칼
know	알다		
L			
large	큰	late	늦은
learn	배우다	left	왼쪽
leg	다리	lesson	수업
letter	편지	like	좋아하다
line	선	lion	사자
lip	입술	listen	듣다
little	작은	live	살다
long	긴	look	보다
love	사랑하다	luck	운
lunch	점심		
M			
make	만들다	meet	만나다
many	많은	money	돈
milk	우유	month	(일 년 열두 달 중) 한 달, 월
monkey	원숭이	mother	어머니
moon	달	mouse	쥐
mountain	산	move	움직이다
mouth	입	much	많은
movie	영화	music	음악
N			

name	이름	neck	목
new	새로운	nice	좋은
night	밤	nine	9, 아홉
no nope nay	아니요	nose	코
not	아니다	notebook	공책
now	지금	number	숫자, 번호

O

of	의	okay okey OK	괜찮아
old	오래된	on	위에
one	1, 하나	open	열린
orange	오렌지	out	밖으로

P

paint	페인트	pants	바지
paper	종이	parent	부모
park	공원	pen	펜
pencil	연필	piano	피아노
pick	고르다	picture	그림
pig	돼지	pink	핑크
pizza	피자	play	놀다
please	제발	potato	감자
pretty	예쁜	puppy	강아지
push	밀다	put	두다, 놓다

Q

queen	여왕	question	질문
quick	빠른	quiet	조용한
quiz	퀴즈		

R

rabbit	토끼	radio	라디오
rain	비	read	읽다
ready	준비된	red	빨간색
right	오른쪽	ring	반지
river	강	robot	로봇
room	방	rose	장미
run	달리다		

S

sad	슬픈	safe	안전한
salad	샐러드	salt	소금
sand	모래	sandwich	샌드위치
school	학교	science	과학
scissors	가위	sea	바다
see	보다	seven	7, 일곱
she	그녀	ship	배
shirt	셔츠	shoe	(한 짝의) 신발
short	짧은	show	보여주다
sing	노래하다	sister	자매
sit	앉다	six	6, 여섯
skate	스케이트를 타다	ski	스키
skin	피부	skirt	치마
sky	하늘	sleep	자다
slow	느린	small	작은
smell	냄새나다, 냄새를 맡다	smile	미소 짓다
snow	눈	so	그래서
soccer	축구	sock	(한 짝의) 양말
soft	부드러운	son	아들
song	노래	sorry	미안한
sound	소리, 소리가 나다	soup	수프
spaghetti	스파게티	spoon	숟가락

sport	스포츠	spring	봄
stand	서다	star	별
start	시작하다	stay	머무르다
stone	돌	stop	멈추다
strong	강한	study	공부, 공부하다
sugar	설탕	summer	여름
sun	태양	sure	확실한
swim	수영하다		

T

table	테이블	take	가져가다
tall	키가 큰	tape	테이프
taxi	택시	teach	가르치다
telephone phone	전화	television	텔레비전
ten	10, 열	tennis	테니스
tent	텐트	textbook	교과서
thank	감사하다	that	그것
the	그	they	그들
thing	것	thirteen	13, 열셋
thirty	30, 서른	this	이것
three	3, 셋	ticket	티켓, 표
tiger	호랑이	time	시간
tire	타이어, 피로해지다	to	~에
today	오늘	together	함께
tomato	토마토	too	너무, 역시
tooth	치아	touch	만지다
toy	장난감	train	기차
travel	여행하다	tree	나무
trip	여행	truck	트럭
twelve	12, 열둘	twenty	20, 스물

two	2, 둘		
U			
ugly	못생긴	umbrella	우산
uncle	삼촌	under	아래
up	위	use	사용하다
V			
very	매우	video	비디오
violin	바이올린		
W			
wait	기다리다	wake	깨다
walk	걷다	wall	벽
warm	따뜻한	wash	씻다
watch	시계, 보다	water	물
watermelon	수박	we	우리
wear	입다	weather	날씨
website	웹사이트	week	주
weekend	주말	welcome	환영하다
well	잘	what	무엇
white	흰색	wind	바람
window	창문	winter	겨울
with	함께	woman	여자
worry	걱정하다	write	쓰다
wrong	잘못된		
Y			
year	해, 년	yellow	노란색
yes / yeah / yep	그래요, 응	you	너
young	어린, 젊은		
Z			
zoo	동물원		

A

across	가로질러	act	행동하다
add	더하다	again	다시
against	~에 반대하여	age	나이
ago	전에	agree	동의하다
ahead	앞에	all	모든
always	항상	any	어떤
around	주위에	arrive	도착하다
art	예술	as	~처럼, ~로서

B

back	뒤	bank	은행
bat	박쥐	bath	목욕
because	때문에	become	되다
below	아래에	beside	옆에
between	사이에	biscuit	비스킷
bone	뼈	borrow	빌리다
both	둘 다	bottom	바닥
boy	소년	build	짓다
but	그러나	buy	사다
by	옆에		

C

campaign	캠페인	care	돌보다
carry	나르다	city	도시
club	클럽, 동아리	coat	코트
congratulate	축하하다	could	할 수 있었다
country	나라	couple	커플, 부부
course	코스	court	법원
cousin	사촌		

D

danger	위험	decide	결정하다
delicious	맛있는	die	죽다
difficult	어려운	double	두 배의
doughnut	도넛	dream	꿈
dry	마른		

E			
earth	지구	east	동쪽
energy	에너지	every	모든
example	예시		

F			
fact	사실	fall	떨어지다
far	멀리	favorite favourite	가장 좋아하는
feel	느끼다	festival	축제
fight	싸우다	file	파일
fill	채우다	film	영화
find	찾다	finish	끝내다
fire	불	first	첫 번째의
floor	바닥	food	음식
fool	바보	forest	숲
forget	잊다	fork	포크
free	자유로운	fresh	신선한
from	로부터	front	앞
full	가득한	future	미래

G			
garden	정원	gas	가스
gentleman	신사	girl	소녀
goal	목표	grow	자라다
guess	추측하다	guy	남자

H			

hang	걸다	hate	미워하다
heat	열	help	도움, 돕다
hero	영웅	hike	하이킹
history	역사	hit	치다
hope	희망하다	hospital	병원
hour	시간	how	어떻게
however	하지만	hunt	사냥하다
husband	남편		
I			
if	만약	internet	인터넷
into	안으로	introduce	소개하다
invite	초대하다		
J			
job	직업	join	가입하다
just	오직, 단지		
K			
keep	유지하다	kill	죽이다
L			
lady	여자	last	마지막
library	도서관	lie	거짓말하다
light	빛, 가벼운	low	낮은
M			
mad	미친	map	지도
marathon	마라톤	market	시장
marry	결혼하다	mathematics maths math	수학
may	~해도 좋다, ~일지도 모른다	member	회원
might	할지도 모른다	miss	놓치다
model	모델	must	해야 한다

N

nation	국가	nature	자연
near	근처, 가까이	need	필요하다
never	결코 ~아니다	news	뉴스
newspaper	신문	next	다음
north	북쪽	nurse	간호사

O

off	꺼진	office	사무실
often	자주	or	또는
over	위에		

P

party	파티	pay	지불하다
people	사람들	pilot	파일럿
place	장소	plan	계획
plastic	플라스틱	police	경찰
problem	문제		

R

race	경주	restaurant	식당
restroom	화장실	return	돌아가다

S

save	저장하다	say	말하다
second	두 번째의	sell	팔다
service	서비스	shop	가게
should	해야 한다	sick	아픈
side	측면	size	크기
software	소프트웨어	some	약간의
south	남쪽	space	공간
speak	말하다	speed	속도
staff	직원	steak	스테이크
store	상점	street	거리

subway	지하철		
T			
talk	말하다	taste	맛, 맛이 나다, 맛보다
tell	말하다	than	(비교) ~보다
there	거기	think	생각하다
third	세 번째의	thirst	갈증
tomorrow	내일	tonight	오늘 밤
top	정상	town	도시
try	노력하다	turn	돌다
twenty-first	스물 한 번째	twenty-second	스물 두 번째
twenty-third	스물 세 번째	twice	두 번
U			
understand	이해하다		
V			
vegetable	야채	visit	방문하다
W			
want	원하다	war	전쟁
when	언제	where	어디
who	누구	why	왜
will	할 것이다	wish	소원, 바라다
Y			
yesterday	어제		

기본 문장

• • • • •

┃ 누가 하다

주어+동사		
3~4학년	The dog runs.	그 강아지가 달린다.
꾸밈말 추가: 주어+동사+부가어		
3~4학년	I walk **to school everyday**.	나는 **매일 학교에** 걸어간다.
	I'm cooking **now**.	나는 **지금** 요리하는 중이다.
5~6학년	The dog runs **in the park**.	그 강아지가 **공원에서** 달린다.
	The bird sings **on the tree**.	그 새는 **나무에서** 노래한다.
	You can't run **here**.	너는 **여기에서** 달릴 수 없다.
	There are three books **on the desk**.	**책상 위에** 책 세 권이 있다.
	A girl/ The girl / The (three) girls danced **in the park**.	한 소녀/그 소녀/세 명의 소녀가 **공원에서** 춤을 췄다.

┃ 누가 어떠하다

주어+동사+보어		
3~4학년	The cat is pretty.	그 고양이는 귀엽다.
	This/That pencil is long.	이/저 연필은 길다.
	She is an English teacher.	그녀는 영어 선생님이다.
	I am (not) happy.	나는 행복하다(행복하지 않다).
	It is (not) hot.	덥다(덥지 않다).
	It's Sunday.	일요일이다.
5~6학년	Mike is from New York.	마이크는 뉴욕 출신이다.
꾸밈말 추가: 주어+동사+보어+부가어		
5~6학년	It's hot **outside**.	**밖은** 덥다.
	It's sunny **today**.	**오늘은** 화창하다.
	It's time **for dinner**.	**저녁을 먹을** 시간이다.

5~6학년	The bank is far **from here**.	그 은행은 **여기에서** 멀어.
	You look tired **today**.	너 **오늘** 피곤해 보인다.
	These/Those rooms are **really** large.	이/저 방들은 **정말** 크다.
	Jiho won't be at the meeting **next week**.	지호는 **다음 주** 회의에 못 올 것이다.
	He is taller **than his father**.	그는 **그의 아빠보다** 키가 더 크다.
	Water is **really** important **for us**.	물은 **우리에게 정말** 중요하다.

| 누가 무엇을 하다

주어+동사+목적어		
3~4학년	I (don't) like apples.	나는 사과를 좋아한다(좋아하지 않는다).
	He can play the guitar.	그는 기타를 칠 수 있다.
5~6학년	Many students have no free time.	많은 학생은 자유시간이 없다.
	Every cat likes fish.	모든 고양이는 물고기를 좋아한다.
	All mothers love their kids.	모든 어머니는 그들의 아이를 사랑한다.
	She has short hair.	그녀는 머리가 짧다.
꾸밈말 추가: 주어+동사+목적어+부가어		
5~6학년	I played basketball **yesterday**.	나는 **어제** 농구를 했다.
	She is going to visit her uncle **tomorrow**.	그녀는 **내일** 그녀의 삼촌을 뵐 것이다.
	I will watch the movie **next Wednesday**.	나는 **다음 주 수요일**에 영화를 볼 것이다.
	We didn't like the movie **very much**.	우리는 그 영화를 **매우 많이** 좋아하진 않는다.

특별한 문장

명령, 권유: ~하자

3~4학년	Open the window.	창문 열어.
	Let's play football.	축구하자.

접속사: ~와, ~이고, ~지만, ~때문에(해서)

5~6학년	Minji **and** Juho are good friends.	민지**와** 주호는 좋은 친구이다.
	She is a pianist, **and** he's a teacher.	그녀는 피아니스트**이고** 그는 교사이다.
	Minji likes English, **but** Juho doesn't like it.	민지는 영어를 좋아하**지만** 주호는 좋아하지 않는다.
	Minji plays the piano, **and** her brother plays the drum.	민지는 피아노를 **치고**, 그녀의 오빠는 드럼을 친다.
	She has a new camera, **but** she doesn't use it often.	그녀는 새 카메라가 **있지만** 그것을 자주 사용하지 않는다.
	She went to bed early yesterday **because** she was tired.	그녀는 피곤**해서** 어제 빨리 자러 갔다.

의문문: ?

3~4학년	Are you happy?	행복해?
	Is it raining?	비가 오고 있어?
	Do you like apples?	너는 사과 좋아해?
	What time is it?	몇 시야?
	How old are you?	몇 살이야?
	How much is it?	얼마야?
	What color is it?	이건 무슨 색깔이야?

5~6학년	Don't you like apples?	너는 사과를 좋아하지 않아?
	Does she get up early in the morning?	그녀는 아침에 일찍 일어나?
	Did you go camping last month?	너는 지난 달에 캠핑 갔어?
	Can you read a book in English?	너는 영어로 책 읽을 수 있어?
	Can you help me?	너는 나를 도와줄 수 있어?
	May I use your pen?	너의 펜 써도 될까?
	Can I come in?	들어가도 돼?
	When will he come?	그는 언제 올 거야?
	Where can I take the taxi?	택시는 어디에서 탈 수 있어?
	Why did he go early?	그는 왜 일찍 갔어?
	How do you spell your name?	너의 이름 스펠링이 어떻게 돼?
	Who can draw this photo?	이 사진을 누가 그릴 수 있어?
	Whose shoes are these?	이 신발은 누구의 것이야?
	Which cake do you like, strawberry or chocolate?	어떤 케이크를 좋아해, 딸기 혹은 초콜릿?
	What size is this skirt?	이 치마는 사이즈가 뭐야?
	Which job do you want?	어떤 직업을 원해?
	How tall is this building?	이 빌딩의 높이가 어떻게 돼?
	How heavy is your bag?	너의 가방은 얼마나 무거워?

영어는 반드시 '문장'을 볼 줄 알아야 한다

아이들이 단어 뜻은 줄줄 말하지만 한 문장을 '누가, 무엇을, 어찌하다/어떠하다'의 틀로 설명하라 하면 멈추는 경우를 교실에서 수없이 목격합니다. 그럴 때마다 저는 생각합니다. '아… 이건 초등학교에서 이미 익숙하게 하고 왔어야 하는데.'

두 아이가 레고 블록을 가지고 놀고 있는 상황을 그려봅시다. 한 아이는 온갖 종류의 블록이 가득 담긴 거대한 통을 가지고 있습니다. 블록의 색깔, 모양, 개수만큼은 누구에게도 뒤지지 않습니다. 하지만 이 아이는 막상 무엇을 만들어야 할지 몰라 블록 통만 의미없이 뒤적거릴 뿐입니다. 다른 한 아이는 블록의 개수는 훨씬 적지만 자신이 가진 블록들을 어떻게 쌓으면 기둥이 되고 지붕이 되는지 구성 원리를 잘 알고 있습니다. 그래서 손에 쥔 단 몇 개의 블록으로 멋진 자동차, 다리, 집들을 뚝딱 만들어냅니다. 여기서 눈여겨봐야 할 점은 블록의 개수가 아닙니다. 바로 블록을 구성하는 원리, 즉 설계도를 볼 줄 아는 능력입니다.

영어 공부도 마찬가지입니다. 수많은 단어를 모으는 것에만 집중한 아이는 막상 문장이라는 작품을 만나면 무엇을 어떻게 해야 할지 막막해합니다. 문장을 구성하는 원리가 머릿속에 튼튼히 자리잡지 못했기 때문이지요. 영어에서도 단어는 조금 부족히 알더라도 문장 구성 원리를 아는 아이는 아무리 복잡한 문장을 만나도 그 구조를 꿰뚫어 볼 힘을 가지고 있습니다.

단어만 아는 아이 vs. 문장 구조도 아는 아이

• • • • • •

아이들이 문장을 배워나가는 과정과 함께 조금 더 구체적인 예를 들어보겠습니다. cat, eat, fish, big, roof, quickly 단어를 아는 아이와 이 단어들은 물론 문장 구성 원리까지 아는 아이가 있습니다. 이 두 아이의 차이를 살펴보는 관찰의 끝에서 문장 구조를 아는 것이 얼마나 강력한 힘을 가지는 것인지 깨닫게 될 것입니다.

| 1단계: 최소 단위의 문장

A cat eats(고양이는 먹는다).

대부분의 아이들이 이 문장은 쉽게 이해합니다. 'cat(고양이)'이라는 주인공(주어)이 'eats(먹다)'라는 행동(동사)을 하는 가장 단순한 구조이기 때문입니다. '누가 어찌하다'만으로 완전한 문장이 될 수 있음을 보여줍니다.

| 2단계: 행동의 대상 추가

A cat eats a fish(고양이가 물고기를 먹는다).

이제 'fish(물고기)'라는 대상(목적어)이 추가되어 '무엇을' 먹는지에 대한 정보가 구체화되었습니다. 이처럼 '누가 무엇을 어찌하다'를 나타내는 문장의 뼈대를 먼저 찾아내는 것이 모든 영어 문장 읽기의 출발점입니다.

|3단계: 뼈대에 살 붙이기

A hungry cat eats a big fish(배고픈 고양이가 큰 물고기를 먹는다).

이제 문장이 길어지기 시작합니다. 'hungry(배고픈)'와 'big(큰)'이라는 꾸며주는 말이 붙었습니다. 이러한 꾸며주는 말의 기능을 아이가 정확히 파악하고 있는지 알아보기 위해서는 질문을 던져봐야 합니다.

"누가 먹었지?"라는 질문에 단어만 아는 아이는 흔히 "A cat(고양이)"이라고 대답하지만 문장 구성 원리를 아는 아이는 "A hungry cat(배고픈 고양이)" 전체가 하나의 주인공(주어=누가)이라고 말할 수 있습니다. 마찬가지로 "무엇을 먹었지?"라는 질문을 던지면 그냥 "fish(물고기)"가 아니라 "a big fish(큰 물고기)" 전체가 하나의 대상이 된다는 걸 알고 정확히 말할 수 있습니다. 이처럼 단어들이 뭉쳐서 하나의 덩어리로 기능한다는 것을 이해하려면 문장의 구성 원리, 즉 문장 구조를 알아야 하며, 이것이 문해력의 도약을 이끄는 열쇠입니다.

|4단계: 문장을 풍성하게 만들기

A hungry cat on the roof quickly eats a big fish(지붕 위에 있는 배고픈 고양이가 큰 물고기를 재빨리 먹는다).

문장이 더 복잡해졌습니다. 'on the roof(지붕 위에)'와 'quickly(재빨리)'라는 추가 정보가 붙었습니다. 문장의 뼈대를 제대로 찾을 줄 모른다면 혼란에 빠지기 쉬운 문장입니다. 아는 단어들을 대충 조합해서 뜻만 짐작할 뿐 정확한 의미를 파악하지 못하게 됩니다.

하지만 문장의 구성 원리를 아는 아이는 다릅니다. 이 문장의 진짜 주인공(주어)은 'A hungry cat on the roof'라는 거대한 덩어리이고, 핵심 행동(동사)은 'eats'이며, 그 대상(목적어)은 'a big fish'라는 것을 한눈에 꿰뚫어 봅니다. 'quickly'는 행동을 꾸며주는 양념과도 같은 '부가어'라는 것도 알고 있지요.

방금 문장의 구조를 파헤치면서 우리는 자연스럽게 '주어, 동사, 목적어, 부가어'와 같은 용어를 만났습니다. 이 용어들은 영어 문장 구조를 파악하는 데 필수적인 안내판과도 같습니다. 이제 우리 아이의 영어 실력을 단단하게 만들어줄 가장 기본적인 안내판에 대해 알아보겠습니다.

달달 외우고 공부하는 것들의 '정체'를 알아야 제대로 써먹을 수 있다

• • • • • •

품사는 단어가 어떤 종류의 옷을 입고 있는가와 같습니다. '이름'을 나타내는 옷, '움직임'을 나타내는 옷, '꾸며주는' 옷처럼 말이지요. 단어의 신분을 나타내는 가장 중요한 5개의 품사를 소개합니다.

명사: 모든 것의 이름

이 세상 모든 사람, 동물, 사물, 장소에는 이름이 있습니다. 그런 모든 단어를 '명사'라고 부릅니다. 눈에 보이지 않는 '사랑'이나 '평화'와 같은 개념의 이름도 명사입니다. 명사는 문장에서 주인공(주어)이 되거나, 행동의 대상(목적어)이 되는 중요한 역할을 맡습니다. 또한 형용사의 꾸밈을 받아 더 구체적인 모습으로 변신하기도 합니다. 그냥 '소년(a boy)'이 아니라 '용감한 소년(a brave boy)'이 되는 것이지요.

정의 및 특징	• 세상 모든 것의 이름을 나타내는 단어 • 종류: 사람, 동물, 사물, 장소는 물론 사랑, 평화처럼 눈에 보이지 않는 추상적인 것의 이름 • 문장에서 주로 주인공(주어)이나 대상(목적어) 역할을 함 • 형용사의 수식을 받음
문장 속 명사	• My **dog** likes a **ball**. (나의 **강아지**는 **공**을 좋아한다.) • **Minsu** drinks **water**. (**민수**는 **물**을 마신다.) • **Love** is beautiful. (**사랑**은 아름답다.)

▌동사: 움직임과 상태를 표현하는 문장의 심장

동사는 문장의 심장과도 같습니다. 주인공(주어)이 어떤 움직임을 보이는지, 어떤 상태인지를 설명해주며 문장 전체에 생명을 불어넣기 때문이지요. 그래서 하나의 문장에는 반드시 하나의 동사가 있어야만 합니다. 또한 동사는 시간을 담는 타임머신과 같아서, 동사의 모양을 바꾸면 과거, 현재, 미래를 모두 표현할 수 있습니다. 초등 교육과정에서는 am, are, is처럼 상태나 존재를 나타내는 be동사와 like, drink처럼 움직임을 나타내는 일반동사를 주로 만나게 됩니다. 여기에 fast, slowly 같은 부사가 더해지면, 동사의 움직임이 훨씬 더 생생해집니다.

정의 및 특징	• 주인공의 움직임이나 상태를 설명함 • 시제를 나타냄 • 종류: be동사와 일반동사 • 우리말이 '~다'로 끝남 • 부사의 수식을 받음
문장 속 동사	• My dog **likes** a ball. (나의 강아지는 공을 **좋아한다**.) • Minsu **drinks** water. (민수는 물을 **마신다**.) • Love **is** beautiful. (사랑은 아름답**다**.)

형용사: 명사의 상태를 알려주는 꾸밈어

형용사는 명사와 밀접한 관계를 맺는 꾸밈어입니다. 명사의 성질이나 상태를 설명하여, '어떠한'이라는 질문에 답을 해주는 단어입니다. 역할은 크게 두 가지로, '친절한 소년(a kind boy)'처럼 명사(boy) 앞에 놓여 직접 꾸며주거나, '나는 행복하다(I am happy)'와 같이 be동사 뒤에서 문장의 주인공이 어떤 상태인지(happy)를 설명하며 문장의 의미를 완성시킵니다.

정의 및 특징	• 명사의 성질이나 상태가 어떠한지를 더 자세하게 설명해주는 말 • 종류: 우리말의 '~ㄴ/는'으로 끝나는 단어(예: 예쁜, 착한)
문장 속 형용사	• She has a **beautiful** voice. 　(그녀는 **아름다운** 목소리를 지녔다.) • He is a **smart** boy. 　(그는 **영리한** 소년이다.) • The weather is **cold** today. 　(오늘 날씨가 **춥**다.)

부사: 문장의 맛을 더하는 조미료

부사는 동사, 형용사 또는 다른 부사를 꾸며 문장을 더욱 풍성하게 만드는 역할을 합니다. 주로 '언제, 어디서, 어떻게, 얼마나' 등의 질문에 답하며 구체적인 정보를 더해주는 역할을 하지요. 'He runs fast'처럼 'fast(빠르게)'라는 의미로 동사 run의 방식을 설명해주거나, 'She is very kind'처럼 'very(매우)'로 형용사 kind의 정도를 강조하는 것이 부사의 가장 대표적인 쓰임입니다.

정의 및 특징	• 동사, 형용사 또는 다른 부사를 꾸밈 • 종류: 언제, 어디서, 어떻게, 얼마나 등의 정보를 더해주는 말 • 문장을 더욱 구체적이고 풍성하게 만듦

문장 속 부사	• The weather is cold **today**. (**오늘** 날씨가 춥다) • He runs **fast.** (그는 **빨리** 뛴다.) • She is **very** kind. (그녀는 **매우** 친절하다.)

| 전치사: 명사와 팀을 이루는 연결고리

전치사는 형용사처럼 명사와 팀을 이루는 단어입니다. 항상 명사 앞에 놓여 그 명사가 문장의 다른 단어들과 어떤 관계에 있는지 알려주는 특별한 연결고리 역할을 합니다. 관계를 맺어준다는 말이 어렵게 느껴진다면 전치사를 문장 속 '내비게이션'이라고 생각하면 쉽습니다. 책상과 책이라는 2개의 명사가 있다고 상상해봅시다. 이 둘은 아무 관계가 없습니다. 하지만 그 사이에 전치사라는 내비게이션이 길을 안내하면 'The book on the desk(책상 위에 있는 책)'처럼 둘의 관계가 명확해집니다. 이런 장소의 관계 외에도, 시간, 방향, 수단의 관계를 맺어주는 역할을 하는 것이 전치사입니다. 이 연결고리의 쓰임새를 이해하기 시작하면 우리 아이들은 문장의 세부 정보를 정확히 엮어내며 훨씬 더 깊이 있는 문해력을 갖게 됩니다.

정의 및 특징	• 명사 앞에 놓여, 그 명사가 문장의 다른 단어와 관계(시간, 장소, 방향 등)를 갖도록 연결해주는 말 • 절대 혼자서는 쓰일 수 없고 명사와 함께 쓰임(전치사구) • 종류: at, on, in, by, for 등
문장 속 전치사	• The book is **on** the desk. (그 책은 책상 **위에** 있다.) • I go to school **by** bus. (나는 버스를 **타고** 학교에 간다.) • He is waiting **for** you. (그는 당신을 **위해** 기다리고 있다.)

뼈대 5가지로
문장을 꿰뚫을 수도, 조립할 수도 있다

• • • • • •

단어의 신분을 배웠다면 이제 그 단어들이 문장이라는 무대에서 어떤 위치에 서는 지를 알아야 합니다. 이 위치는 정해져 있습니다. 즉 단어들이 저마다 신분을 가지고 있듯이 문장 안에서도 정해진 위치가 있다는 의미지요. 예를 들어, '이름'이라는 옷을 입은 '명사'가 '주인공'인 '주어'의 위치에 자리하는 것처럼요.

| 주어: 명사의 자리

모든 문장에는 이야기를 이끌어가는 주인공, 즉 주어가 있습니다. 주어는 '누가?' '무엇이?'라는 질문에 답을 해주며, 우리말의 '은/는/이/가'가 붙는 말이라고 생각하면 쉽습니다. 이 중요한 주인공 자리에는 주로 이름을 나타내는 명사가 오며, 보통 문장의 가장 맨 앞에 위치합니다. 이처럼 문장의 모든 이야기는 주어에서 시작되므로, 어떤 문장을 만나든 주어를 가장 먼저 찾아내는 것이 문장 해석의 첫걸음입니다.

정의 및 특징	• 문장에서 행동이나 상태의 주체가 되는 말 • 우리말의 '은/는/이/가'에 해당 • '누가?' '무엇이?'라는 질문의 답 • 문장의 제일 처음에 옴
문장 속 주어	• **She** is a great dancer. (**그녀는** 훌륭한 댄서이다.) • **My little brother** likes video games. (**내 남동생은** 비디오 게임을 좋아한다.) • **The sun** shines brightly. (**태양은** 밝게 빛난다.)

| 동사: 동사의 자리

주어가 문장의 주인공이라면, 동사는 그 주어를 살아 움직이게 만드는 심장입니다. 우리말의 '~다'로 끝나는 모든 말이 바로 이 동사에 해당하지요. 동사는 보통 주어 바로 뒤에 위치하며, 주어와 함께 문장의 뼈대를 이루는 핵심 요소입니다. 문장에서 다른 말은 다 생략해도, 주어와 동사만큼은 절대 빠질 수 없습니다.

정의 및 특징	• 주어의 움직임이나 상태를 서술함 • 문장에서 '~다'로 끝나는 부분 • '어찌하다' '어떠하다'를 설명함
문장 속 동사	• The dog **barks** loudly. (개가 크게 **짖는다**.) • I **am** very happy. (나는 매우 행복**하다**.) • She **gave** me a present. (그녀는 나에게 선물을 **주었다**.)

| 목적어: 명사의 자리

주인공(주어)이 어떤 행동(동사)을 하면, 그 행동을 직접 받는 상대방이 필요할 때가 있습니다. 이 상대방 역할을 하는 말이 바로 목적어입니다. 예를 들어, 'I made…(나는 만들었다…)'라고만 하면 읽는 사람은 당연히 궁금해지죠. '무엇을 만들었는데?' 하고요. 바로 이 '무엇을?' 혹은 '누구를?'이라는 질문에 대한 답이 목적어이며, 주어와 동사만으로 부족했던 문장의 의미를 구체적으로 만들어줍니다.

정의 및 특징	• 동사의 행동이 미치는 대상을 나타냄 • 우리말의 '~을/를'에 해당 • '무엇을?' '누구를?'이라는 질문에 답 • have, eat, see와 같은 일반동사 뒤에 자리함

<table>
<tr><td>문장 속 목적어</td><td>

• I made a **robot**.
(나는 **로봇**을 만들었다.)
• He is reading **a book**.
(그는 **책을** 읽고 있다.)
• She met **her friends** yesterday.
(그녀는 어제 **그녀의 친구들**을 만났다.)

</td></tr>
</table>

| 보어: 명사, 형용사, 전치사구(전치사+명사)의 자리

'I made…(나는 만들었다…)'처럼 일반동사로 문장이 끝나면 '무엇을? 누구를?'이라는 질문이 뒤따라오듯이, 'My father is…(나의 아버지는…)'처럼 be동사로 문장이 끝나면 우리는 또다시 뒷말을 기다리게 됩니다. '그래서 아버지가 누구인데?' 또는 '어떤 상태인데?'하고 말이지요. 바로 이 질문에 대한 답, 즉 주어의 신분이나 상태를 설명하여 문장의 의미를 완성시키는 말이 바로 보어입니다. 보어 또한 주어, 동사, 목적어처럼 문장의 뼈대를 이루는 필수 성분이기 때문에 절대 생략할 수 없습니다.

그럼 이 중요한 보어의 자리에는 누가 올까요? 주어를 설명할 자격을 갖춘 단어들이 오는데, 주로 다음 세 친구가 그 역할을 맡습니다.

1. 명사: My uncle is **a model**. (삼촌이 누구인지 설명)

2. 형용사: She is **hungry**. (그녀가 어떤 상태인지 설명)

3. 전치사구: Your key is **on the table**. (열쇠가 어디에 있는 상태인지 설명)

<table>
<tr><td>정의 및 특징</td><td>

• 주어의 상태나 신분을 설명해주는 설명 스티커
• '~이다' '~가 되다' '~한 상태이다' 등으로 문장의 의미를 완성시키는 필수 요소

</td></tr>
<tr><td>문장 속 보어</td><td>

• My father is **a doctor**.
(나의 아버지는 **의사**이다.)
• He is **tired**.
(그는 **피곤**하다.)

</td></tr>
</table>

<table>
<tr><td>문장 속 보어</td><td>• Your bag is on the chair.
(너의 가방은 의자 위에 있다.)</td></tr>
</table>

부가어: 부사, 전치사구(전치사+명사)의 자리

말 그대로 부가어는 문장의 필수 뼈대는 아니지만 문장에 추가되어 '언제, 어디서, 어떻게, 왜' 등의 구체적인 정보를 더해주는 말입니다. 많은 아이가 보어와 부가어를 헷갈려합니다. 아마도 용어가 비슷하기 때문인 것 같습니다. 그러나 보어는 문장을 완성시키는 '필수 성분'이지만, 부가어는 문장을 더욱 풍성하게 꾸며주는 '선택 성분'이라는 점을 꼭 인지할 필요가 있습니다. 부가어인지 아닌지를 구별하는 가장 확실한 방법은 문장에서 그 말을 빼보는 것입니다. 말을 뺐을 때 문장이 어색하고 불완전하게 느껴지면 보어, 문장은 여전히 완전한데 내용이 조금 허전하게 느껴지면 부가어입니다.

<table>
<tr><td>정의 및 특징</td><td>• 문장의 필수 요소는 아님
• 의미를 더 자세하고 풍부하게 꾸며주는 역할
• '언제, 어디서, 어떻게, 왜' 등을 설명</td></tr>
<tr><td>문장 속 부가어</td><td>• He walked slowly.
(그는 천천히 걸었다.)
• The baby is playing in the playground.
(아기는 놀이터에서 놀고 있다.)
• I will go to the park tomorrow.
(나는 내일 공원에 갈 것이다.)</td></tr>
</table>

문법, 달달 외운다고 되는 게 아니다

지금까지 영어 문장의 구조를 읽는 데 필요한 안내판 10개(품사 5개, 문장 뼈대 5개)를 통해 아주 기본적인 문법 용어를 모두 만났습니다. 혹시 문법 용어들을 보자마자 '아, 어떻게 외우지?' '아이에게 어떻게 공부시키지?'라는 걱정부터 앞서셨나요? 그렇다면 그 걱정은 내려놓아도 좋습니다.

이 장의 목표는 아이에게 문법 용어를 달달 외우게 하는 것이 아닙니다. 용어는 단지 문장의 구조에 대해 이야기하기 위한 '최소한의 약속'일 뿐, 진짜 목표는 아이가 그 용어들의 정의와 특징을 이해해 문장의 원리를 감각적으로 체득하는 것입니다. 레고 블록을 조립할 때 설명서를 자세히 보기도 전에 어떤 블록이 기둥이 되고 어떤 블록이 지붕이 되는지 감각적으로 아는 아이처럼 말이지요.

당연히 부모도 문법 전문가가 될 필요가 전혀 없습니다. 아이의 옆에서 정답을 알려주는 선생이 아니라 "어? 이건 왜 이럴까?" 함께 질문하며 문장의 비밀을 탐험하는 파트너가 되어주면 충분합니다.

지금부터 소개할 방법들은 딱딱하고 지루한 문법 공부가 아닌, 아이의 호기심을 자극하고 성취감을 느끼게 해줄 문해력 놀이에 가깝습니다. 이 놀이들을 통해 아이는 흩어져 있던 단어들이 어떻게 하나의 의미 있는 문장으로 조립되는지 그 짜릿한 발견의 기쁨을 맛보게 될 것입니다. 우리 아이의 잠자는 감각을 깨울 문해력 놀이터로 함께 떠나보겠습니다.

초급(초등 3~4학년)은
문장의 뼈대를 발견하는 탐험가

· · · · · ·

이 단계의 목표는 아이가 문장의 가장 기본적인 뼈대인 주어, 동사, 목적어/보어를 스스로 찾아내는 분석의 즐거움을 느끼게 하는 것입니다.

| 색깔로 문장 뼈대를 찾아내는 엑스레이 공부법

문장의 뼈대를 눈으로 직접 확인하는 것만큼 강력한 학습은 없습니다. 아이가 좋아하는 영어 동화책, 교과서, 심지어 주변에서 만나는 다양한 물건에 적힌 간단한 영어 문장도 모두 훌륭한 놀이 재료가 됩니다.

준비물: 빨간색, 파란색, 초록색 색연필 또는 형광펜

예시 문장: A hungry cat quickly eats a big fish.

1. 이 문장에서 진짜 주인공은 누구일까?

이 놀이의 시작은 주인공(주어) 찾기입니다. 앞서 주어가 문장의 맨 앞에 오는 명사라고 했던 말 기억하시나요? 아이에게 "이 문장에서 진짜 주인공은 누구일까?" "누가 행동을 했지?"라고 질문하며 주어를 찾게 해주세요. 찾은 주어에 빨간색 색연필이나 형광펜으로 밑줄을 긋습니다. 아이가 헷갈려하면 이 문장에서 "은/는/이/가를 붙일 수 있는 말은 뭘까?"라고 힌트를 줍니다.

2. 주인공이 무엇을 했어?

다음은 행동(동사) 찾기입니다. "이 주인공이 무엇을 했어? 어떠했어?"라고 물으며 동사를 찾게 합니다. 찾은 동사는 파란색 색연필이나 형광펜으로 밑줄을 그어주세요. 동사는 '~다'로 끝나는 말이라는 힌트를 곁들여줘도 좋습니다.

3. 주인공이 누구에게 무엇을 했어? 주인공이 어떤 상태야?

자, 주인공(주어)도 찾았고, 주인공이 무엇을 했는지(동사)도 찾았습니다. 그렇다면 이제 목적어 또는 보어를 찾아야 합니다. "주인공의 행동을 받은 대상(목적어)은 누구

지?” “주인공이 누구랑 똑같대(보어)?” “주인공이 어떤 상태야(보어)?”라고 질문하며 목적어 또는 보어에 초록색 밑줄을 긋게 합니다.

4. 밑줄 그은 단어들만 읽어봅니다.

이제, 아이가 단어를 잘 찾았는지 결과를 확인해주세요. 밑줄 그은 단어들만 읽어 봅니다. **A hungry cat eats a big fish**(배고픈 고양이가 큰 생선을 먹는다). 문장의 핵심 의미
<u>주어</u> <u>동사</u> <u>목적어</u>
가 완성되는 것을 확인하며, 이것이 바로 문장의 뼈대임을 알려줍니다.

| 역할에 이름을 붙여주는 스티커 공부법

색깔 놀이가 익숙해졌다면, 이제 각 성분의 역할 이름을 직접 붙여보는 놀이로 발 전시킬 수 있습니다.

준비물: 포스트잇 또는 라벨 스티커

예시 문장: The happy prince sees a poor boy.

1. 포스트잇에 '주인공(주어)' '행동(동사)' '대상(목적어/보어)'이라고 미리 적어둡니다.
2. 문장을 함께 읽고, 아이가 직접 각 단어나 덩어리 위에 해당하는 포스트잇을 붙이게 합 니다.

아이가 'The happy prince' 덩어리에 주인공(주어) 포스트잇을, 'sees' 위에 행동(동사) 포스트잇을, 'a poor boy' 덩어리 위에 대상(목적어/보어) 포스트잇을 붙였다면 문장의 역할을 잘 이해하고 있는 겁니다. 이 방법은 놀이를 통해 문법 용어를 암기하지 않고 역할 이름을 자연스럽게 익히는 것입니다. 예문의 'The happy prince'처럼 단어들이

하나의 덩어리로 묶여 한 가지 역할을 한다는 중요한 개념을 시각적으로 체득하는 것이지요.

| "틀려도 괜찮다고 말해주세요!"
아이들은 be동사와 보어의 구분을 어려워한다

처음에는 'I like apples'처럼 아주 짧고 간단한 문장으로 시작하세요. 아이가 자신감을 얻으면 'My little sister likes sweet apples'처럼 조금씩 긴 문장에 도전하게 해주세요. 그리고 반드시 잊지 말아야 할 게 있습니다. "틀려도 괜찮아. 우리는 지금 탐험하는 중이니까!"라고 아이를 격려하는 일입니다.

아이는 마음이 편안할 때 가장 잘 받아들입니다. 많은 교육서에서 보셨을 거예요. 틀린 것, 잘못한 것을 가리키고 혼내기만 하면 아이는 공부에 흥미를 느끼기보다 '틀릴까 봐' '혼날까 봐'라는 생각에 빠집니다. 위축된 아이는 할 수 있는 것도, 아는 것도 제대로 보지 못하게 되지요.

의외로 아이들은 be동사와 보어를 구분하지 못합니다. 우리말에 형용사는 '착하다, 예쁘다'처럼 형용사 단독으로 서술어가 되지만, 영어에서는 반드시 be동사나 become, get과 같은 연결동사 뒤에 와서 서술어의 역할을 하는 것이 가장 큰 차이입니다. 즉, 영어에서는 형용사가 be동사와 함께 쓰입니다.

I am pretty.

(나는 **예쁘다**.)

He is kind.

(그는 **친절하다**.)

이러한 한국어와 영어의 구조적 차이로 인해 be동사가 포함된 문장에서는 분석을 쉽게 하지 못할 수도 있습니다. 이는 한국어를 모국어로 사용하는 아이에게는 자연스러운 사고의 결과입니다.

만약 아이가 'He is kind'라는 문장을 'He'와 'is kind'로 묶어서 표시했다면 아이가 왜 'is'와 'kind'를 하나로 묶었는지 그 의도를 정확하게 읽고 칭찬해주세요.

"우리말에 '착하다'가 한 단어니까, 이것도 하나라고 생각한 거지? 아주 좋은 생각이야! 한국말로는 그게 딱 맞아."

아이의 생각에 먼저 공감해주세요. 그러면 아이는 자신이 틀렸다는 생각에 자신감을 잃는 대신, '언어의 차이'에 대한 호기심을 갖게 될 것입니다. 충분한 칭찬 뒤에는 영어의 규칙을 설명해주세요. '틀렸다'가 아닌 '다르다'의 관점에서 말이지요. 영어의 특징을 비유로 설명해주면 아이가 더욱 쉽게 받아들일 겁니다.

"그런데 영어는 우리말이랑 성격이 조금 달라서 역할 나누는 걸 아주 좋아해. 영어에서는 '~이다' '~ 있다'처럼 상태나 존재를 나타내는 말인 be동사와 어떤 상태인지를 나타내는 형용사를 꼭 분리해서 말해준단다. 같이 쓰이면서도 역할을 나누는 거지. 여기서 문장의 심장 역할은 be동사인 'is'가 하고 있는 거야. 그리고 'kind'는 주인공(주어)이 어떤 상태인지를 보충 설명해주는 설명 스티커(보어) 같은 거지."

그다음 'is'는 고정으로 두고 뒤에 오는 형용사만 바뀌는 것을 시각적으로 보여주세요. is sad, is happy, is tired…. 아이는 'is'라는 be동사가 문장의 중심이고 'sad, happy, tired'라는 형용사는 그것을 도와주는 보어라는 개념을 완벽하게 체득하게 됩니다. 이 과정을 통해 아이는 단순히 정답을 외우는 것이 아니라 영어와 한국어의 근본적인 차이점을 스스로 발견하며 더 깊이 있는 문해력을 키워나갈 수 있습니다.

중급(초등 4~5학년)은
문장을 조립하고 확장하는 건축가

● ● ● ● ● ●

뼈대를 볼 줄 알게 되었다면, 이제 직접 그 뼈대를 조립하고 살을 붙여 문장이라는 집을 짓는 단계입니다.

| 레고처럼 어순의 감각을 익히는 문장 조립법

영어와 한국어의 가장 큰 차이인 어순을 놀이처럼 익히는 최고의 공부법입니다.

준비물: 품사별로 색깔을 다르게 만든 단어 카드(예: 명사는 노란색, 동사는 파란색, 형용사는 초록색 등)

※ 집에 있는 영어 단어 카드에 품사별로 색깔이 다른 스티커를 붙여서 준비해도 좋습니다.

예시 문장: I read thick books slowly.

1. 기본 블록을 조립합니다.

명사 카드 2장(I, books)과 동사 카드 1장(read)을 아이에게 주고 영어 문장의 순서대로 배열하게 합니다.

2. 꾸밈 블록을 추가합니다.

기본 블록 조립에 성공하면 형용사 카드 1장(thick)을 추가로 줍니다. 그리고 "이 카드는 어디에 들어가야 할까?"라고 질문합니다. 아이가 위치를 잘 찾지 못한다면 형용사는 명사를 꾸며주거나 설명해주는 역할을 한다고 알려주세요.

3. 블록을 확장 조립합니다.

확장 카드(slowly)를 주며 문장을 점점 길고 풍성하게 만들어봅니다.

아이가 잘못된 순서로 배열해도 곧바로 고쳐주지 마세요. 대신 "이렇게 놓으니까 어떤 뜻이 되는 것 같아?"라고 질문해 아이가 스스로 어색함을 느끼고 수정할 기회를 주세요. '만들기'를 통해 어순 규칙을 스스로 발견하게 하는 것이 핵심입니다.

확장 조립을 할 때 전치사구의 사용은 아이의 이해도에 따라 조심스럽게 접근하는 것이 좋습니다. 'in the box, on the desk'와 같은 전치사구는 전치사와 명사라는 두 종류의 블록이 합쳐져 만들어진 특별한 '합체 블록'이기 때문입니다. 따라서 아이가 아직 각각의 블록인 단어 품사에 익숙하지 않다면, 처음에는 전치사구를 제외하고 명사, 동사, 형용사, 부사만으로 문장을 조립하는 게 좋습니다. 이후 아이가 기본 조립에 자신감을 보일 때, "이제 문장을 더 멋지게 만들어줄 특별한 블록을 소개해줄게!" 하며 'on(전치사)'과 'the desk(명사)' 카드를 함께 보여주세요. 그리고 이 2개가 합체하여 '책상 위에'라는 장소 정보(전치사구)로 변신하는 과정을 함께 탐험하며 접근하는 것이 훨씬 안전하고 효과적입니다.

| 꼬리에 꼬리를 무는 질문으로 확장하는 문장 변신법

하나의 간단한 문장을 부모의 질문을 통해 멋진 문장 로봇으로 변신시키는 공부법입니다. 아이의 창의력과 작문 능력을 동시에 키울 수 있습니다.

1. 'A bird sings'와 같은 아주 간단한 문장으로 시작합니다.
2. 아이가 문장을 점점 확장시킬 수 있도록 부모가 꼬리에 꼬리를 무는 질문을 던집니다.
   이때 질문을 하는 언어는 영어, 한국어 상관없습니다. 부모가 사용하기 편한 언어로 질

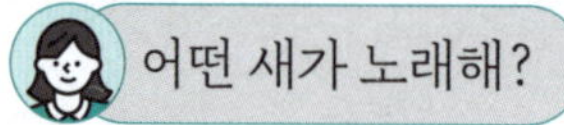
어떤 새가 노래해?

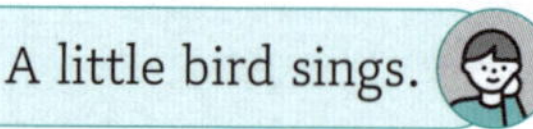
A little bird sings.

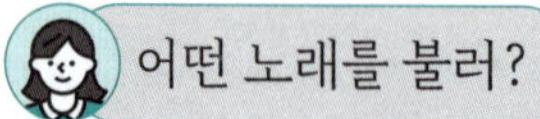
어떤 노래를 불러?

A little bird sings a beautiful song.

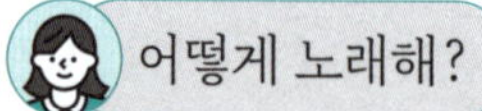
어떻게 노래해?

A little bird sings a beautiful song happily.

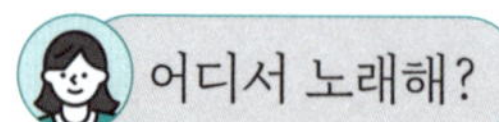
어디서 노래해?

A little bird sings a beautiful song happily on the tree.

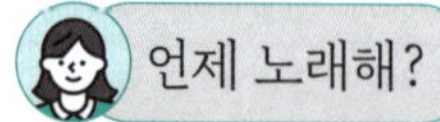
언제 노래해?

A little bird sings a beautiful song happily on the tree in the morning.

이 방법은 영어로 문장 만드는 법을 익히는 데 자주 쓰이는 방법입니다. 그만큼 다양한 영어 책과 참고서에서 보셨을 거예요. 이 방법을 통해 아이는 형용사, 부사, 전치사구와 같은 수식어가 문장을 얼마나 풍성하게 만드는지 직접 경험하게 됩니다. 이는 곧 영어 일기나 글쓰기를 할 때 단문이 아닌 풍부한 묘사가 담긴 문장을 쓸 수 있는 강력한 밑거름이 됩니다.

고급(초등 5~6학년)은
문장의 구조를 꿰뚫는 건축가

• • • • • •

초급, 중급을 거치며 아이는 어느 정도 문해력을 갖추게 되었습니다. 이제 그 문해력을 습관으로 만들어야 할 시기입니다. 놀이처럼 공부하는 단계를 넘어 일상생활에서 문장의 구조를 발견하는 눈을 뜨게 해줄 단계입니다.

| 배운 것을 총동원해 나만의 문장 만들기

지금까지 배운 모든 것, 문장의 역할을 구분하고 문장을 조립하고 확장하는 방법을 활용해 아이가 직접 '문장 건축가'가 되어보는 최종 단계입니다.

1. 아이가 좋아하는 것을 주제로 정합니다.

2. 주제와 관련된 명사, 동사, 형용사 단어들을 함께 찾아 단어 카드나 노트에 적어봅니다.

3. 모아둔 단어들을 조립해 문장을 만듭니다. 처음에는 짧은 문장으로 시작해, 아이 스스로 꼬리에 꼬리를 무는 질문을 던지며 문장을 점점 더 길고 멋지게 확장해나갑니다.

이처럼 문장의 구조를 배우는 것은 딱딱한 문법 암기가 아니라, 단어들 사이에 숨겨진 의미를 찾아내어 글을 더 깊고 정확하게 이해하는 눈을 뜨는 과정입니다. 이 과정의 끝에서 우리 아이는 영어 문장이라는 견고한 집을 스스로 지을 수 있는 훌륭한 '문장 건축가'로 성장해 있을 것입니다.

단어만 많이 아는 아이가 되지 않으려면

• • • • • •

아는 단어는 많은데 왜 정작 영어는 못하는 걸까요? 이 말에 공감하는 분들이 많습니다. 많은 성인이 단어만 외우는 기울어진 공부법으로 영어를 제대로 배우지 못했다가 뒤늦게 품사, 문장 성분 같은 기본 안내판을 익히며 문장 보는 연습을 다시 시작하곤 합니다. 아이들이라고 다르지 않습니다. 영어를 배우기 가장 좋은 초중고 시기에, 문장의 원리 대신 감에 의존해 영어를 익힌 아이들이 많습니다. 이런 아이들은 학년이 올라갈수록 한계에 부딪힙니다. 공부량은 많아지고 문장은 길어지는데, 정작 문장을 보는 눈이 없으니 알 듯 말 듯, 잘하는 듯 못하는 듯 아슬아슬한 공부를 해나갑니다. 결국 성적은 운 좋으면 3등급, 나쁘면 5등급을 오가며 불안정해집니다.

어릴 때부터 문장 보는 법을 익히고, 읽기, 쓰기, 듣기, 말하기를 고루 균형 있게 공부한 아이는 다릅니다. 기초가 탄탄하기에 공부량이 늘어나도 쉽게 지치거나 포기하지 않습니다. 교사로서, 또 학부모로서 저는 우리 아이들이 올바른 공부법으로 영어 실력을 단단히 쌓아가길 누구보다 바랍니다. 그래서 아이들이 중학교, 고등학교 영어까지 거뜬히 해낼 수 있는 핵심적인 내용과 방법들을 지금까지 소개했습니다. 아이의 학년에 따라 초급, 중급, 고급으로 과정을 나누었지만, 영어를 제대로 공부하기 시작하는 시점을 초급으로 삼아 초등 시기의 모든 아이가 이 과정을 하나씩 밟아나가길 권합니다. 아이가 탐험가가 되어 단어와 단어가 만나 의미를 만드는 여행을 하고, 건축가가 되어 직접 문장을 지어보는 경험을 하게 해주세요. 이 과정을 통해 아이는 문장을 꿰뚫어 보고 스스로 만들어내는, 누구보다 '단단한 문해력'을 갖게 될 것입니다.

Chapter

3

수학

초등 수학을
제대로 공부한다는 것

"우리 아이는 이미 중학교 선행까지 끝냈어요."

학생C를 처음 만난 건 중학교 입학식을 마치고 막 교실에 들어섰을 때였습니다. 어찌나 똑 부러지게 말을 잘하는지 첫날부터 '똑순이'라는 별명을 붙여줄 정도로 야무진 아이였지요. 임시반장을 뽑을 때도 C는 가장 먼저 손을 들었고, 이후 두 주를 보내는 동안 기특한 아이라고 생각했습니다. 그런데 초등 수학 실력을 점검하기 위해 첫 쪽지 시험을 본 날, 저는 뒤통수를 세게 맞은 느낌이었습니다.

C 10점. 눈을 비비며 다시 시험지를 보았지만 의심할 여지조차 없었습니다. 졸거나 밀려 쓴 게 아닌, 푸는 방법을 몰라서 아무렇게나 끼워 맞춰 쓴 흔적이 눈에 들어왔기 때문입니다. 마침 학기 초라 바로 다음 주에 진행된 학부모 상담에서 C의 어머니를 만날 수 있었습니다.

“선생님, 저희 C는 이미 중학교 선행을 끝냈거든요. 혹시 이 학교는 수학 심화반을 편성하나요?”

어머니는 C가 워낙 똑 부러지니 당연히 수학 학원에서 나가는 진도도 잘 따라가고 있다고 생각하는 듯했습니다. 일단 심화반은 없다고 이야기한 후 C를 따로 불렀습니다.

“너 학원에서 중학교 수학까지 끝냈다던데.”

“네, 맞아요.”

“근데 쪽지 시험에서는 왜…?”

“사실은요…. 학원에서는 그냥 앉아 있다 와요. 숙제는 대충 베끼기도 하고요.”

“선생님이 확인 안 하셔? 점검도 하고 시험도 칠 텐데.”

“시험 못 봐도 다시 풀면 별말 안 하고 다시 맞다고 해줘요.”

초등학교에서 시험이 없어진 후, 초등 학부모들은 아이의 수준을 학원 테스트에 의존할 수밖에 없게 되었습니다. 학원에 들어가기 위한 레벨테스트는 넘사벽 수준으로 출제해 불안을 조장하면서, 학원에 다니면서 치르는 테스트는 ‘이건 실수했으니까’ ‘이건 오답 했으니까’라는 안일한 잣대를 적용해 아는 것으로 치부하고, 잘한다고 점수를 올리기도 합니다. 물론 모든 학원이 그런 것은 아니지만 그런 곳이 있는 것도 사실입니다.

그렇다고 마냥 학원 핑계만 대기에는 C 어머니의 관심도 부족했습니다. 어머니가 알고 있는 C의 수학 성적은 학원에서 잘 포장한 성적, 부모로서 보고 싶어 하는 성적이었습니다. ‘선행’에만 심취해 C의 수학 공부 상황, 수학 실력을 제대로 살펴보지 않은 것이지요. 이는 C만의 이야기가 아닙니다.

중학교 한 교실에는 교사의 설명을 잘 이해하는 아이가 절반, 이해하지 못하는 아이가 나머지 절반입니다. (학년에 따라 다르며, 고학년으로 갈수록 이해하지 못하는 아이가 더 많아집니다.) 그중 교사의 설명을 이해하지 못하는 아이의 30~50%가량은 아예 수업을 따라가지 못할 만큼 기초가 없습니다. 그런데 놀라운 사실은 이 아이들이 수학 학원에서 초등 과정을 모두 공부했거나 중등 과정까지 선행하고 올라왔다는 겁니다.

대부분의 학원은 아이들에게 공식을 암기시키고 문제를 풀게 합니다. 정답을 맞히면 다음 문제로 넘어갑니다. 풀지 못하는 문제는 별표를 그리고 강사에게 물어보라고 합니다. 강사는 와서 문제를 풀어주고, 아이들은 그 풀이를 감상합니다. 강사가 술술 풀어가는 과정을 보면 전혀 못 풀던 문제가 어느새 '풀 수 있을 것 같은 문제'로 바뀝니다. 문제를 맞혀도 다른 풀이 방법을 궁금해하거나 틀린 문제에 대해 고민하는 시간은 없습니다. 이런 공부는 수학 문제를 풀면서 개념을 익히는 게 아니라 '수학 문제에 안면만 트는 것'입니다. 부모는 아이가 성실하게 학원을 가고 있으니, 그리고 긍정적인 피드백을 받고 있으니 철석같이 믿고 있었을 겁니다. 아이의 수학 실력이 하위권이라고는 상상도 못한 채 말입니다.

제대로 공부하지 않는데 잘한다고 포장만 된 아이들, 직접 문제를 풀려고 하지 않고 강사의 풀이만 구경하던 아이들은 중학교에 입학하면 비로소 자신의 실력을 알게 됩니다. 처음에는 충격을 좀 받지만 안타깝게도 곧 적응해버리지요. 이런 아이들을 이르는 말이 바로 '자발적 수포자'입니다.

잘못된 공부 습관이 수학을 어렵게 만든다

● ● ● ● ● ●

저는 교사이자 엄마로서 초중고 수학을 모두 경험한 케이스입니다. 고등학교에서 10년간 수학을 가르치다 중학교로 옮겨와 8년째 수학을 가르치고 있습니다. 아이들이 초등학교에 입학하면서 초등 수학 공부에 입문한 지 6년째이고요. 아이들의 수학 공부에 올바른 방향과 방법이 무엇인지, 아이들이 수학을 어려워하는 이유가 무엇인지를 잘 알고 있다고 자부할 수 있습니다.

고등학교에서 중학교로 처음 근무지를 옮겼을 때의 일입니다. 수업 시간에 방정식의 해를 구하는 근의 공식을 가르치는데 전혀 따라오지 못하는 아이들이 있었습니다. 공식을 암기하고 적용하는 게 전부였는데도 말이지요. 그러나 '도대체 왜 이걸 못하지?'라는 의문보다 '벌써 포기하게 두면 안 돼. 기초가 잡히면 충분히 따라올 거야'라는 마음이 앞섰습니다.

"오늘, 이 공식 외우고 대입해서 근을 구할 수 있으면 집에 가는 거야."

고등학생들은 저녁까지 학교에 있는 게 일상이지만 중학생들은 하교 시간 이후 학교에 남는 걸 정말 싫어합니다. '집에 가고 싶어 하는' 심리를 공부의 동기로 삼기 위해 쪽지 시험에 통과하지 못한 아이들을 방과후에 남겼습니다. 안 될 리가 없다고 생각했지요. 공식 암기, 숫자 대입이 전부였으니까요. 그러나 그건 저의 엄청난 착각이었습니다. 칠판에 근의 공식을 크게 쓰고 뒤돌자 아이들이 말했습니다.

"선생님. 저게 뭐예요?"

수업 시간 내내 목이 터져라 설명했던 근의 공식을 처음 본다는 듯한 눈빛들. 보아하니 아이들은 공식 암기는 물론 '대입'조차 모르는 것 같았습니다. 한 명 한 명 옆에 앉아 살펴본 결과, 방과후에 남은 아이들은 정수의 사칙연산부터 막힌 상태였습니다. 결국 그날 근의 공식을 끝낼 수가 없어 숙제를 내주었고, 그 숙제를 해온 아이는 아무도 없었습니다. 답답한 마음에 중학교에 오래 근무한 동료 교사에게 말했더니 '그게 방과후 수업이 있는 이유'라고 하더군요.

방과후 수업은 초등학교에서부터 시행되지만 초등학교와 중학교에서의 의미가 다릅니다. 초등학교에서는 예체능을 비롯한 다양한 수업을 저렴한 가격으로 수강할 수 있는, 한마디로 '가성비 높은 수업'인 반면 중학교에서는 '기초가 부족한 학생을 위한 교과 수업'인 경우가 대부분입니다. 중학교에서 여러 해 수학을 어려워하는 아이들을 가르치며 제 눈에는 하나둘 공통점이 보이기 시작했습니다.

| 수업을 듣지 않는 아이

많은 교사가 한 시간의 수업을 위해 몇 시간이고 자료를 찾고 노트를 구성합니다. 저 역시 예시도 다양하게 만들고, 순서도 바꾸고, 작년에 가르친 내용일지라도 매년 다시 준비합니다. 특히나 이해가 더딘 1학년 수업의 경우 더 쉽고 빠르게 수학을 습득할 수 있도록 공을 많이 들이는 편입니다. 하지만 이렇게 만들어진 양질의 학교 수업을 제대로 듣는 아이는 절반도 채 되지 않습니다.

예를 들어 일차방정식의 풀이를 쉽게 익히기 위해 만든 사자성어 '좌문우수(좌변에 문자 쓰고, 우변에 숫자 쓰기)'를 알려주고 여섯 번 따라 하게 한 다음 문제 풀이를 시키면, 절반은 알려준 방법에 따라 식을 정리하지만 나머지 절반은 멍하니 문제만 쳐다보고 있습니다. 몰라서, 어려워서 이러는 게 아닙니다. 문제 풀이 전까지 교사의 설명을 귀 기울여 듣지 않은 것이지요. 혹시 집에서 아이를 가르칠 때 "좀 전에 이야기했잖아"라는 말을 자주 한다면 또는 아이가 주변 사람들에게 "제발 잘 좀 들어"라는 말을 종종 듣는다면 눈여겨봐야 합니다.

| 질문하지 않는 아이

수업 시간에 고개를 숙이고 있는 아이에게 다가가 "어려워? 어디가 이해가 안 가니?"라고 물어보면 "다요"라고 대답합니다. 어떤 부분을 어려워하는지 확인하기 위해 설명하다 "이건 이해됐어?" 물어보면 고개를 젓습니다. 설명을 듣는 와중에 이해가 안 된다는 사실을 스스로 지각하고 있음에도 되묻지 않는 것이지요. 수학을 어려워하는 아이들은 알아도, 몰라도 질문하지 않습니다.

정해진 시간에 다수의 아이가 수업을 듣는 학교에서는 질문하기 어렵겠다고 생각하실 수도 있습니다. 그러나 '정해진 시간'에 '다수의 아이'가 수업을 듣는 건 학교나 학원이나 마찬가지입니다. 학원이 좀 더 개별적으로 봐줄지라도 학교에서 질문하지 않는 아이는 학원에서도 질문하지 않습니다.

이런 아이들은 대체로 자기가 뭘 모르는지 모릅니다. "그냥 몰라"라는 말을 자주 합니다. 공부에 대한 열정은 전혀 보이지 않고, 어떨 때는 무기력해 보입니다. 질문하는 게 민폐라고 생각하기도 합니다. '수업에 방해될까 봐.' '선생님을 귀찮게 하는 것 같아서.' 흔히 이런 생각을 가지고 있지요. 최악의 경우에는 선생님이 질문에 답을 곧잘 해줄지라도 늘 그랬듯 못 알아들을 거라는 생각에 스스로 질문을 포기하기도 합니다.

▌숙제를 하지 않는 아이

방과후 수업 출석률은 좋았지만 숙제는 해오지 않는 아이가 있었습니다. 학교 행사로 3주 만에 방과후 수업을 재개했을 때는 숙제 진도가 3주 전에 멈춰 있더군요. 분량이 많기라도 했다면 이해했을 텐데 숙제는 문제집 하루 1쪽이었습니다. 그것도 초등 4학년 연산 부분이었고요. 단 한 문제도 풀지 않은 숙제를 들고 오면서도 아무렇지 않아 하더군요.

아이들 중에는 잘하고 싶지만 혼자서는 못하겠고 누군가 챙겨주었으면 하는 생각을 가진 아이가 많습니다. 그래서 누군가 도와주었으면 하는 마음에 학교, 학원은 빠지지 않고 다니는데 막상 수업을 들으면 도망갈 궁리만 하거나 딴짓을 일삼습니다. 숙제를 안 하는 게 일상이 되고 "죄송합니다"라는 말을 입에 달고 삽니다. 혼나는 데 익숙하기도 하고, 간혹 혼내는 걸 관심이라고 생각해 즐기기도 합니다.

'열심히 하는 것처럼 보이는' 아이와 '열심히 하는' 아이는 분명히 다릅니다. 수업을 제대로 듣지 않고, 모르는데 알려고 하지 않고, 숙제를 꼬박꼬박 하지 않는 아이는 열심히 하는 게 아닙니다. 제가 중학교 방과후 수업에서 만났던 아이들, 열심히 공부한다고 하지만 성적이 오르지 않는 아이들, 수업 진도를 따라오지 못해 수학을 포기하는 아이들 대다수가 '열심히 하는 것처럼 보이는' 아이들이었습니다.

초등 6년을 '열심히 하는 것처럼' 보낸 아이들이 중학교에 와서 갑자기 달라지기란 어려운 일입니다. 그렇게 굳어진 학습 습관을 되돌리기도 어렵고요. 의지에 불타는 교사와 함께 매일 3시간이고 4시간이고 공부하는 것이 아니라면 중학교에서 비약적인 성장은 불가능합니다. 그렇다면 수학을 포기해야 할까요? 아닙니다. 적어도 초등 6년을 헛되이 보내고 중학생이 된 아이에게 갑자기 '하면 된다'며 희망고문은 하지 말자는 것이지요. 아이가 수학을 처음 배우는 초등 시기부터 해야 할 것을 제대로 알려주자는 말입니다.

초등 수학에서 반드시 챙겨야 할 2가지

● ● ● ● ● ●

수학 공부 이야기가 나오면 학부모, 주변 지인 모두 빠짐없이 던지는 질문이 있습니다. "어떤 문제집이 제일 좋아요?" "응용 문제를 안 풀어도 괜찮을까요?" "연산 학습지를 해야 할까요?" 언젠가 아이의 수학 문제집을 고르기 위해 서점을 간 날도 그랬습니다.

"이건 너무 쉽잖아. 어려운 걸 풀어야 실력이 늘지."

"쉽긴 뭐가 쉬워. 학원에서 이런 거 풀었는데 어려웠어."

초등 수학 코너에서 한 아이와 부모가 심화편 문제집을 살까 기본편 문제집을 살까 한참을 티격태격하더군요. 결국 부모의 의견에 따라 심화편 문제집을 고르고는 자리를 떠났습니다. 이처럼 수학을 공부할 때 어떤 단계부터 시작해야 할지, 어떤 문제집이 도움 될지 막막해하고 고민하는 부모와 아이가 많습니다. 시중에 나와 있는 초등 수학 문제집은 크게 보면 연산, 개념, 응용, 심화, 문장제 다섯 가지 종류로 구분할 수 있습니다.

연산	말 그대로 연산 훈련을 위한 문제집입니다. 덧셈(자리수, 받아올림 있는 것 등), 뺄셈(자리수, 받아내림 있는 것 등), 곱셈(기본 구구단, 자리수), 나눗셈(몫의 자리수, 나머지 유무) 등 연산의 종류별로 단계가 나눠진 것도 있고, 학년(교과 진도)별로 구성된 것도 있습니다.
개념	수학 개념을 익히기 위한 문제집입니다. 학년마다 알아야 할 내용이 쉽게 설명되어 있고, 그 다음 몇 가지 예제를 풀며 개념을 익힐 수 있게 되어 있습니다.
응용	개념보다는 조금 난도가 높습니다. 개념을 깊이 있게 알아야 풀 수 있는 문제 그리고 조금 더 생각해서 풀어야 하는 문제들로 구성되어 있습니다.
심화	응용과 비슷하거나 응용보다 조금 더 난도가 높습니다. 종류에 따라 다르긴 하지만 선행 개념이 들어가기도 하고요. 중학생들도 손대기 어려운 수준의 문제도 가끔 보입니다. 선행을 하는 아이들이 풀기 어려운 경시 수준의 문제도 있습니다.
문장제	중학교에서의 서술형 문제를 대비하기 위한 문제집입니다. 직접 식과 답을 내야 해서 난이도는 중, 상 정도에 해당하지만 식을 직접 쓰기 어려운 아이들에게는 더 어렵게 느껴지기도 합니다. 단원별 정리가 된 것도 있고, 학년 내에서 완전히 새롭게 구성된 것도 있습니다.

출판사에서는 대체로 문제집을 난이도 기준으로 나눕니다. 뒷표지에 '쉬움, 보통, 어려움, 많이 어려움' 또는 별 개수로 난이도를 구분하고 있지요. 그걸 보면 '하-중-상 순서로 문제집을 풀면 될까?'라는 생각이 드는 게 당연합니다.

제가 서점에서 만났던 부모도 아이가 기본편을 풀었으니 자연스레 그 윗단계인 심화편을 시작해야 한다고 생각했을 겁니다. 하지만 문제집을 고를 때 중요한 기준은 '수준'이 아닌 '목적'입니다. 초등 수학의 목적은 가깝게는 '중등 수학을 잘하기 위함'이라고 할 수 있지요. 이런 맥락에서 초등 수학에서 중요한 것은 두 가지입니다.

| 개념을 제대로 아는 것

초등학생이 개념을 잘 습득하려면 다음 두 가지 과정을 거치면 됩니다.

- 개념을 '자신의 말'로 풀어내기
- '기본 문제집'을 통해 그 개념의 쓰임새 확인하기

대부분의 아이와 부모는 수학에서의 개념 공부가 '공식 암기'나 '공식에 수를 대입할 수 있는 것'이라고 생각하는 경우가 많습니다. 그러나 수학에서의 개념은 국어, 영어 등의 언어에서 '단어'와 같다고 생각하면 됩니다. 제가 즐겨 봤던 <성적을 부탁해 티처스>에서 인상 깊은 장면이 있었습니다.

"너 take의 뜻이 뭔지 알아?"

"가져가다…?"

"그건 네가 암기한 뜻이지. 암기만 하면 네 수준은 딱 거기서 머무는 거야. take라는 단어는 '떼어낸다'는 느낌이라고 생각하면 돼. 그러니까 take off가 옷을 몸에서 떼어낼 때 쓰이면 '옷을 벗다'가 되고, 비행기를 땅에서 떼어낼 때 쓰이면 '이륙하다'가 되는 거야."

수학도 영어와 마찬가지입니다. 한 가지 개념을 아는 것이 '공식 하나를 외우는 것'이라고 생각하면 큰 착각입니다. 문제를 잘 푼다고 개념을 잘 아는 것도 아닙니다. 개념을 제대로 안다는 것은 '그 개념이 무엇인지를 자신의 말로 설명'할 수 있고, '그 쓰임새를 아는' 것을 뜻합니다.

아이들에게 분수의 개념이 무엇인지 물어보면 이렇게 대답합니다. "그… 피자요!" 분수의 개념을 제대로 공부하지 않은 아이들의 머릿속에는 피자 모양의 그림만 남아 있을 뿐입니다. 제대로 분수의 개념을 알고 있다면 '똑같이 나눈 것 중 몇 개'라고

했을 것이고, 정확히 말하지 못하더라도 '똑같이 나누었다'와 비슷한 의미의 말을 해야 합니다. 문제를 물었을 때도 마찬가지입니다. 분수의 정확한 개념을 모른 채 '느낌적인 느낌'으로 말하는 경우가 많습니다.

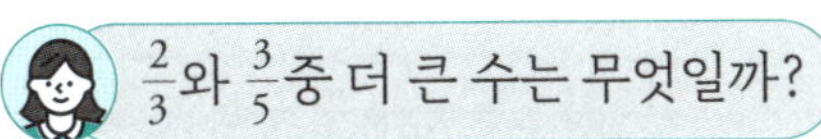

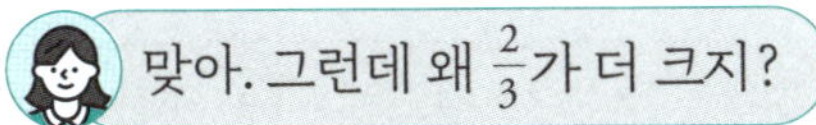

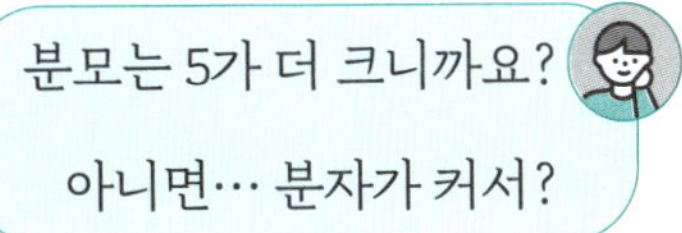

개념을 이해해서 푼 게 아니라 비슷한 유형의 문제를 풀다 보니 '대충 이렇더라' 식의 답변을 내놓는 것이지요. 분수의 정확한 개념을 아는 아이라면 다음과 같이 말했을 겁니다.

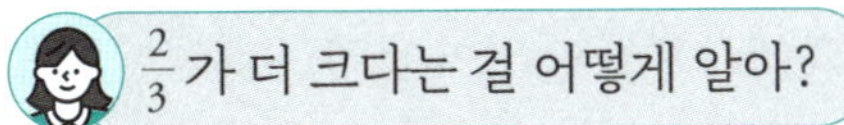

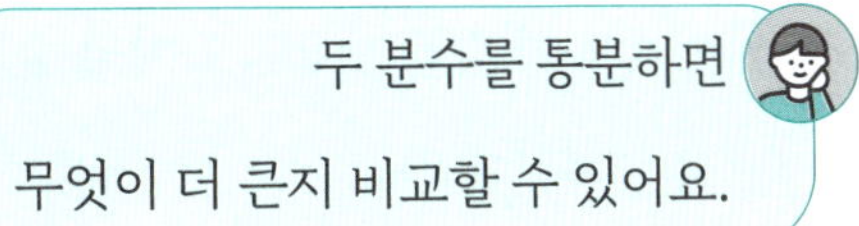

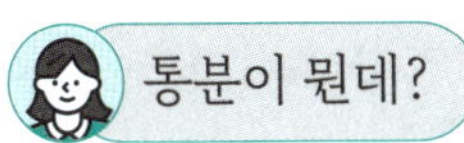

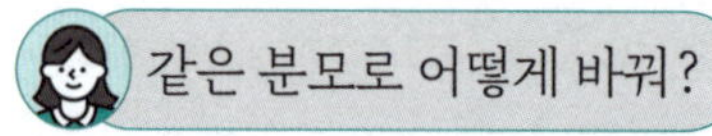

이처럼 아주 간단한 문제를 풀 때도 그 속에 있는 수학 개념을 정확히 말할 수 있어야 제대로 공부한 겁니다. 문제를 푸는 이유가 '각 문제에서 묻고 있는 개념이 무엇인지를 아는 것'이기 때문이지요.

그래서 이 장에서 아이가 초등 수학 교과에서 반드시 알아야 하는 개념이 무엇이고, 그것을 아이의 언어로 설명할 때 어떤 것들이 들어 있어야 하는지를 중심으로 서술해두었습니다. 이 장을 참고해 아이의 수학 공부를 도와주세요. 아이가 자신의 말로 개념을 설명해보게 하고, 스스로 '핵심 개념을 묻는 문제'에 스며 있는 개념을 찾아보게 해주세요.

아이가 양치질을 배울 때 부모의 시범과 설명만으로는 부족합니다. 아이가 '직접'

첫솔을 잡고 닦는 과정을 '여러 번 반복'해야 합니다. 수학도 그렇습니다. 처음부터 부모가 아이와 앉아서 개념을 묻고 답하고, 또 피드백하는 과정을 반복해야 아이 스스로 개념을 어떻게 공부해야 하는지 알게 됩니다. 중학교 시험에는 대충 찍어 맞힐 수 없는 '서술형 문제'가 50%가량 출제됩니다. 개념을 말로 설명할 수 있을 만큼 제대로 공부한 아이가 서술형 문제도 풀 수 있습니다.

| 수학 문제를 대하는 태도

수학 문제를 보자마자 '재밌겠다. 얼른 풀어봐야지'라고 생각하는 아이들은 별로 없습니다. 대다수가 '싫어' '힘들어'라는 부정적인 감정을 먼저 떠올립니다. 물론 중, 고등학생도 다르지 않고요. 하지만 부정적인 감정이 무조건 회피로 이어지는 것은 아닙니다. 가끔 아이들의 주의를 끌기 위해 낯선 유형의 문제를 제시할 때가 있습니다. 분명히 어렵게 느껴질 텐데 번쩍 손을 드는 아이들이 있습니다. 혹시 알고 있는 문제여서 그런가 물어보면 "한번 해보려고요"라고 대답하는 경우가 많고, 단번에 안 풀리면 문제를 적어 가서 그다음 날 풀어 오는 경우도 있습니다.

수학은 다른 교과에 비해 찍어서 답을 맞히는 것이 힘듭니다. 수학에서 실패는 '반드시 넘어야 할 산'인 셈입니다. 그렇다면 수학에서 실패를 이기는 힘은 어디서 생기는 걸까요? '실패를 딛고 일어선 경험'이 충분히 누적되어야 합니다. 어릴 때부터 틀리고, 다시 도전하고, 결국은 맞히는 경험이 회복탄력성을 만듭니다. '틀려도 까짓것 다시 풀자. 언젠가는 풀어낼 거니까'라는 마인드가 생기는 것이지요.

하지만 여기까지 말하면 "실패를 많이 하면 오히려 주눅 들지 않아요?" "실패한 후에 성공한다는 보장이 어디 있어요?"라고 묻는 분들이 있습니다. 그래서 필요한 것이 '작은 성공을 위한 의도적 실패'입니다.

아이들의 수준은 모두 다릅니다. 초등학생 중에는 고등학교 수학을 재미있어하며 공부하는 아이도 있고, 자기 학년 교과서도 어려워하는 아이도 있습니다. 그러니 아이의 수준을 잘 파악해 지금보다 '살짝 어려운' 수준의 문제집으로 성공 경험을 쌓게 해주어야 합니다. 여기서 말하는 '살짝 어려운' 수준은 단순히 응용이나 심화를 말하는 것이 아닙니다. 아이의 수준에 따라 기본이 될 수도 있고, 연산이 될 수도 있습니다. 단, 10개 문제 중 절반 정도는 맞혀야 합니다. 어려운 절반을 극복해 완벽하게 해냈다는 느낌을 경험하게 하는 것이지요.

물론 초등학교 저학년은 너무 어립니다. 이때는 기본만 해도 충분합니다. 하지만 학습에 관한 태도와 생각이 자리 잡아 가는 시기인 5~6학년부터는 이런 훈련을 조금씩 시작해야 합니다. '어렵다'는 것은 상당히 주관적이기에 문제를 반복해서 풀다 보면 이전에 본 듯한 유사한 문제나 비슷한 풀이가 떠오르기도 합니다. 처음에는 말도 안 되게 어려운 문제 같았지만 다른 문제를 풀고 돌아와 다시 봤을 때 힌트가 보입니다. 풀 수 있을 것 같다는 기분을 느끼고, 정답을 찾아냈을 때는 엄청난 성취감을 얻습니다. 그리고 그렇게 경험한 도파민이 '수학은 재미있는 교과' '도전은 멋진 것'이라는 긍정적인 수학 정서까지 만든 경우도 상당히 많습니다.

95%의 아이에게는 수학머리가 없다

• • • • • •

아이들은 각자 다른 머리와 습득 방식을 가지고 태어납니다. 때문에 모든 이에게 적용되는 완벽한 공부 방법이란 없습니다. 특히 수학에 있어서는 수학머리를 타고나느냐 아니냐에 따라 공부 방법이 확연히 달라집니다.

혹시 '수학머리'라는 단어에 거부감이 드시나요? 학교에서 수많은 아이를 가르치며 제가 깨달은 건 '타고난 것'은 인정할 수밖에 없다는 점입니다. 선행을 한 것도 아닌데 같은 설명을 해도 단번에 알아듣는 아이와 여러 번 반복해도 알아듣지 못하는 아이는 분명히 있고, 또 분명히 다르기 때문입니다. 그러나 이와 함께 반드시 인정해야 할 것은 '타고난 것'과 '성공'은 완전히 별개라는 점입니다. 수학머리가 있다고 해서 입시에 성공하는 것도 아니고, 수학머리가 없다고 해서 수포자가 되는 것도 아닙니다.

그렇다면 아이의 수학머리는 어떻게 진단할 수 있을까요? 제가 보아온 아이들의 특징을 표로 정리했습니다. 내용을 참고해 우리 아이에게 수학머리가 있는지 여부를 가늠해보세요.

수학머리가 있는 아이의 특징	수학머리가 없는 아이의 특징
숫자 퍼즐을 보면 "재미있겠다!"며 달려든다	조금이라도 큰 숫자를 보면 외면한다
"왜 그럴까?"라는 질문에 갸우뚱하며 생각하기 시작한다	"왜 그럴까?"라는 질문에 "굳이 그걸 꼭 알아야 해요?"라고 되묻는다
문제 하나를 해결하면 기뻐하며 하나 더 내달라고 한다	문제 하나를 해결하면 끝났다며 도망간다

학교에 따라 다르긴 합니다만, 대체로 중학교에서 최상위 5% 정도는 확실히 수학머리가 있는 아이들입니다. 그리고 그들 중 대부분은 특별한 이유가 없는 한 특목고 또는 자사고로 진학합니다. 그러면 나머지 95%, 일반계고로 진학하는 아이들은 모두 수학을 포기할까요? 당연히 아닙니다. 그들 중에서도 자신에게 맞는 올바른 공부법과 습관을 갖춰 열심히 노력한 아이들은 특목고에 간 아이들보다 더 훌륭한 수능 성적을 냅니다.

그러니 우리 아이에게 수학머리가 없다고 해도, 지금 수학에 딱히 관심을 보이지 않는다고 해도 속상해할 필요는 없습니다. 가장 중요한 고등학교에서 최상위를 달리는 아이들은 수학머리가 아주 좋거나 심화나 선행을 미친 듯이 해온 것이 아니니까요. 그저 자신의 페이스에 맞게 습관을 잘 들여왔고, 기본을 잘 닦아온 것 위에 자신의 의지를 더한 것뿐입니다. 그래서 지금 초등 시기에는 아이의 관심, 수학머리, 실력을 따지기보다 아이의 성향에 맞게 수학 '기본'을 만드는 것이 가장 중요합니다.

공부할 때 무조건 써먹는
교과 핵심 개념

1학년

자연수

1에서 시작해 하나씩 더해가며 생기는 수.	자연수 중 가장 작은 수는 1이다.
	0은 자연수가 아니다.
	자연수의 성질은 하나씩 커지는 것과 끝이 없다는 것이다.

덧셈

두 수의 합을 구하기 위해 하나의 수에 다른 수를 더하는 셈.	연산 기호는 +를 사용한다.
	답을 말할 때 '덧셈의 결과' 또는 '합'이라고한다.

두 수의 차를 구하거나 두 수의 크기를 비교하기 위해 큰 수에서 작은 수를 빼는 셈.	연산 기호는 -를 사용한다.
	답을 말할 때 '뺄셈의 결과' 또는 '두 수의 차이'라고 한다.
	초등 수학에서는 큰 수에서 작은 수를 빼는 경우만 다룬다.

시각/시간/분

짧은 바늘이 3, 긴 바늘이 12를 가리킬 때 '3시'라고 하며, 이와 같이 시간 중에서 어느 한 시점을 '시각'이라고 한다.	시계의 짧은 바늘이 가리키는 것이 시각이다.
	오전, 오후가 구분되는 경우를 따로 지도하지 않되 아침, 저녁 또는 낮, 밤 등과 같은 표현을 사용한다.
하루를 나누는 단위 중 하나로, 한 시각에서 다른 시각까지의 간격을 '시간'이라고 한다.	하루는 24시간이다.
	시간을 나타낼 때는 시계의 '시' 단위를 사용한다.
	긴 바늘이 한 바퀴 돈 시간을 '1시간'이라고 한다.
시간의 단위 중 하나로, 1시간을 60개로 똑같이 나눈 것을 '분'이라고 한다.	시계의 긴 바늘이 가리키는 것이 '분'이다.
	1분은 더 작은 단위인 60개의 초로 나뉜다.
	1분은 긴 바늘이 한 칸 움직이는 동안을 뜻한다.

곱셈

어떤 수의 몇 배인지 곱을 구하는 셈.	연산 기호는 ×를 사용한다.
	곱셈은 정해진 수를 묶어 세는 것과 같은 반복된 덧셈이다.
	곱하는 수는 곱해지는 수의 몇 배인지를 나타낸다.

짝수/홀수

어떤 수를 2로 나누었을 때 나머지가 0인 수를 '짝수'라고 하며, 어떤 수를 2로 나누었을 때 나머지가 1인 수를 '홀수'라고 한다.	짝수는 둘씩 짝을 지을 수 있기 때문에 '2의 배수'라고 부르기도 한다.
	직관적 이해를 위해 짝수는 '똑같이 둘로 나눠줄 수 있는 수'라고 설명하기도 한다.
	직관적 이해를 위해 홀수는 '똑같이 둘로 나눴을 때 하나씩 남는 수'라고 설명하기도 한다.

삼각형

| 세 꼭짓점과 세 변으로 이루어진 도형. 아래 그림과 같은 모양의 도형을 '삼각형'이라고 한다.

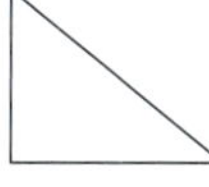   | 삼각형의 변과 꼭짓점의 개수는 3개이다. |
| | 삼각형에서 곧게 뻗은 선을 '변'이라고 하고, 두 변이 만나는 점을 '꼭짓점'이라고 한다. |

사각형

| 네 꼭짓점과 네 변으로 이루어진 도형. 아래 그림과 같은 모양의 도형을 '사각형'이라고 한다.

  | 사각형의 변과 꼭짓점의 개수는 4개이다. |
| | 사각형에서 곧게 뻗은 선을 '변'이라고 하고, 두 변이 만나는 점을 '꼭짓점'이라고 한다. |

원

한 점에서 똑같은 거리에 있는 모든 점을 연결한 모양. 그림과 같은 모양의 도형을 '원'이라고 한다. 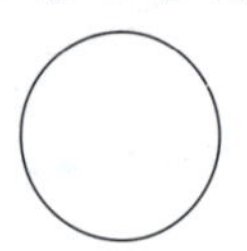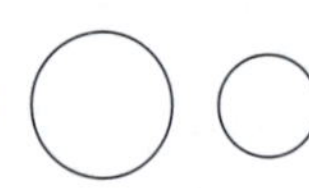	원은 그리기에 따라 크기가 다를 수 있지만 공통적으로 곧은 선이 없고 곡선으로 이루어져 있다.
	어느 곳에서 봐도 '완전 둥근 모양'이다.

표

가로줄과 세로줄을 이용해서 글자나 숫자를 칸 안에 차례대로 적어놓은 것.	조사한 자료를 정리할 때 표를 이용하면 한눈에 알아볼 수 있다.
	자료의 각 수나 수의 합을 알 수 있다.

그래프

정리된 자료를 그림이나 도형으로 나타낸 것.	그림을 이용해서 수량을 나타내는 그래프를 '그림그래프'라고 한다.
	그래프는 표보다 읽기 쉽도록 자료를 시각적으로 보여줘 비교와 해석이 편리하다.
	숫자 대신 그림이나 도형으로 수를 표현하기 때문에 수의 많고 적음을 한눈에 알 수 있다.

나눗셈

어떤 수를 같은 크기의 몇 묶음으로 나누거나, 같은 수씩 몇 번 나누어 가질 수 있는지 구하는 셈. • 등분제: 몇 묶음으로 나눌 때 한 묶음에 들어가는 양(예: 12개의 사탕을 3명에게 똑같이 나누어주려면, 한 명당 4개씩 줄 수 있다). • 포함제: 정해진 개수로 묶을 때 몇 묶음을 만들 수 있는지(예: 12개의 사탕을 한 봉지에 3개씩 담으면, 4봉지로 나눌 수 있다).	연산 기호는 ÷를 사용한다.
	'나눗셈은 곱하기와 반대 관계이다'라는 역역산의 개념으로 배우기도 한다.
	나눗셈에서 전체를 똑같이 나눌 수 있는 수 또는 몇 묶음으로 나눌 수 있는지 나타내는 수를 '몫'이라고 한다.
	나눗셈을 할 때, 똑같이 나눈 뒤에 끝까지 나눌 수 없고 조금 남는 수가 있을 수 있다. 이때 남은 수를 '나머지'라고 한다. 나머지는 나누는 수보다 더 클 수 없다.
	나머지가 0일 때, '나누어 떨어진다'는 표현을 쓰며, 이후 약수와 배수의 개념으로 이어진다.

분수

전체를 똑같이 나눈 것 중에서 얼마를 나타내는 수. $\frac{3}{7}$ 이라고 하면 '전체를 똑같이 7개로 나눈 것 중 3개'를 의미한다.	분수에서 가장 중요한 성질은 분모와 분자를 같은 수로 나누거나 곱하여 모양이 달라지더라도 분수의 크기는 같다는 것이다(예: $\frac{1}{2} = \frac{3}{6}$, $\frac{4}{8} = \frac{2}{4}$).
	전체를 몇 등분했는지를 나타내는 수를 '분모'라고 한다. 직관적 이해를 위해 분수에서 가로선 아래에 있는 수를 가리킨다.
	전체를 똑같이 나눈 것 중 얼마를 차지하고 있는지를 나타내는 수를 '분자'라고 한다. 직관적인 이해를 위해 분수에서 가로선 위에 있는 수를 가리킨다.

단위분수/진분수/가분수/대분수

전체를 똑같이 나눈 것 중에 하나를 나타내는 분수를 '단위분수'라고 한다.	$\frac{1}{2}$ 은 2개로 쪼갠 것 중 1 개, $\frac{1}{3}$ 은 3개로 쪼갠 것 중 1개를 뜻하므로, 분모가 큰 단위분수일수록 작은 값이다.
	단위분수를 이용하여 분수의 크기를 가늠할 수 있고, 비교할 수 있다.
분자가 분모보다 작은 분수를 '진분수'라고 한다.	1을 분모만큼 나눈 것 중 1조각을 뜻하는 것이므로 1보다 작은 양을 나타낸다.

분자가 분모보다 크거나 같은 분수를 '가분수'라고 한다.	가분수는 1보다 같거나 큰 양을 나타낸다.
	전체를 일정한 크기로 나눴는데 전체보다 커졌다는 의미가 분수의 원래 의미에 반한다고 여겨, 가짜 분수라는 의미로 한자 '거짓 가(假)'를 사용한다.
자연수와 진분수가 합쳐진 분수를 '대분수'라고 한다.	가분수의 분자를 분모보다 작은 진분수로 바꾸면서 대분수의 꼴로 만들어진다.

직선/선분/반직선

선분을 양쪽으로 끝없이 늘인 곧은 선을 '직선'이라고 한다.	점ㄱ, 점ㄴ을 지나는 직선을 '직선ㄱㄴ' 또는 '직선ㄴㄱ'이라고 한다.
두 점을 곧게 이은 선을 '선분'이라고 한다.	점ㄱ, 점ㄴ을 이은 선을 '선분ㄱㄴ' 또는 '선분ㄴㄱ'이라고 한다.
	중학교에서는 이를 반드시 기호 ㄱㄴ으로 표기해야 한다.
한 점에서 시작하여 한쪽으로 끝없이 늘인 곧은 선을 '반직선'이라고 한다.	점ㄱ에서 시작하여 점ㄴ을 지나는 반직선을 '반직선ㄱㄴ'이라고 한다.
	점ㄴ에서 시작하여 점ㄱ을 지나는 반직선을 '반직선ㄴㄱ'이라고 한다.

각

한 점에서 시작한 두 반직선으로 이루어진 도형. 한 점과 두 반직선으로 이루어진 도형이라고도 한다.	각의 크기 자체를 뜻하기도 하며, 문제에서 '각의 크기를 구하시오' '각의 크기는 얼마인가'라고 묻는다.
	각의 시작점을 '각의 꼭짓점'이라고 한다.
	각을 이루는 두 반직선을 '각의 변'이라고 한다.
	직관적인 이해를 위해 시곗바늘이 벌어진 정도를 각이라고 할 때, 시계의 중심이 각의 꼭짓점이며, 두 바늘이 각의 변이다.

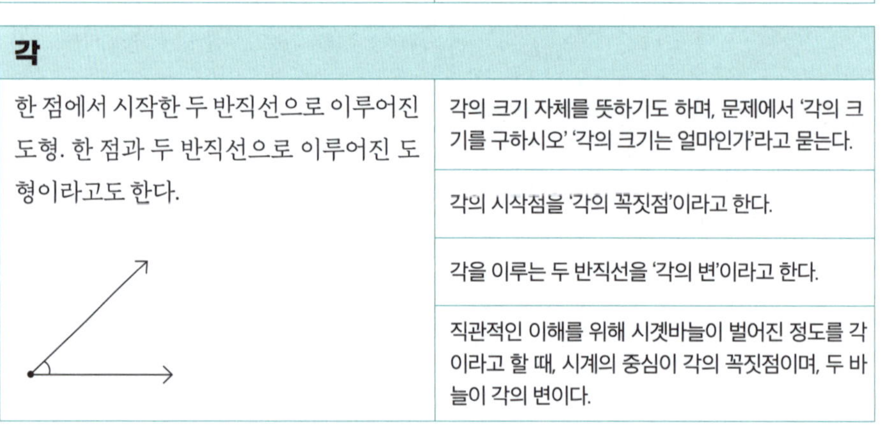

원을 그릴 때 기준이 되는 점을 '원의 중심'이라고 부른다.	어떤 원이든 원의 중심은 단 하나이다.
	원 위의 모든 점은 원의 중심으로부터 같은 거리에 있다.
원의 중심과 원 위의 한 점을 이은 선을 '원의 반지름'이라고 한다.	한 원의 모든 반지름의 길이는 같다.
	반지름은 원의 크기를 결정하는 기본 단위이다.
원 위의 두 점을 연결하는 선들 중, 원의 중심을 지나는 선을 '원의 지름'이라고 한다.	한 원의 모든 지름의 길이는 같고, 반지름의 두 배이다.
	지름은 원을 정확히 둘로 나누는 대칭선 역할을 한다.

4학년

직각/예각/둔각

종이를 반듯하게 두 번 접었을 때 생기는 각을 '직각'이라고 한다.	직각을 나타낼 때는 꼭짓점 부분에 직각 표시(└)를 한다.
각의 크기가 0°보다 크고, 90°보다 작은 각을 '예각'이라고 한다.	각의 크기는 변이 벌어진 정도로 변의 길이와는 상관없다.
각의 크기가 90°보다 크고, 180°보다 작은 각을 '둔각'이라고 한다.	직각, 예각, 둔각을 나누는 기준은 90°이다.

직각삼각형/예각삼각형/둔각삼각형

삼각형의 한 각이 직각인 삼각형을 '직각삼각형'이라고 한다.	직각삼각형은 한 각이 직각이므로 나머지 두 각의 합이 90°가 되어야 하기 때문에 두 각 모두 예각이다.
삼각형의 한 각이 둔각인 삼각형을 '둔각삼각형'이라고 한다.	둔각삼각형은 둔각 1개와 예각 2개로 이루어진 삼각형이다.
삼각형의 세 각이 모두 예각인 삼각형을 '예각삼각형'이라고 한다.	정삼각형은 예각삼각형이다.

이등변삼각형/정삼각형

삼각형의 세 변 중, 두 변의 길이가 같은 삼각형을 '이등변삼각형'이라고 한다.	이등변삼각형의 두 밑각의 크기는 같다.
세 변의 길이와 세 각의 크기가 모두 같은 삼각형을 '정삼각형'이라고 한다.	삼각형의 세 각의 합은 180°이므로 정삼각형 한 각의 크기는 60°이다.

수직/수선

두 직선이 만나서 직각을 이루면, 이 두 직선은 '수직'이라고 한다.	직관적 이해를 위해 바닥에 세워진 기둥이 바닥과 수직임을 설명한다. 도형의 넓이를 구할 때, 높이를 구하기 위해 수직의 의미를 도입한다.
한 직선 위의 한 점에서 그 직선에 수직이 되도록 그은 다른 직선을 그 직선에 대한 '수선'이라고 한다.	수직인 두 선은 서로에 대해 수선이다.

직사각형/정사각형

네 각이 모두 직각인 사각형을 '직사각형'이라고 한다.	직사각형의 대각선은 2개의 길이가 같고, 서로를 절반으로 나누지만, 수직으로 만나지는 않는다.
네 변의 길이가 모두 같고, 네 각이 모두 직각인 사각형을 '정사각형'이라고 한다.	정사각형의 대각선은 2개의 길이가 서로 같고, 서로를 정확히 절반으로 나누며, 수직으로 만난다.

평행

평면 위의 두 직선이 만나지 않을 때 두 직선은 평행하다고 한다. 평행한 두 직선은 '평행선'이라고 한다.	평행선의 한 직선에서 다른 직선에 수직인 선분을 그으면, 이 선분의 길이를 '평행선 사이의 거리'라고 한다.
	직관적 이해를 위해 기차 선로, 공책의 줄 등을 예로 설명할 수 있다.
	선 2개뿐 아니라 직육면체에서 마주 보는 두 면도 만나지 않으므로 평행임을 알 수 있다.

사다리꼴/마름모/평행사변형

한 쌍의 마주 보는 변이 평행한 사각형을 '사다리꼴'이라고 한다.	평행한 한 쌍의 변 사이의 거리를 '사다리꼴의 높이'라고 하고, 위치상 아래쪽에 있는 변을 '아랫변', 위쪽에 있는 변을 '윗변'이라고 부른다.
네 변의 길이가 모두 같은 사각형을 '마름모'라고 한다.	두 대각선이 서로 수직으로 만나며, 서로를 이등분한다.
마주 보는 두 쌍의 변이 서로 평행한 사각형을 '평행사변형'이라고 한다.	평행사변형의 마주 보는 두 변의 길이는 같고, 마주 보는 두 각의 크기도 같다.

다각형/정다각형

선분으로만 둘러싸인 도형을 '다각형'이라고 한다.	선분이 3개 이상일 때 다각형이라고 하며 선분의 개수는 변의 개수와 꼭지점의 개수와 같다.
모든 변의 길이가 같고, 모든 각의 크기가 같은 다각형을 '정다각형'이라고 한다.	정다각형은 중심을 기준으로 돌려도 똑같은 모양을 유지한다. 직관적 이해를 위해 모든 것이 똑같이 나눠진 완벽한 다각형이라고 설명한다.

대각선

다각형에서 서로 이웃하지 않는 두 꼭짓점을 이은 선분. 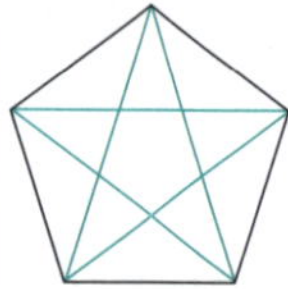	(다각형에서) 대각선은 바로 옆 점끼리는 연결하지 않고, 그 외의 점과 연결하는 선이다.
	삼각형에는 이웃하지 않는 꼭짓점이 없으므로 대각선이 없다.

막대그래프/꺾은선그래프

길이가 다른 막대를 이용해서 수량을 나타내는 그래프를 '막대그래프'라고 한다.	각 항목의 수량을 정확하게 알 수 있어 항목 비교에 좋다. 그림그래프보다 정확한 수치를 알 수 있다.
자료의 수량을 점으로 찍고 그 점을 선으로 이어서 나타내는 그래프를 '꺾은선그래프'라고 한다.	시간의 흐름에 따라 변하는 수량을 표현할 때 적절하게 쓰인다.

소수

자연수 사이의 수를 표시하는 수. 10, 100, 1000, … 등을 분모로 하는 분수를 소수점을 이용하여 표현한 수.	소수에서 자연수 부분과 소수 부분을 나누는 기호를 '소수점'이라고 한다.
	자연수도 소수로 표현은 가능하지만 자연수 자체를 소수라고 하지는 않는다(예: 1은 자연수, 1.0은 소수로 표현이 다를 뿐 같은 값이다).

약수/공약수/최대공약수

어떤 수를 나누어 떨어지게 하는 수(=나머지가 0인 수)를 '약수'라고 한다.	약수 중 가장 작은 수는 1이며, 자신도 자기 자신의 약수이다.
두 수 이상의 약수에서 공통인 약수를 그 수들의 '공약수'라고 한다.	1은 모든 수의 공약수이다.
	최대공약수의 약수는 공약수이다.
공약수 중 가장 큰 수를 '최대공약수'라고 한다.	최소공약수가 없는 이유는 어떤 두 수를 잡든 최소공약수는 1이기 때문이다.

배수/공배수/최소공배수

어떤 수를 1배, 2배, 3배, …한 수를 그 수의 '배수'라고 한다.	어떤 수의 배수는 무한히 많다. 계속 수를 곱해나가면 끝이 없기 때문이다.
	어떤 수는 자기 자신의 배수이다(1배).
	어떤 수의 배수는 모두 그 수로 나누어 떨어진다.
두 수 이상의 배수에서 공통인 배수를 그 수들의 '공배수'라고 한다.	최소공배수의 배수는 공배수다.
공배수 중 가장 작은 수를 '최소공배수'라고 한다.	최대공배수가 없는 이유는 배수는 어떤 수를 여러 번 곱해 무한정 큰 배수를 만들 수 있어 특정할 수 없기 때문이다.

약분

분모와 분자를 똑같은 수로 나누어서 더 간단하게 나타낸 분수.	주어진 분수를 약분하여, 분자와 분모의 공약수가 1뿐인 상태의 분수를 '기약분수'라고 한다.

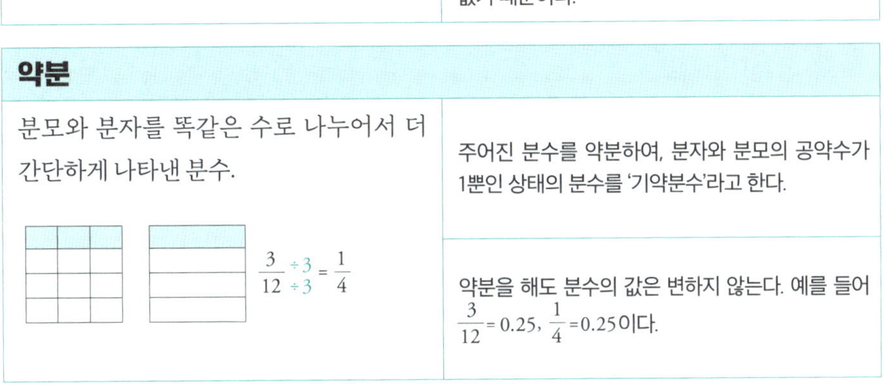

$$\frac{3}{12} \div \frac{3}{3} = \frac{1}{4}$$

약분을 해도 분수의 값은 변하지 않는다. 예를 들어 $\frac{3}{12}$ = 0.25, $\frac{1}{4}$ = 0.25이다.

분모가 다른 두 분수를 계산하기 쉽게 분모를 같게 만드는 것.

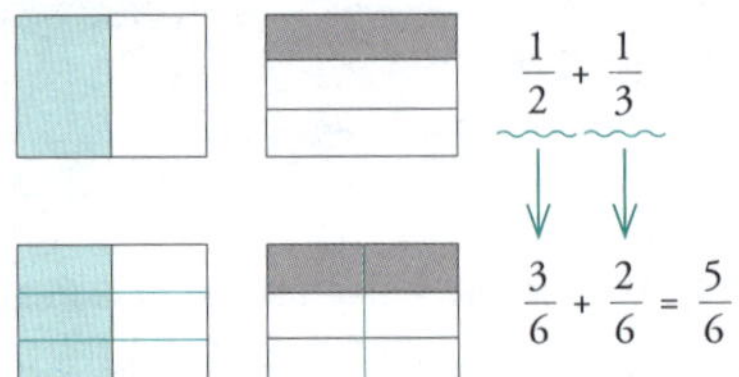

통분을 하는 이유는 분모가 다른 두 분수의 덧셈, 뺄셈을 가능하게 만들기 위해서이다.

직관적 이해를 위해 서로 다른 크기의 조각을 같은 크기로 맞추는 것이라고 설명한다. 통분을 해야 크기 비교를 할 수 있다.

통분의 방법은 여러 가지이나 일반적으로 두 분모의 최소공배수로 한다.

이상/이하

기준이 되는 수보다 크거나 같은 수를 나타낼 때 '이상'이라고 한다.

기준이 되는 수와 같거나 그 수보다 작은 수를 나타낼 때 '이하'라고 한다.

수에는 자연수만 있는 것이 아니므로 수직선 위에서의 의미를 알아두는 것이 필요하다. 예를 들어 23 이상인 수라고 하면 23도 포함하는 것이므로 23에 꽉 찬 동그라미를 그리고 23의 오른쪽 부분을 표시한다.

초과/미만

기준이 되는 수보다 큰 수를 '초과'라고 한다.

기준이 되는 수보다 작은 수를 '미만'이라고 한다.

8 초과인 수는 8을 제외하므로 8에 빈 동그라미를 그리고 오른쪽 부분을 표시한다.

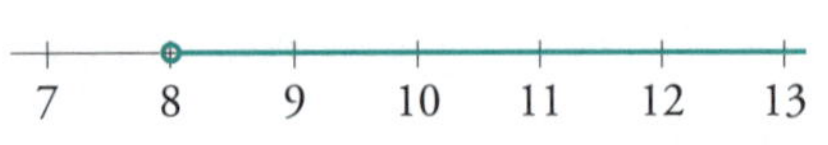

올림/버림/반올림

구하려는 자리의 바로 아래 숫자와 상관없이, 숫자를 하나 더 크게 해서 나타내는 방법을 '올림'이라고 한다.

1247을 올림하여 십의 자리까지 나타내면 1247 ⇨ 1250이다.

구하려는 자리의 바로 아래 숫자와 상관없이, 그 아래 숫자를 없애고 그대로 나타내는 방법을 '버림'이라고 한다.

1247을 버림하여 십의 자리까지 나타내면 1247 ⇨ 1240이다.

| 구하려는 자리보다 한 자리 아래 숫자가 5 이상이면 올리고, 5보다 작으면 버리는 방법을 '반올림'이라고 한다. | 1247을 반올림하여 십의 자리까지 나타낼 경우, 7은 5보다 크므로 1247 ⇨ 1250이다. |
| | 1243을 반올림하여 십의 자리까지 나타낼 경우 3은 5보다 작으므로 1243 ⇨ 1240이다. |

선대칭도형

한 직선을 따라 접었을 때 완전히 겹쳐지는 도형.	선대칭도형의 기준이 되는 직선을 '대칭축'이라고 한다.
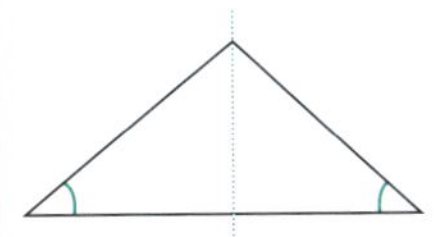	직관적 이해를 위해 선을 따라 종이를 접으면 똑같이 겹쳐지는 것이라고 설명하기도 한다.
	접었을 때 겹치는 점을 '대응점', 겹치는 변을 '대응변', 겹치는 각을 '대응각'이라고 한다.

점대칭도형

| 어떤 점을 가운데 두고 180° 돌렸을 때 모양이 똑같이 겹치는 도형. | 점대칭도형의 기준이 되는 점을 '대칭의 중심'이라 한다. |
| 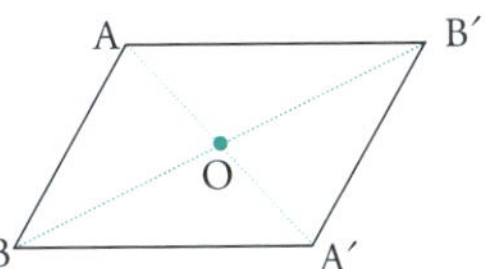 | 직관적인 이해를 위해, 종이에 알파벳 H, N, S, Z를 쓰고 알파벳의 중간점을 연필로 고정한 후, 종이를 반 바퀴 돌렸을 때 같은 모양이 됨을 확인해본다. |

합동

| 모양과 크기가 같아 겹쳤을 때 완전히 딱 맞는 도형. | 합동인 도형은 모양과 크기, 각의 크기, 변의 길이 모두 같다. |
| | 합동인 도형은 뒤집거나 돌려도 겹쳐진다. |

직육면체/정육면체

| 모든 면이 직사각형으로 된 상자 모양의 도형을 '직육면체'라고 한다. | 직육면체의 모서리는 12개이며 꼭짓점은 8개, 면은 6개이며 서로 마주 보는 면은 평행하고, 그 크기가 같다(예: 상자, 벽돌). |

| 모든 면이 정사각형으로 된 상자 모양의 도형을 '정육면체'라고 한다. | 직육면체 중에서도 가로, 세로, 높이가 모두 같다. 모든 면이 같은 크기의 정사각형이다(예: 주사위, 큐브). |

면/모서리

| 입체도형에서 선분으로 둘러싸인 부분을 '면'이라고 한다. | 직관적 이해를 위해 면은 도형을 둘러싸고 있는 납작한 부분이고, 모서리는 도형을 둘러싸고 있는 선 부분이라고 설명할 수 있다. |
| 면과 면이 만나는 선분을 '모서리'라고 한다. | |

겨냥도/전개도

입체도형을 눈으로 본 것처럼 그린 그림을 '겨냥도'라고 한다. 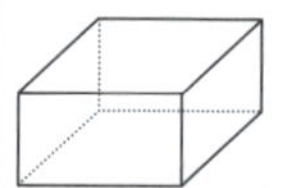	위, 앞, 옆에서 본 모습을 한눈에 보이도록 그린 것이다.
	실제 도형처럼 입체감 있게 그리기 위해 눈에 보이는 선을 실선, 보이지 않는 선을 점선으로 표현한다.
입체도형을 펼쳐서 납작하게 만든 그림을 '전개도'라고 한다. 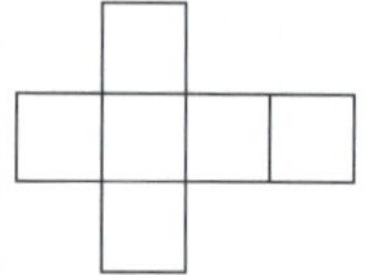	전개도는 도형의 모든 면을 평평하게 펼쳐놓은 모습으로 접으면 다시 입체도형이 된다.
	면의 모양과 개수, 연결되는 것을 알 수 있다.
	직관적인 이해를 위해 종이로 상자 만들기를 할 때 쓰는 도안이라고 설명할 수 있다.

각기둥

밑면이 2개, 옆면은 직사각형인 입체도형.

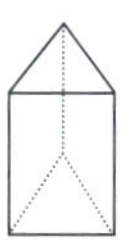

밑면의 모양에 따라 삼각기둥, 사각기둥 등으로 이름을 붙인다.

각뿔

밑면이 1개, 옆면이 모두 이등변삼각형인 입체도형.

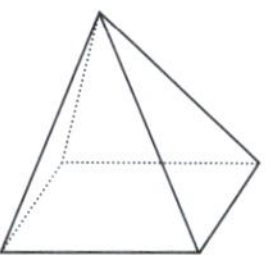

밑면은 여러 모양이 가능하지만 옆면은 이등변삼각형 하나뿐이다.

꼭대기 점이 있고 거기서부터 모든 옆면이 삼각형으로 이어진다.

각기둥처럼 밑면의 모양에 따라 삼각뿔, 사각뿔 등으로 이름을 붙인다.

백분율

어떤 수를 전체 100을 기준으로 나타낸 수.

기호 %를 사용하여 나타낸다.

전체 중에서 몇 퍼센트인지를 알려주는 표현이다.

직관적인 이해를 돕기 위해 100개 중에 몇 개인지를 묻는 것이라고 설명할 수 있다.

띠그래프/원그래프

전체를 가로로 된 띠 모양으로 나누어, 부분의 크기를 비교할 수 있게 만든 그래프를 '띠그래프'라고 한다.

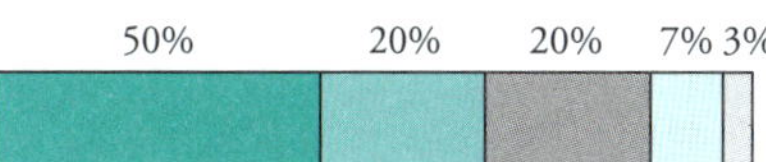

각 부분은 전체에 대한 비율을 나타낸다.

각 부분의 색깔을 다르게 하여 쉽게 비교할 수 있는 것이 특징이다.

<table>
<tr>
<td>

전체를 하나의 원으로 보고, 그 원을 부채꼴 모양으로 나누어 크기를 비교할 수 있게 하는 그래프를 '원그래프'라고 한다.

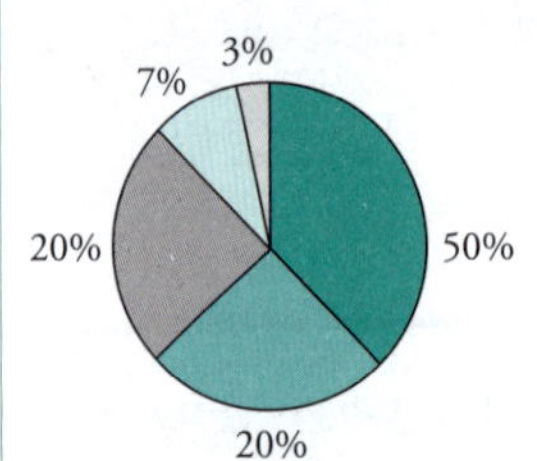

</td>
<td>

각 항목의 비율에 따라 부채꼴 중심각이 달라진다.

부채꼴의 넓이가 넓어질수록 비율이 크다는 의미이다.

</td>
</tr>
</table>

원주/원주율

<table>
<tr>
<td>

원의 둘레의 길이를 '원주'라고 한다.

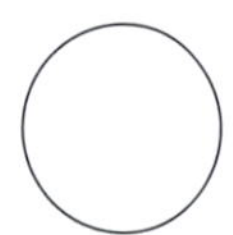

</td>
<td>

원을 따라 한바퀴 돌았을 때의 총 길이를 말한다

원주도 길이이기 때문에, 단위는 cm, m, mm로 쓴다.

원의 둘레는 항상 지름에 의해 결정된다(원주는 원의 지름의 길이의 약 3.14배이다).

</td>
</tr>
<tr>
<td>

원주를 지름으로 나눈 값을 '원주율'이라고 한다.

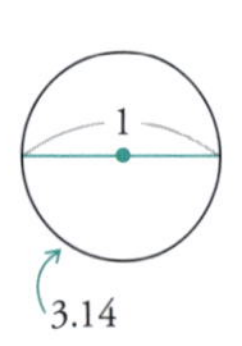

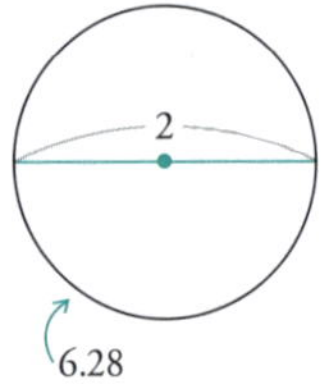

</td>
<td>

$$\frac{(원주)}{(지름)} = (원주율)\ (= 3.14\cdots)$$

지름과 원주율을 곱하면 원의 둘레를 구할 수 있다(원주 = 지름 × 원주율).

원의 크기와 상관없이 원 둘레(원주)를 지름으로 나누면 같은 수가 나온다.

초등학교에서는 원주율을 3.14로 계산하지만, 중학교 이후부터는 π(파이)라는 문자로 계산한다.

</td>
</tr>
</table>

다시 우리 아이에게
수학을 가르친다면

십수 년간 고등학생, 중학생에게 수학을 가르치며 세워진 어깨뽕으로 제 아이들을 쥐어짜던 시절이 있었습니다. 전 아이가 5살일 때도 고등학교 아이들처럼 말하는 대로 잘 이해하고 시키는 대로 잘하는 게 기본값이라 생각했고, 8살 무렵에는 중학교 최상위권 아이들을 보며 초등학교 때 그 아이들이 해온 것을 다 시키지 못하는 것 같아 불안했습니다.

하지만 다행히도 제 아이들은 자신의 생각을 말로 뚜렷이 전달하는 성향이었기에 제 생각을 무작정 강요할 수 없었습니다. 한참 갈등을 겪은 후에야 알게 되었지요. 모든 것의 기준은 '다른 아이'가 아니라 '내 아이'가 되어야 한다는 것을요. 전 그렇게 다른 아이 보는 것을 그만두었고 대신 제 아이에게 더 집중하며 기본을 챙기기 시작했습니다. 덕분에 크게 흔들리지 않고 아이 성향에 맞게 공부 습관을 잘 잡을 수 있었습니다.

이 책을 읽는 초등 학부모들도 저와 비슷한 생각에 불안하고 답답할 거라 생각합니다. 부디 조금이라도 더 빨리, 아이에게 맞는 방법으로, 꼭 필요한 것을 챙기기를 바라는 마음입니다. 수학 교사로서의 경험과 노하우로 초등 시기 반드시 챙겨야 할 것 그리고 놓쳐서는 안될 것들을 정리했습니다.

초등 1~2학년:
'공부 루틴'을 잡아야 하는 시기

초등학교에 입학한 첫해부터 그다음 해까지 수학에서 가장 중요한 것은 무엇을 공부하느냐보다 '공부 루틴이 잡혀 있느냐'입니다. 문제집은 뭘 풀어도 상관없습니다. 학습지도 마찬가지고요. 왜냐하면 아이가 처음으로 '학습'을 마주하는 시기이기 때문입니다.

아이를 둘 이상 키우는 부모들은 잘 알 거예요. 첫째를 공부시키고 있으면 둘째가 슬그머니 다가와 자기도 공부하겠다고 펜을 쥐고 앉는 것을요. 둘째 눈에는 첫째가 하고 있는 게 재미있어 보이는 거지요. 아이들은 처음부터 공부가 괴롭고 재미없고 힘든 것이라고 생각하지 않습니다. 오히려 해보지 않은 것이니 '신기하다'고 생각합니다. 이때 하루에 5분씩 앉아 있는 습관부터 들여주세요. 5분에서 시작해서 아이의 집중력이 끝날 때까지 버텨보며 조금씩 늘리는 겁니다. 아무리 짧은 시간이어도 '매일' 자리에 앉아 있는 것이 중요합니다.

앉아서 그냥 낙서만 해도 괜찮습니다. 아이에게 가장 좋은 교육은 '보는 것'입니다. 일단 아이에게 앉아 있는 시간은 무언가를 하는 시간이라고 알려주세요. 그리고 가족들이 다 같이 앉아 공부 또는 그와 비슷한 것을 하는 겁니다. 독서도 좋고, 필사도 좋고, 신문 스크랩도 좋습니다. 가족들이 무언가를 읽고 쓰고 공부하고 있으면 아이는 저절로 말합니다.

"나도 이거 할래."

그럼 기쁜 티를 내지 말고 말해주세요.

"이거 재미있긴 한데 조금 힘들 수도 있어. 그런데 그럴 때마다 도와줄게. 내일 ○○이 것도 사러 가볼까?"

아이가 간다고 말하면 서점에 데리고 가서 아이 수준에 맞는 문제집을 여러 권 보여주고, 그중에서 고르게 해주세요. 그리고 약속을 합니다.

"자, 이제 우리 매일 이거 2쪽씩 하는 거야."

매일 문제집 2쪽. 정말 간단해 보이지요. 하지만 직접 하기 시작하면 생각보다 쉽지 않습니다. 강력한 조건 '매일'이 붙어 있기 때문입니다. 명절, 여행 가는 날, 아픈 날 … '매일'이라는 건 그 모든 날을 포함한다는 뜻입니다. 아이는 처음이니 스스럼없이 할 수 있지만 부모들은 자신과 사투를 벌여야 합니다. 오늘은 그냥 넘어가고 싶고, 내일 두 배로 하면 되겠지 싶어도 아이와 '매일' 하기로 약속을 했기 때문에 해야만 하는 거지요.

아이가 매일 스스로 공부하길 바라시나요? 그렇다면 부모들이 '말'이 아닌 '행동'으로 보여줘야 합니다. 단언컨대, 이 시기에 '공부는 매일 하는 것'이라는 인식을 심어주는 것이 나중에 수천만 원짜리 과외를 시키는 것보다 훨씬 더, 몇 배는 효과적입니다. 부모로부터 "오늘은 피곤하니까 쉬자"라는 말을 자주 들은 아이는 조금만 힘들어도 "오늘은 하지 말까?"라는 말부터 꺼내는 아이가 됩니다. 아이의 수학 습관은, 결국 부모의 습관에서 시작됩니다.

중학생들 중에서도 '매일 수학 공부'하는 아이는 드뭅니다. 특히 수학을 힘들어하는 아이들 중에는 매일 공부하는 아이가 없습니다. 한바닥 숙제를 내줘도 이런 핑계

저런 핑계를 대면서 하지 않습니다. 어쩔 수 없이 매일 붙들고 앉아서 한 문제라도 풀리는 학원에 보내는 겁니다. 그러나 습관이 제대로 들지 않은 아이는 그곳에서도 딴청을 부리고 멍 때리는 경우가 많습니다. 과외를 붙이고 학원을 보내도 아이들의 실력이 늘지 않는 이유입니다.

공부의 첫 단추를 끼우는 초등 시기, 매일 공부하는 습관을 들이는 일은 아이의 수학 인생에 최고의 자산을 주는 것입니다.

초등 1~2학년 때 배우는 수학 개념은 그리 어렵지 않습니다. 앞에서 정리했듯 수 개념, 덧셈 뺄셈의 구조, 수직선, 시계 보기, 길이 비교 이런 것들인데요. 부모들이 보기에 너무 기초적이라 '설마 이런 것도 이해하지 못할까' 싶을 겁니다. 그런데 그 기초 개념을 설명해줘도 아이는 못 알아들을 수 있습니다. '$1+3=4$'는 알지만 같은 식인 '$4-\square=1$'은 모릅니다. 오전이 끝나고 오후가 오는 것은 알지만 오전 11시부터 오후 1시까지 총 몇 시간인지는 알지 못합니다. 아이가 이런 걸 이해를 잘한다면 수학머리가 뛰어난 겁니다. 만약 아이가 이해하지 못한다면 일단 기다려주세요.

초등 1~2학년 시기에 개념 설명은 책상에서 딱 두 번만 합니다. 그리고 실생활에서 생각날 때마다 언급해주세요.

"지금은 오전이야 오후야?"

"지금부터 점심 먹을 때까지 몇 시간을 기다려야 할까?"

초등 1~2학년 수학은 실생활에 관련된 내용이 대부분입니다. 학교생활에 적응하기 위한 '상식'이지요. 그러니 평소에 자연스레 툭 툭 던져주면서 '이건 공부야'라는 뉘앙스는 빼는 겁니다. 그리고 수학을 가르칠 때 아이에게 무작정 해내라고 재촉하기보다 "잘 몰라도 괜찮아. 도와줄게", 잘하지 못한다고 혼내기보다 "지금은 못해도 괜찮아. 점점 잘할 수 있어"라고 말해주세요.

초등 3~4학년:
수학 공부가 힘들어지는 시기

이제 매일 앉아서 하는 공부가 익숙해진 상태입니다. 하지만 조금씩 수학이 어려워지기 시작합니다. 이 시기에는 문제집 분량을 늘려야 합니다. 1~2학년 때 매일 2쪽씩 문제집을 풀었다면 3학년부터는 '3쪽'으로 양을 늘립니다. 그런데 겨우 1쪽이 늘었을 뿐인데 버거워하는 아이들이 있을 거예요. 당연히 문제집을 푸는 시간은 점점 더 오래 걸립니다.

그래도 괜찮습니다. 이 시기는 아이에게 '공부는 힘든 것'이라는 점을 알게 해야 합니다. 영어 원서를 읽던 아이가 중학교, 고등학교에 가더니 내신 영어에 어려움을 겪는다는 이야기를 많이 접해봤을 겁니다. 책은 읽으면 편하고 재밌으니 술술 진도가 나갔는데 막상 공부라는 것을 하려니 힘든 것이지요. 수학도 마찬가지입니다. 문제가 어려워서 짜증 나고 답답할 때마다 그냥 넘어가버리면 공부의 길에 들어설 기회를 놓치게 됩니다.

제대로 수학을 시작하는 이 시기, 아이의 성향에 맞게 도움을 주세요. 앞서 말씀드린 수학머리가 있는 아이와 없는 아이에게는 각각 다른 방법이 필요합니다.

| 수학머리 있는 아이는 '이해 → 암기'

수학머리가 있는 아이들은 스스로 개념을 읽고 이해하기에 설명조차 필요 없을 때가 많고 개념 설명 한 번에 맥락을 파악합니다. 이후 따로 알려주지 않아도 예제를 스스로 해결합니다. 이런 아이들에게는 다음과 같은 방식이 효과적입니다.

1. 부모의 개념 설명을 듣고 아이가 그 개념을 말로 설명하기

2. 예제를 푼 다음 개념을 적용해 설명하기

3. 개념 암기하기

4. 아이가 문제를 풀 때 부모가 질문하기

(예시: "이 문제는 뭘 묻고 있어?" "힌트가 어디에 있을까?" "아까 배운 개념이 어디에 나왔지?")

일반적으로 '예제'는 개념을 잘 익히기 위한 것으로, '개념을 사용하면 바로 답이 나오는 문제'를 뜻합니다. 반면 '문제'는 예제처럼 개념이 먼저 주어지는 것이 아니라 '상황이나 조건에 맞게 자신이 개념이나 공식을 찾아서 적용해야 하는 문제'를 뜻합니다.

3의 개념 암기는 개념을 보지 않고 말하거나 노트에 정리하는 방식으로 하면 됩니다. 수학머리가 있는 아이 대부분은 부모가 질문하기 전에 문제를 스스로 풀고 있을 가능성이 큽니다. 그래서 아이에게 정답을 묻기보다 4와 같이 문제를 풀고 있는 아이의 사고 흐름을 따라가며 호기심을 자극하는 것이 좋습니다.

▌수학머리 없는 아이는 '암기 → 이해'

아직 뇌 발달이 덜 이루어졌을 수도 있고, 선천적으로 이해가 더딜 수도 있습니다. 이런 아이들에게 모든 개념을 이해시키려고 들면 관계만 나빠집니다. 개념을 설명해주되, 이해가 안 된다고 하면 예제를 통해 쓰임새를 알려주세요. 암기할 내용은 읽고 쓰면서 입에 익숙해지고, 손에 익숙해집니다. 반복하다 보면 그것들이 모여 머릿속에서 퍼즐이 맞춰지는 순간이 오고, 아이는 깨닫는 즐거움을 경험하며 이해의 폭을 넓힐 수 있게 됩니다.

1. 부모의 개념 설명을 듣고 아이가 똑같이 따라 하기

2. 예제 풀기

3. 개념 암기하기

4. 문제 풀기

2에서 예제를 풀 때 수학머리가 없는 아이들은 어려운 게 전혀 없어 보여도 풀기 힘들어하는 경우가 많습니다. 그럴 때는 부모가 먼저 풀이 방법을 보여주고 아이가 그대로 다시 백지 위에 스스로 예제를 풀어야 합니다. 그다음 조금 전 푼 예제에서 숫자만 바꾸어 한 번 더 풀어보게 합니다.

1과 2를 반복하며 개념 암기를 합니다. 개념 암기 방식은 수학머리 유무와 상관없이 동일합니다. 개념을 보지 않고 말하기 또는 노트에 정리하기인데, 처음에는 부모의 도움이 필요합니다.

문제를 풀 때는 아이에게 '충분히 풀 수 있는 문제'라는 생각을 심어주세요. 문제 풀이의 성공 비결 제1번이 '자신감'입니다. '할 수 있다는 생각'이 '할 수 있는 아이'의 시작이 됩니다. 아이가 문제를 풀어보겠다는 의지를 보인다면 문제를 풀기 위해 '생각할 수 있도록' 계속해서 자극을 주어야 합니다. 전혀 모르겠다고 한다면 조금 전에 풀었던 예제 중 비슷한 유형을 보여주며 힌트를 줍니다. "이 문제는 조금 전에 했던 개념 중에 뭐랑 관련이 있는 거 같아?" "문제 안에 힌트가 있을 텐데. 네가 한번 찾아볼래?"

끝까지 못 풀어도 '문제를 풀기 위해 고민했다는 것' 자체를 칭찬하며 용기를 주세요. 이 시기에는 어려움을 극복하는 경험이 중요합니다. 아이가 못 푸는 문제는 2에서처럼 '부모가 풀이를 보여주고 아이가 다시 백지에 푸는 과정'을 통해 극복하게 해주세요(극복 경험). 그리고 다음 날 다시 그 문제를 풀어보게 합니다(성공 경험).

　풀이에서 외울 포인트를 짚어주는 것도 중요합니다. 왜 이 문제에서 그 개념을 떠올리는지, 왜 이런 방법으로 문제를 푸는지 알려주면 다음에 비슷한 문제를 풀 때 훨씬 접근이 수월해집니다. 이 과정을 반복한 후 조금씩 문제 수준을 높이면, 아이가 문제를 풀며 연관된 개념을 이해했다고 말할 겁니다.

　암기와 이해에 관해서는 사람들의 의견이 분분합니다. 누군가는 "암기하는 순간 수학은 망한다"라고 말하고, 다른 누군가는 "수학은 암기다"라고 말합니다. 십수 년간 중학교, 고등학교에서 수학을 가르치고, 두 아이의 초등 수학 공부를 해온 저로서는 이 의견 차이가 '닭이 먼저냐 달걀이 먼저냐' 논쟁과 다를 바 없다고 생각합니다. 따질 필요가 없다는 말입니다. 이해를 하더라도 암기를 하지 않으면 문제를 빠르게 풀 수 없습니다. 암기만 해서는 숫자만 살짝 바꾼 같은 문제조차 풀어낼 수 없습니다. 초등 과정에서는 아이의 수학머리의 유무에 따라 이해와 암기의 순서를 적절하게 조정하는 것이 중요하며, 이를 통해 '개념이 무엇인지 익히는 공부'를 해야 합니다.

초등 5~6학년: 자기주도 학습을 시작해야 하는 시기

● ● ● ● ● ●

초등 수학에서 '어렵다'는 이야기가 많이 나오는 때가 '5학년'입니다. 1~4학년 동안 배운 내용이 복합적으로 나오기 때문입니다. 4학년까지 배운 내용을 제대로 익히지 않은 아이는 어려움을 느낄 수밖에 없는 것이지요. 게다가 '분수의 통분'이라는 거대한 산이 나타납니다. 그래서 초등 5학년에 수학 공부를 제대로 해두지 않으면 이후 이 내용이 반복되는 6학년 수학을 따라잡기 어려워지고, 내용이 더 심화되는 중 1학년 수학에서는 고전할 수밖에 없습니다. 실제로 수학을 어려워하는 중학생들을 분석해보면 초등 5학년부터 수학에 구멍이 생긴 경우가 많습니다. 그러므로 초등 5학년부터는 무슨 일이 있어도 수학 하루 공부량을 반드시 지킬 수 있어야 합니다. 그리고 그 기준에서 자기주도 학습의 방향을 정해야 합니다.

스스로 매일 정해진 양의 문제집을 풀고 부모가 관리해주는 것에 따른다면 굳이 사교육을 이용하지 않아도 좋습니다. 물론 부모의 지속적인 관리는 필수입니다만 해가 거듭되고 중학생이 되는 과정에서 그 주도권은 조금씩 아이에게 넘어가야 합니다. 즉, 부모가 관리를 이어가되 조금씩 줄여나가야 합니다.

그리고 이 시기는 사춘기의 영향으로 부모의 말을 듣지 않을 수 있습니다. 부모의 지시에 반항하고 그 과정에서 공부량이 확연히 줄어든다면 사교육을 생각해야 합니다. 사교육을 이용해 공부량이 줄어들지 않게 지키고 자기주도 학습을 할 수밖에 없는 환경을 조성하는 것이지요. 사교육을 하더라도 아이에게 어떤 변화가 생길지 알 수 없는 시기인 만큼 부모가 평소 아이를 세심히 관찰해야 합니다. 사교육을 이용하는 경우 또는 집에서 자기주도 학습을 하는 경우 각 상황에 맞게 부모가 도울 일을 정리했습니다.

| 사교육 효과를 제대로 보려면

많은 부모가 아이를 학원에 보내면 성적 고민, 공부 문제가 해결될 거라고 생각합니다. 큰돈 들여 학원을 보내니 기대치가 높은 것이지요. 그러나 학교 지필평가 결과를 받은 후 학원에 항의를 하는 부모들이 꽤 있습니다. 실제로 학원 강사들이 모여 있는 인터넷 카페에도 이런 사연이 자주 올라오고요.

어느 학부모님이 이렇게 문자를 보냈네요. "선생님, 학원을 몇 달이나 보냈는데 어떻게 ○○이 중간고사 점수가 60점밖에 되지 않을 수가 있나요?” 그래서 제가 답을 보냈어요. “학원을 안 왔으면 ○○이는 30점도 못 받았을 겁니다.”

학원에서 공부하는 것 자체는 분명 도움이 됩니다. 학원마저 가지 않는다면 아이는 공부를 전혀 하지 않을 수 있고요. 이 사연처럼 말이 30점이지 아예 공부하지 않으면 그보다 더 낮은 점수를 받았을 수도 있습니다. 하지만 부모의 입장에서는 학원을 다니는 만큼 성적 향상에 대한 기대가 컸을 겁니다.

중학교에 입학한 첫해, 수학 점수를 보고 충격받는 아이들이 정말 많습니다. 그중 대다수는 초등학교 때부터 꾸준히 수학 학원을 다닌 아이들입니다. 90점 이상을 받는 아이는 많아야 한 반에 5명 정도입니다. 그럼 나머지는 학원에서 무엇을 하고 온 걸까요? 주 3회 2시간씩, 주 5회 1시간씩 결석도 없이 열심히 다니고, 매 학기 두 권씩 수학 문제집을 풀었는데 왜 이런 일이 일어날까요? 이유는 단순합니다. 그동안 학원에서 무엇을 배웠는지 확인하지 않았기 때문입니다. 아이의 실력보다 한참 낮은 수준의 문제를 풀어서 받은 100점을 실력이라고 착각한 경우, 숙제를 대충 베끼고 선생님의 설명도 이해하지 못한 채 진도만 뺀 경우, 개념은 익히지 않은 채 문제 풀이 노동만 반복한 경우….

일 대 다수로 아이를 만나는 학교 교사의 눈에도 공부에 문제가 있는 아이가 보입니다. 그런데 부모는 왜 아이의 문제를 눈치채지 못할까요? 학원에 공부를 맡긴 다음 들여다보지 않기 때문입니다. 아이가 학원에서 뭘 배우고 있는지, 모르거나 틀리는 내용을 이해하려고 노력하고 있는지 부모가 관심을 더욱 기울여야 합니다.

사교육을 잘 활용하기 위해서 부모는 학원을 ‘함께 관리하는 곳’으로 생각해야 합니다. 당장 아이가 잘하는 것처럼 보인다고 무작정 믿거나 학원이 잘 챙기는 것 같아 모두 위임해버리면 그 사이에서 가장 불안해할 사람은 아이입니다. 부모가 아이와 먼저 함께 공부 방향을 잡고 그 여정을 학원이 잘 돕고 있는지 확인해야 합니다. 그 확인 방법은 두 가지입니다.

1. '시험' '실력 평가'를 제대로 하고 있는지 꼼꼼히 따져야 합니다.

시험을 보지 않는 학원이 있습니다. 소규모 공부방은 그런 곳이 많습니다. 프랜차이즈 학원은 지정된 날짜까지 교재를 끝내야 하기 때문에 '진도 중심'이 되어 아이의 실력을 세세하게 관리하기 어렵습니다. 시험을 보는 학원일지라도 배운 범위 내의 단원평가 정도인 경우가 대부분입니다.

그러니 학원을 선택할 때는 시험을 보는지, 시험을 통해 아이의 실력을 꼼꼼히 평가하고 있는지 여부를 살피는 게 좋습니다. 프랜차이즈일지라도 공신력 있는 기관에서 주관하는 시험을 주기적으로 보고 관리하는 학원도 있습니다. 그런 학원을 다니는 경우 부모가 시험 결과와 분석 레포트를 주의 깊게 확인하면 됩니다.

단, 시험 결과를 볼 때 유의해야 할 점이 있습니다. 시험이 아이의 노력을 대변하지 않는다는 것입니다. 시험 출제 유형에 따라서도 시험 결과는 많이 달라질 수 있습니다. 시험 결과에 크게 마음이 쓰이는 경우, 시험을 대비한 모의고사 문제집 한 권 정도 푼 후에 응시하는 것도 좋은 방법입니다.

2. 공부하는 교재가 중요합니다.

아이의 학원 교재도 부모가 주의 깊게 살펴야 합니다. 먼저 틀린 것이 어느 정도인지를 확인해주세요. 아이가 교재의 문제를 70~80% 정도 풀어내고 맞힐 수 있다면 적합한 수준입니다. 즉 1쪽에 10문제가 있는데 그중 2~3문제만 틀렸다면 괜찮다고 볼 수 있습니다. 그러나 (속도를 빠르게 하기 위한 연산 문제집을 제외하고) 웬만한 문제를 다 맞힌다면 기뻐할 것이 아니라 당장 교재를 바꿔야 합니다. 아이 수준에 비해 너무 쉬워서 배울 것이 없다는 신호이니까요.

다음으로 확인할 것은 틀린 문제를 아이가 다시 풀었는지입니다. 대부분 하위권 아이들의 교재를 살펴보면 학원 강사의 글씨만 빼곡한 경우가 많습니다. 아이는 모르거나 생각하기 싫어서 대충 별표만 치고 넘어가고, 그 문제를 학원 강사가 대신 풀어준 것이지요. 이는 돈을 내고 학원 강사를 공부시키는 격입니다. 틀린 문제에 아이의 글씨로 오답이 되어 있는지 매의 눈으로 살펴야 합니다.

저는 학교에서 과제로 아이들에게 문제를 풀릴 때면 한 명씩 확인하는 과정을 거칩니다. 간혹 잘 못하던 아이가 갑자기 너무 논리 정연하게 풀이를 적어올 때가 있거든요. 그 아이에게 그 문제를 다시 풀어보라고 하면 대부분 풀지 못합니다. 친구의 답을 베낀 것이지요. 아이가 문제를 푼 게 맞는지, 아이가 오답을 제대로 했는지를 확실히 확인하는 방법은 '다시 풀기'입니다.

그러나 부모가 늘 틀린 것만 확인하려고 들면 오히려 아이를 위축시킬 수 있습니다. 절반은 맞힌 문제, 나머지 절반은 틀린 문제를 확인해주세요. 맞힌 문제는 아이가 자신만만하게 설명해줄 것이고, 틀린 문제는 기억을 떠올리려고 노력할 겁니다. 아이에게 '엄마, 아빠가 날 못 믿고 취조하는구나'라는 느낌을 주어서는 안 됩니다. 다음은 아이의 공부 태도를 긍정적으로 이끌 수 있는 부모의 말입니다. O는 맞힌 문제, ✕는 틀린 문제에 대한 피드백을 할 때 참고하기 바랍니다.

O "맞혔는데, 네가 완전히 이해한 건지 보고 싶어서 그래."

O "오늘 배운 것 중에 엄마(아빠)가 모를 것 같은 거 하나만 알려줘."

O "이 공식은 왜 쓰는 거였지?"

O "이 문제 다시 풀어줄 수 있어?"

O "이거 무슨 내용인지 설명해줄 수 있어?"

✕ "이렇게 푼 이유가 있을까? 너무 궁금해서 그래."

✕ "이 문제에서 헷갈렸던 부분은 어디야?"

✕ "같은 실수를 막으려면 다음에 뭘 조심해야 할까?"

✕ "이 문제에서 어떤 걸 놓쳤을까?"

✕ "이 문제 숫자 바뀌어도 혼자 풀 수 있겠어?"

| 똑똑한 자기주도 학습법

1. 자기 수준에 맞는 문제집을 자기 학년 숫자만큼 매일 풉니다.

앞서 초등 1~2학년 때는 2쪽을, 3학년부터는 3쪽을 풀라고 말했습니다. 마찬가지로 5학년은 5쪽, 6학년은 6쪽을 풉니다. 단, 문제집은 자기 수준에 맞는 것을 선택해야 합니다. 정답률이 70~80%인 문제집이 적당하며 그보다 정답률이 높은 경우에는 문제집의 난도를 높여야 합니다. 그리고 부모가 매일 수학 공부를 확인하고 챙겼다면 이제는 평일에 서너 번으로 그 횟수를 줄이는 것이 좋습니다. 한두 번은 건너뛰는 것이지요. 그래도 아이가 잘하고 있다면 주 한 번만 확인하고 챙겨도 괜찮습니다. 이 단계까지 차질 없이 나아간다면 아이의 공부 자립 속도가 아주 빠를 겁니다. 문제집을 고를 때도 몇 가지 후보만 정해주고 아이가 직접 문제집을 고르게 해주세요. 이렇게 안목을 길러야 고등학생이 되어서도 아이 스스로 자신에게 맞는 교재를 잘 고를 수 있습니다.

2. 자기 수준보다 어려운 문제집을 매일 1시간 이상 풉니다.

수학에 대한 태도를 기르려면 매일 1시간 이상 자신의 수준보다 어려운 문제를 풀어야 합니다. 이때 문제집은 정답률이 50% 정도가 적당합니다.

물론 시작부터 1시간은 어렵습니다. 늘 하던 시간 외 시간을 더 내어 공부하는 것이니까요. 그러나 이것을 초등 5~6학년 때 시도해보지 않으면 중학생 때는 더 어렵습니다. 초등학생 때와 비교해 상대적으로 공부할 수 있는 시간이 부족해지거든요.

또한 아무리 고민하고 해답을 봐도 문제가 안 풀릴 수 있습니다. 그럴 때는 인터넷 강의를 적극적으로 활용하고, EBS의 각 강의마다 열려있는 '학습 Q&A'를 이용하는 것도 좋은 방법입니다. EBS 강의의 '학습 Q&A'는 현직 교사들이 직접 답을 해줍니다. 양질의 답을 얻을 수 있으니 적극적으로 활용하기 바랍니다.

3. 틀린 문제는 다시 풉니다

아이들은 늘 '문제 푸는 것'이 공부라고 생각합니다. 귀에 못이 박이도록 계속 말해줘야 하는 것이 바로 '틀린 문제를 다시 푸는 것이 진짜 공부'라는 사실입니다. 앞에서 말했듯이, 스스로 문제를 풀고 있더라도 확인 과정이 반드시 필요합니다. 문제집을 풀고 채점까지 끝마치면 틀린 문제를 다시 풀어야 합니다. 두 번 이상 틀린 문제는 일주일 후에 다시 풉니다.

4. 한 학기에 한 번 공신력 있는 시험을 봅니다

아이들이 제대로 하고 있는지는 직접 시험을 봐야 알 수 있습니다. 대부분 홈페이지에서 개인 접수가 가능하니 챙겨 보길 권합니다. 현 수준을 파악하는 데도 도움이 되지만 시험을 준비하는 과정에서 실력 향상을 경험할 수 있습니다. 5~6학년 즈음이면 시험을 회피하는 아이들도 생겨납니다. 아이들이 실질적으로 받을 수 있는 것으로 동기부여를 해주시는 것도 좋습니다. 단, 보상은 결과와 과정에 하되, 결과가 과정의 충실도를 반영하는 만큼 과정에 더 중점을 두고 보상하는 것을 권합니다. 예를 들어 '이 시험을 준비하는 과정에서 모의고사 문제집 3회분을 오답할 때 ○○을 해

'준다' 정도면 좋습니다.

시험명	주최	응시 연령	난이도	연간 횟수
한국 주니어 수학올림피아드 (KJMO)	대한 수학회	초1~중3	최상	연 1회
한국 수학경시대회 (KMC)	한국 수학 교육학회	초3~고2	상	연 2회
전국 수학 학력경시대회	글로벌 영재학회 (구 성대경시)	초1~고2	상	연 2회
고대 전국 수학학력평가 (KUT)	고려대학교	초1~중2	중	연 2회
한국수학학력평가 (KMA)	에듀왕	초1~중3	중	연 2회
해법수학학력평가 (HME)	천재교육	초1~중3	하	연 2회

초등 수학이라고 '방치'하실 건가요?

● ● ● ● ●

| 아이가 수학을 배울 때 가져야 할 부모의 마음가짐

아이가 공부를 잘하기만 바랄 뿐 '공부 방치' 모드인 부모들이 있습니다. 특히 수학에서는 '내가 수포자여서' '나도 어려우니까'라는 이유로 발을 빼는 부모들이 많습니다. 그러나 되짚어 생각해보면 초중고 수학 중 유일하게 부모가 도와줄 수 있는 게

'초등 수학'입니다. 그리고 지금까지 이야기했듯 초등 수학 습관이 아이의 중학교, 고등학교 수학 성적에 미치는 영향은 매우 큽니다. 이 책을 읽는 부모라면 굳은 결심으로 아이의 수학 공부를 반드시 함께해주기를 바랍니다. 개념을 자기 언어로 정리하고 써보고 익히는 것은 아이가 하되, 부모는 곁에서 그 과정을 도와주면 됩니다.

어느 해 제가 담임을 맡은 반이 수학 쪽지시험, 중간고사, 기말고사, 수행평가에서 모조리 1등을 한 적이 있습니다. 제가 수학 잘하는 아이들만 모아 반을 꾸려서였을까요? 제가 아이들에게 수학 특강이라도 했었을까요? 당연히 말도 안 되는 이야기입니다. 그랬다가는 다른 반 아이들은 물론 학부모들의 민원이 빗발쳤을 겁니다. 그때 제가 했던 건 단 하나, 기초가 전혀 없는 아이들 한 명 한 명의 집에 전화해 부모들을 설득한 것밖에 없습니다. 아이를 붙잡고 챙기는 수학 학원을 보내야 한다고 말입니다. 감사하게도 학부모들이 제 말을 믿고 따라 주었기에 그런 결과가 나온 겁니다.

수학 공부를 한 번도 제대로 해본 적 없는 아이가 아무리 혼자서 의지를 다진다고 해도 상위권은커녕 중위권에도 들기 어렵습니다. 기초나 공부 습관을 만들어두지 않았으니 당연한 일입니다. 이런 아이는 무조건 기초부터 자신의 수준에 맞게 봐주는 교사나 강사의 도움을 받아야 합니다. 그리고 스스로 공부를 해낼 수 있을 때까지 꾸준히 관리를 받아야 하고요. 학교 교사가 학원을 권하는 것은 일 대 다수로 도움을 줄 수 없는 현실적인 문제 때문입니다. 수업 시간에 아무리 목이 터져라 설명해도 수학 공부하는 방법을 모르는 아이는 모든 수업 내용을 귓등으로 흘려들을 뿐입니다. 혹 학교에서 그렇게 권하는 말을 듣는다면 아이의 공부에 깊이 관심을 기울이는 편이 아이에게 도움이 될 거라고 감히 말씀드립니다.

의지가 없는 아이는 어떻게 해야 할까?

상위 10% 정도의 아이들은 초등학교 때부터 잘하고 싶은 의지가 있습니다. 단원

평가든 뭐든 높은 점수를 받고 싶다는 욕심도 있고요. 부모를 졸라 학원을 가겠다고도 하고, 영재원에 지원하겠다고도 합니다. 하지만 나머지 90%의 아이들은 아무 생각이 없습니다. 왜 잘해야 하는지도 모르고, 열심히 해야 한다고 하면 "굳이?"라며 고개를 갸우뚱합니다. 그래서 초등학교 때는 대부분 부모가 나서서 끌고 가고, 아이는 따라가는 경우가 많습니다.

문제는 여기서 터집니다. 순둥이처럼 앉으라면 앉고, 풀라면 풀고, 하라면 하는 아이도 있지만 그렇지 않은 아이도 분명히 있습니다. 대개 전두엽 성장이 느려 도저히 부모의 멱살잡이에 끌려가지 않는 경우가 그렇고, 극도로 예민하여 사사건건 자신의 편안한 일상을 망치는 일에는 따르지 않는 경우도 그렇습니다. 의지가 제로인 데다 끌려오지도 않는 아이를 데리고 부모가 뭘 해보겠다고 하면 관계만 파국으로 치닫게 됩니다.

초등 아이의 의지를 인위적으로 만드는 것은 어려운 일입니다. 하지만 제가 관찰해온 바, 초등 때부터 꾸준히 부모가 공부 분위기와 습관을 만들어준 아이는 중학생쯤 되어서는 의지가 생기기 시작하더군요. 그 계기는 '학교 시험'인 경우가 많았고요. 아이가 초등 고학년 또는 중학생이 되어서 공부에 의지를 가질 수 있으려면 초등 시기부터 부모가 해야 할 일이 몇 가지 있습니다.

첫 번째는 기초와 습관 들이기입니다. 아이가 의지를 가지는 때가 와도 기초와 공부 습관이 어느 정도 잡혀 있지 않으면 아주 빠른 시간에 포기합니다. 중학교 보충반 아이들을 보면 대부분 이 경우에 해당하는데요, '자신이 할 수 있는 것이 없다'는 것을 아는 순간 무기력해지는 것이 대부분입니다.

두 번째는 공부의 가치를 깎아내리지 않는 것입니다. 학부모 상담할 때 이런 말을 하는 분도 있습니다. "공부 안 해도 잘 먹고사는데." "요새 대학 잘 나온다고 밥벌이 잘하나요?" "주위에 서울대 나와서 백수 하는 사람도 많습디다." 이와 같은 말은 모두 공부를 폄하하는 말입니다. 아이의 담임 교사에게까지 이런 말을 한다는 것은 아이에게는 더 자주 한다는 뜻입니다. 어릴 때부터 이런 말을 익히 들어온 아이들은 공부에 전혀 관심이 없었습니다. 아이의 사고방식은 부모를 따라가기 마련이니까요. 아무리 아이가 공부머리가 없어 보이고, 그래서 '공부로는 길이 안 보인다'는 느낌이 들더라도 아이에게 직접적으로 이런 말을 하지는 않아야 합니다. 최소한의 노력도 하지 않게 만드는 아주 고약한 말입니다.

세 번째는 칭찬과 격려입니다. 아이가 하는 공부가 마음에 들지 않더라도 '스스로 한 공부(또는 숙제)'에 대한 무조건적인 칭찬이 있어야 합니다. 늘 답을 베껴 가던 아이도 칭찬을 받기 시작하면 숙제를 스스로 하려는 노력을 보입니다. 아이가 책상 앞에 앉아 공부하고 있거나, 스스로 숙제를 챙기는 모습을 보인다면 간식을 챙겨주며 어깨를 다독거려주세요. 아이는 작은 칭찬과 격려에도 힘을 얻습니다.

네 번째는 보상입니다. 외부에서 보상을 해주는 '외적 보상', 자기 자신의 만족을 위한 '내적 보상' 중 무엇이 더 바람직하냐고 묻는다면 당연히 내적 보상입니다. 하지만 저는 공부에 있어서는 내적 보상을 만들어내는 시작이 외적 보상이라고 생각합니다. 공부는 하면 할수록 재미를 느낄 수 있습니다. 성취감도 생기고, 알아가는 재미도 있습니다. 하지만 이 역시 '공부를 해야' 느낄 수 있는 것입니다. 초등 시기, 특히 사춘기에 접어드는 초등 고학년 때는 부모의 외적 보상이 가장 크게 느껴지는 시기입니다. 저녁 밥상에 오른 반찬으로 엄마의 사랑을 판단하는 나이니까요. 학교 아이들 중 이런 말을 하는 아이가 있었습니다. "제가 저번에 백점을 받았는데요, 엄마는 기뻐하지도 않고 '네 공부지 내 공부냐' 라고 하시더라고요." 물론 엄마의 칭찬에 의지해서 공부하는 것보다는 스스로 하고 싶어서 하는 것이 바람직합니다만, 아이들은 여전히 부모의 웃는 얼굴을 보고 싶어 합니다. 아이의 공부임은 맞지만 아이가 백점 받으면 부모의 걱정을 덜어줬다는 차원에서 아이에게 고마워해야 할 일임은 사실입니다. 환하게 웃어주며 기뻐하는 부모의 모습을 보면 아이들도 보람을 느낍니다.

학습 보상에는 여러 가지가 있지만 결과와 과정 둘 다에 보상을 해주는 것이 좋습니다. 학원에서 아이들을 공부시키는 방법도 이와 다르지 않음을 알 수 있는데요. 대부분 스티커를 모으거나, 책을 끝내거나, 해야 할 숙제를 충실히 해왔을 때 선물을 줍니다. 마찬가지로 꾸준히 자신의 할 일을 다 해냈을 때, 즉 문제집을 끝냈을 때 용돈을 준다거나, 오답을 매일 했을 때 주말에 원하는 곳에서 외식을 한다거나, 책을 읽고 줄거리를 알려주면 원하는 책을 사준다거나 하는 방식으로 보상을 해주면 좋습니다. 상위권 아이들에게 설문을 했을 때, 아이들이 자신의 능력치를 넘어선 일을 도전하는 계기는 대부분 부모의 보상인 경우가 많았습니다. 아이의 버릇이 나빠진다거나 외적 보상이 나쁘다는 편견을 버리고 부모의 마음을 듬뿍 담은 보상으로 아이가 공부에 관심을 가질 수 있게 돕길 권합니다.

아이가 초등 입학을 앞두고 있거나 현재 초등 저학년인데 지금 이 책을 읽고 있다면 정말 잘하는 겁니다. 그러나 아이가 초등 고학년이어도 절대 포기해서는 안 됩니다. 언제든 '지금이 아이의 공부를 도와주기 가장 빠른 때'이니까요. 이미 지나간 시간은 되돌아보지 않습니다. 지금부터가 중요합니다. 불안해하며 다른 사람을 무작정 따라 하려고 하지 마세요. 처음부터 잘하려고 하지 마세요. 늦었다며 포기하지 마세요. 제가 이 책에서 알려드린 것들을 지금부터 '매일 꾸준히' 아이와 실천해주세요. 공부 안 하는 아이들이 대부분인 이 세상에서 우리 아이가 치고 나갈 강력한 무기를 쥐여줄 수 있습니다.

1학년

1 다음 중, 자연수가 아닌 수를 고르세요.

① 1 　　　② 0 　　　③ 5 　　　④ 100000000000

2 다음 식을 읽으려고 합니다. 괄호 안에 들어갈 말을 쓰세요.

$$4+3=7$$

① 4 (　　　) 3은 7과 (　　　).

② 4와 3의 (　　　)은 7(　　　).

3 연필이 3개, 지우개가 6개 있습니다. 두 학용품 개수의 차를 구하세요.

4 다음 괄호 안에 알맞은 말을 쓰세요.

> 짧은 바늘이 5, 긴 바늘이 12를 가리킬 때,
> 시계는 (　　　)시를 나타내고, (　　　)라고 읽습니다.

1 사탕이 20개 있습니다. 4개씩 묶어 세면 나오는 묶음의 수와 5개씩 묶어 세면 나오는 묶음의 수를 구하세요.

2 다음 ①~④의 주머니에 각각 사탕이 들어 있습니다. 2명이서 똑같이 나누어 가질 수 없는 주머니를 고르세요.

 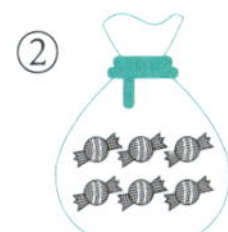 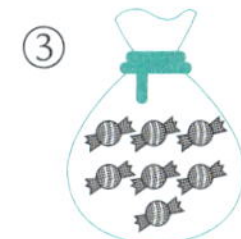 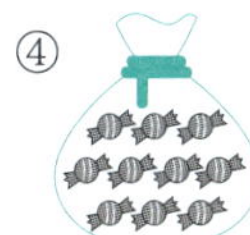

3 다음 수들을 짝수와 홀수로 나누세요.

1, 2, 3, 6, 9, 10, 11

짝수:

홀수:

4 다음 그림에서 삼각형을 찾으세요.

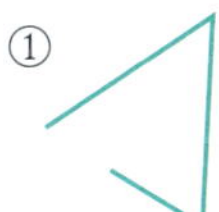 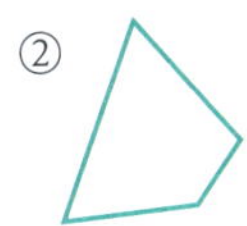  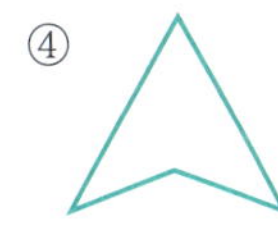

5 다음 괄호 안에 알맞은 말을 쓰세요.

사각형의 변의 개수: (　　　)개

사각형의 꼭짓점의 개수: (　　　)개

6 다음 그림들의 공통점을 쓰세요.

초등 문해력 한 권

1 다음 문장을 읽고 알맞은 나눗셈 식을 만드세요.

> 딸기 15개를 한 접시에 3개씩 담으면 5접시에 나누어 담을 수 있다.

2 28을 7로 나눈 몫을 구하려고 합니다. 아래의 식을 이용해 몫을 구하세요.

> $$28 \div 7 = \square$$
> $$\Rightarrow \square \times 7 = 28$$

3 바나나 35개를 5명이 똑같이 나누어 먹으려고 합니다. 1명이 먹을 수 있는 바나나는 몇 개인지 식을 쓰고 답을 구하세요.

4 다음 그림을 분수로 나타내세요.

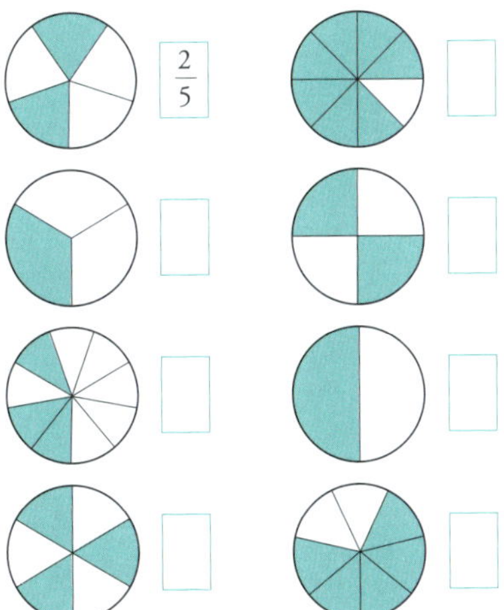

5 다음 괄호 안에 알맞은 말을 쓰세요.

① 부분 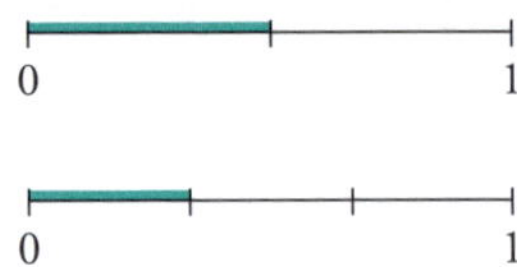 은 전체 을 (   )개로 나눈 것 중 1조각이다.

② 부분 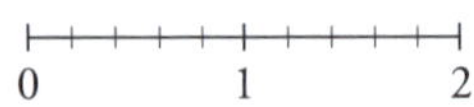 은 전체 을 12개로 나눈 것 중(   )조각이다.

6 다음 수직선에 색칠한 부분을 분수로 표현한 후, 그 크기를 비교하세요.

7 다음 수직선을 보고 아래 물음에 답하세요.

① 각 눈금을 분수로 표현한 다음 진분수, 가분수로 나누세요.
② 가분수인 것을 대분수로 바꾸세요.

8 □ 안에 알맞은 수를 쓰세요.

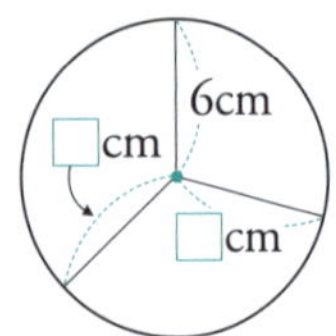

9　□ 안에 알맞은 말을 쓰세요.

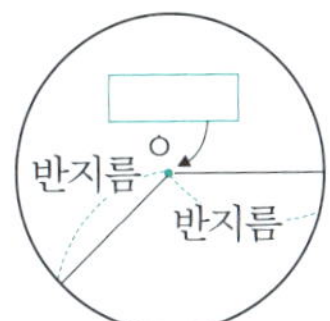

10　다음 그림에서 반지름, 지름을 각각 구하세요.

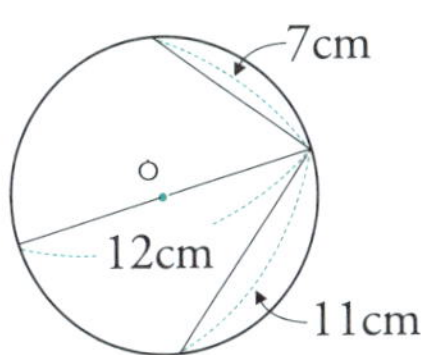

1 그림을 보고 무슨 삼각형인지 아는 대로 모두 적으세요.

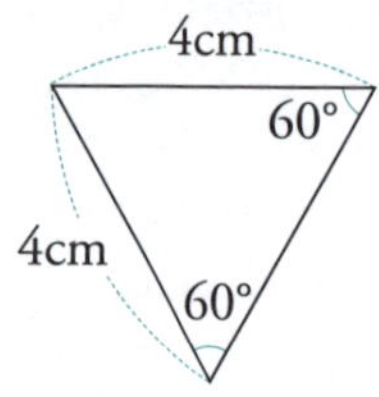

2 다음 수직선에 색칠한 부분을 소수로 쓰고 읽으세요.

3 다음 삼각형 a~f에 대해 묻는 말에 맞게 기호를 쓰세요.

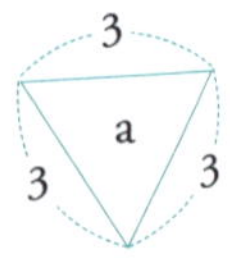 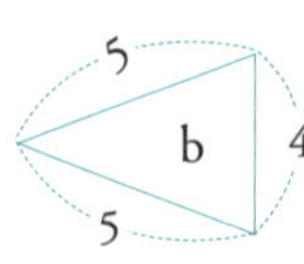 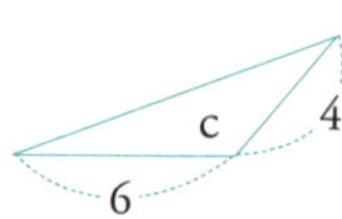

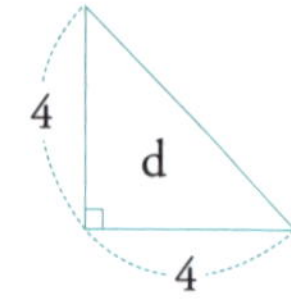 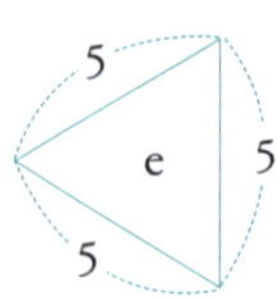 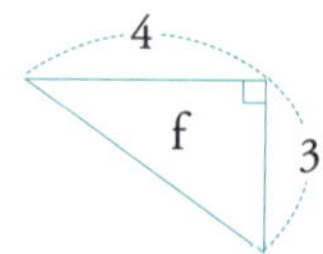

① 예각삼각형은 (   )이다.

② 직각삼각형은 (   )이다.

③ 이등변삼각형은 (   )이다.

④ 정삼각형은 (   )이다.

⑤ 둔각삼각형은 (   )이다.

4 종이에 두 직선이 그려져 있습니다. 그 두 직선이 만나는 점에 삼각자의 직각 부분 꼭짓점을 갖다 댔더니 딱 맞아떨어졌습니다. 이 두 직선의 관계를 무엇이라고 할까요?

5 두 직선을 계속 늘여도 만나지 않는다면, 이 두 직선은 어떤 관계일까요?

6 각 사각형에 대한 설명으로 알맞은 것을 보기에서 찾으세요.

ㄱ 네 각이 모두 직각이다.
ㄴ 네 변의 길이가 모두 같다.
ㄷ 평행한 변이 두 쌍이다.
ㄹ 네 각의 크기가 모두 같다.

① 정사각형에 대한 설명을 모두 고르세요.
② 직사각형에 대한 설명을 모두 고르세요.

7 다음 그림에서 ①은 평행사변형, ②는 마름모입니다. 두 사각형의 네 변의 길이의 합이 서로 같습니다. 네모 안에 알맞은 수를 구하세요.

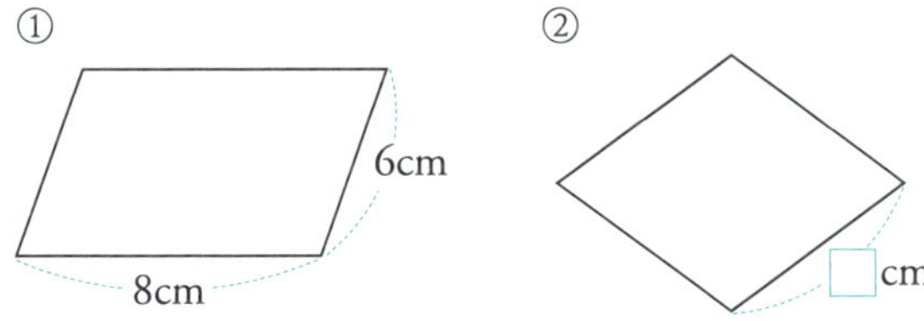

8 다음 도형에 그을 수 있는 대각선을 모두 그어보고 몇 개인지 말하세요. 단, 겹치는 선은 하나로 셉니다.

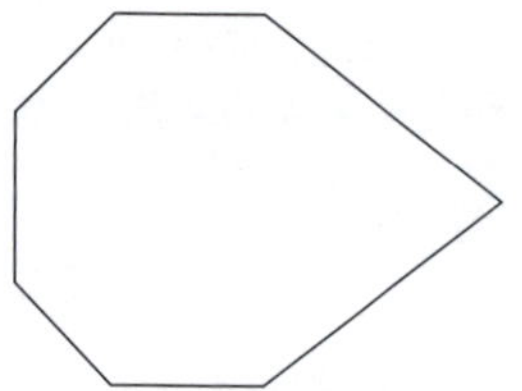

9 다음 표는 우리 반 아이들의 공부 유형을 조사한 표다. 이것을 막대그래프로 만들려면 가로와 세로에는 각각 무엇을 나타내야 할까요?

유형	A	B	C	D	E	F	합계
학생 수(명)	10	4	2	4	6	2	28

10 다음은 브라질의 연도별 커피 생산량을 꺾은선그래프로 나타낸 것입니다. 커피 생산량이 급격히 감소하기 시작한 것은 몇 년도부터일까요?

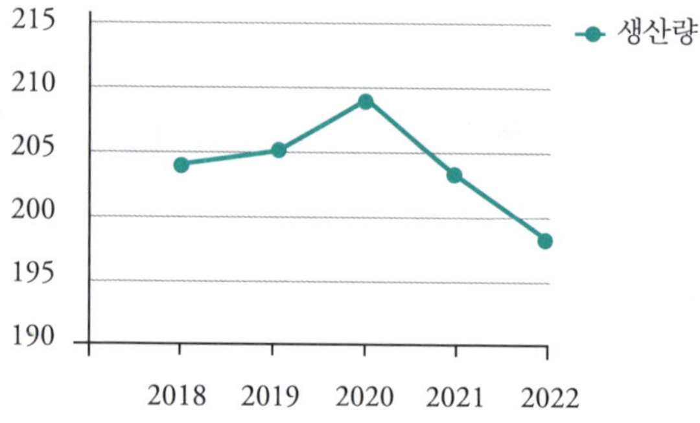

1 다음 숫자를 보고 각 질문에 답하세요.

3809

① 올림하여 십의 자리까지 나타내세요.

② 버림하여 백의 자리까지 나타내세요.

③ 반올림하여 십의 자리까지 나타내세요.

2 (   ) 안에 알맞은 수를 써넣으세요.

12=3×4일 때

3의 배수는 (   ), 4의 배수는 (   )이다.

12의 약수는 (,   )이다.

3 다음 방법을 이용해 두 수의 최대공약수를 구하세요.

$$) \ \underline{ 27 \qquad 54 }$$

4 다음 방법을 이용해 두 수의 최소공배수를 구하세요.

$$) \ \underline{ 19 \qquad 38 }$$

5 $\dfrac{16}{64}$ 을 약분하여 만들 수 있는 분수를 모두 쓰세요.

6 다음을 기약분수로 나타내세요.

$$\frac{14}{35}, \ \frac{20}{28}$$

7 다음 보기를 보고 질문에 답하세요.

20 19 80 48 35 15 7 39

① 보기에서 20 이상인 수를 모두 고르세요.

② 보기에서 20 초과인 수를 모두 고르세요.

8 다음 중 선대칭도형을 찾으세요.

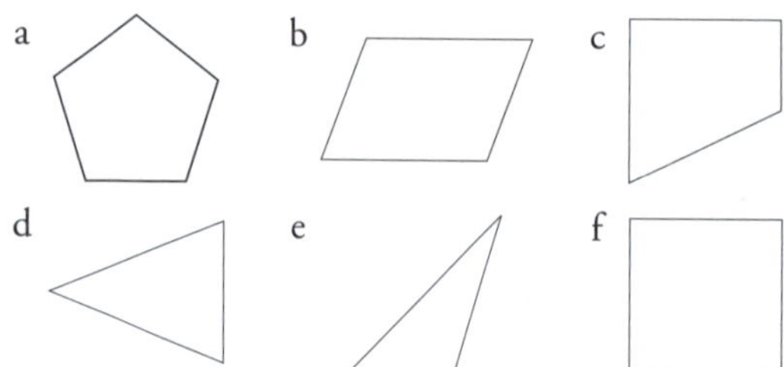

9 다음은 점대칭도형입니다. 질문에 답하세요.

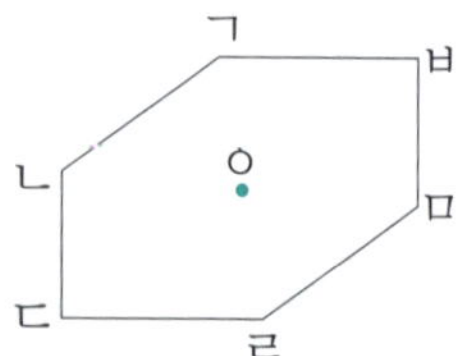

① 변 ㄱㅂ의 대칭변을 쓰세요.

② 각 ㄴㄱㅂ의 대칭각을 쓰세요.

10 다음 두 도형은 서로 합동입니다. 빈칸에 알맞은 수를 써넣으세요.

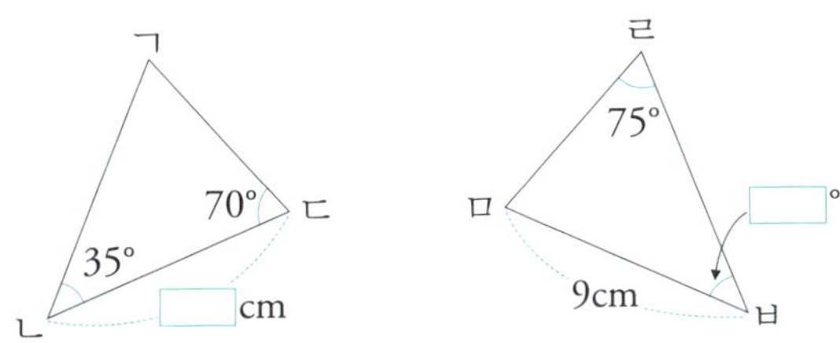

11 직육면체와 정육면체의 차이점을 설명하세요.

12 다음 직육면체의 성질에 대해 맞는 말을 고르세요.

> ㄱ 한 면과 수직인 면은 모두 4개이다.
>
> ㄴ 한 꼭짓점에서 만나는 면은 모두 3개이다.
>
> ㄷ 서로 평행한 면은 모두 2쌍이다.
>
> ㄹ 한 모서리에서 만나는 면은 모두 서로 수직이다.

13 직육면체의 겨냥도를 그리려고 합니다. 다음 그림에서 점선으로 표시할 부분을 그리
세요.

14 직육면체의 전개도를 만들려다 잘못 만들었습니다. 무엇이 잘못됐는지 말하세요.

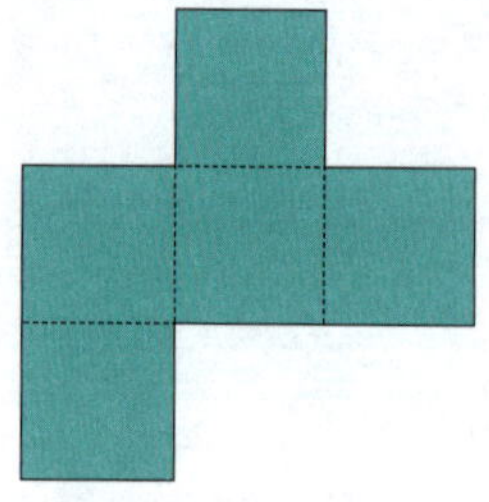

1 다음 괄호 안에 알맞은 말을 쓰세요.

> 각뿔의 높이는 각뿔의 꼭짓점에서 (　　　　)에
> 수직으로 그은 선분의 길이를 말한다.

2 다음 원에서 원주를 구하세요(단, 원주율은 3.14로 계산합니다).

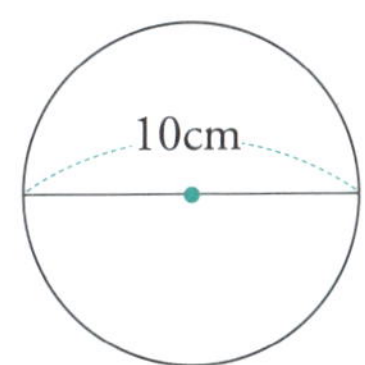

3 초콜릿이 1봉지에 20개가 들어 있었습니다. 형이 먹고 남은 개수를 세어보니 15개가 남았습니다. 형은 초콜릿을 몇 퍼센트 먹었을까요?

4 다음 그래프는 우리 반 학생들이 가고 싶어 하는 국가를 조사한 것입니다. 미국을 가고 싶어 하는 학생은 아프리카를 가고 싶어 하는 학생의 몇 배일까요?

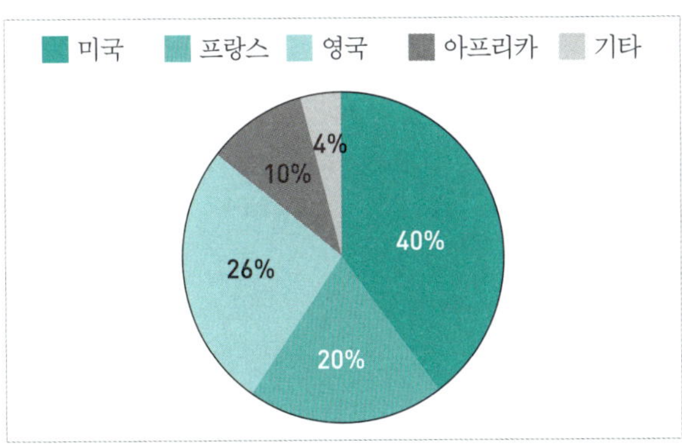

×○ 정답 ××

1학년

1 ②

2 ① 더하기, 같습니다 ② 합, 입니다

3 6-3=3

4 5, 다섯 시

2학년

1 4개씩 묶으면 5묶음, 5개씩 묶으면 4묶음

2 ③

3 짝수: 2, 6, 10 홀수: 1, 3, 9, 11

4 ③

5 4, 4

6 곧은 선이 없다, 곡선으로 이루어져 있다, 어느 곳에서 봐도 완전 둥근 모양이다

3학년

1 15÷3=5

2 4

3 35÷5=7, 7개

4 $\dfrac{7}{8}$, $\dfrac{1}{3}$, $\dfrac{2}{4}$, $\dfrac{3}{9}$, $\dfrac{1}{2}$, $\dfrac{3}{6}$, $\dfrac{5}{7}$

5 ① 2 ② 2

6 $\dfrac{1}{2}$, $\dfrac{1}{3}$, $\dfrac{1}{2} > \dfrac{1}{3}$

7 ① 진분수: $\dfrac{1}{5}$, $\dfrac{2}{5}$, $\dfrac{3}{5}$, $\dfrac{4}{5}$ 가분수: $\dfrac{5}{5}$, $\dfrac{6}{5}$, $\dfrac{7}{5}$, $\dfrac{8}{5}$, $\dfrac{9}{5}$, $\dfrac{10}{5}$

② $\frac{5}{5}(=1)$, $\frac{6}{5}(=1\frac{1}{5})$, $\frac{7}{5}(=1\frac{2}{5})$, $\frac{8}{5}(=1\frac{3}{5})$, $\frac{9}{5}(=1\frac{4}{5})$, $\frac{10}{5}(=2)$

8 6, 6

9 원의 중심

10 반지름: 6cm, 지름: 12cm

4학년

1 이등변삼각형, 정삼각형, 예각삼각형

2 0.7, 영점칠

3 ① a, b, e ② d, f ③ a, b, d, e ④ a, e ⑤ c

4 수직

5 평행

6 ① ㄱ, ㄴ, ㄷ, ㄹ ② ㄱ, ㄷ, ㄹ

7 7

8 7각형에 대각선은 14개 그을 수 있다

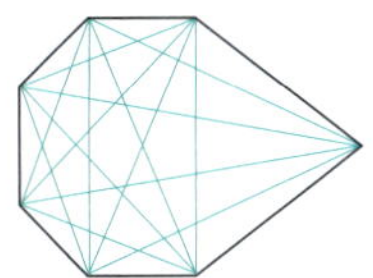

9 가로: A~F 세로: 1~10까지 숫자

10 2020년

5학년

1 ① 3810 ② 3800 ③ 3810

2 12, 12, 3과 4

3 3×3×3=27

3)	27	54
3)	9	18
3)	3	6
	1	2

4 $19 \times 2 = 38$ $19\overline{)19}\quad\overline{38}$ $1\qquad 2$

5 $\dfrac{8}{32}, \dfrac{4}{16}, \dfrac{2}{8}, \dfrac{1}{4}$

6 $\dfrac{2}{5}, \dfrac{5}{7}$

7 ① 20, 80, 48, 35, 39 ② 80, 48, 35, 39

8 a, d, f

9 ① 변ㄹㄷ ② 각ㅁㄹㄷ

10 9, 35

11 직육면체는 옆면이 직사각형이고 정육면체는 옆면이 정사각형이다.

정사각형은 직사각형도 되기 때문에 정육면체는 직육면체이기도 하다.

하지만 직육면체는 정육면체가 아니다

12 ㄱ, ㄴ, ㄹ

13

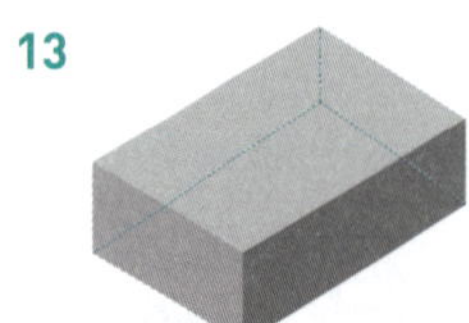

14 면이 5개이기 때문에 직육면체가 될 수 없다.

6학년

1 밑면

2 $\dfrac{(원주)}{10} = 3.14$이므로 원주는 31.4cm

3 $\dfrac{(20-15)}{20} \times 100$

$= \dfrac{5}{20} \times 100$

$= 25$이므로 형은 초콜릿의 25%를 먹었다

4 4배

chapter 4

사회

지금은 사회에 '집중'할 시간

"여러분, 이 지도를 한번 볼까요? 여기 보이는 선이 바로 같은 높이를 나타내는 선이지요. 초등학교 때 배웠을 거예요. 이 선의 이름이 무엇일까요?"

중학교 1학년 사회 수업 시간, 질문하는 교사를 아이들이 어리둥절한 표정으로 바라봅니다. 뒤이어 나오는 소리는 "배운 적 없어요" "처음 들어봐요".

초등 시기 아이들에게 사회를 가르친 교사나 부모들이 이 상황을 보면 많이 섭섭해할지도 모르겠습니다. 물론 시간이 많이 지나서 잊어버릴 수도 있지요. 혹은 그 부분이 아이들에게 어려워서일 수도 있습니다. 그러나 조금 전 배운 내용을 물어도, 여느 단원을 가르쳐도 똑같은 풍경이 펼쳐집니다.

"그럼 이제 기본권 제한의 한계를 봅시다. 헌법은 법률로써만 기본권을 제한할 수 있다고 규정해요. 다만 제한할 때도 자유와 권리의 본질적인 내용을 침해할 수 없다고 명시해서 기본권 제한의 한계를 두고 있어요. 혹시 여기서 모르는 단어가 있을까요?”

“기본권!” “제한이요~.” “규정이요!” “본질적?”

교과서의 한 문장을 넘어갈 수가 없을 정도로 수업 내용을 따라오지 못하는 아이들. 좀 전에 배운 내용조차 기억하지 못하는 아이들을 다시 가르치려면 진도는 엄두조차 낼 수 없습니다.

생각보다 많은 중학생이 사회를 어려워합니다. ‘무슨 말인지 몰라서’ ‘외울 내용이 너무 많아서’ 힘들다고 하지요. 어떻게 공부해야 할지 모르겠다고 말하는 아이도 많습니다. 그런데 반면에 별로 공부하지도 않았는데 시험을 잘 봤다고 자랑하는 아이들도 있습니다. 그런 아이는 사회가 어렵다고 말하는 친구를 이해하지 못하는 표정입니다. 왜 이러한 차이가 생기는 걸까요? 그 원인은 초등 시기의 공부 방법에 있습니다.

초등 사회가 공부의 첫인상을 결정한다

● ● ● ● ● ●

초등학교에 입학해 대학에 가기 전까지 아이들에게 가장 중요한 교과는 통칭 국영수라 불리는 주요 교과입니다. 이 세 교과는 도구 교과라는 특징이 있습니다. 도구 교과란 어떤 내용을 학습하기 위한 기본적인 수단이 되는 교과를 말합니다. 국어와 영어는 언어라는 도구를 이용해 읽고 쓰고 듣고 말하는 방법을 배우는 교과입니다. 수학은 매우 단순히 말하면 숫자라는 도구를 이용해 논리적으로 사고하는 방법을 배우는 교과이지요.

고등학교까지 학업을 마치면서 많은 아이가 ‘대학수학능력시험’을 보고 대학에 진학하고자 합니다. 이 중요한 시험은 그 이름이 의미하는 것처럼 대학에서 배울(수

학할) 능력이 있는지를 보는 시험입니다. 학문을 연구하는 대학에서 그 학문을 배우고 연구할 능력이 있는 학생을 뽑는 겁니다. 그래서 무언가를 배우는 능력, 즉 도구 교과인 국영수가 중요하다고 할 수 있습니다.

그렇다면 이렇듯 중요한 배움의 도구 교과를 가지고 과연 '무엇'을 배우는 것일까요? 여기서 말하는 '무엇'이 바로 학습의 '내용'이 됩니다. 아이들이 처음으로 이 '내용'을 마주하는 시기가 초등 3학년입니다. 이때 만나는 가장 대표적인 내용 교과가 바로 사회와 과학입니다. 초등 1, 2학년 때 국어와 수학, 통합 교과(바른 생활, 슬기로운 생활, 즐거운 생활 교과를 주제에 따라 통합해서 가르치는 교과)에서 읽고 쓰고 계산하는 법을 배우기 시작하고 3학년이 되면 그 도구를 이용해 본격적으로 '내용'을 공부하기 시작합니다.

아이들은 초등 시기에 사회를 배우면서 처음으로 지식의 맛을 보게 됩니다. 드디어 학문의 내용을 들여다보기 시작하지요. 사회를 공부하면서 '무엇'을 읽고 쓸지, '무엇'을 머릿속에 담아둘지 생각합니다. 즉 진정한 의미의 학습이 시작된다고 볼 수 있습니다. 도구 교과를 통해 학습하는 방법을 배우고 지식의 틀을 만든다면, 내용 교과를 통해 틀 안에 다양한 재료를 집어넣습니다. 고유한 개성을 가진 아이의 내부에서는 이제 마법처럼 아름다운 화학 작용이 일어날 겁니다. 그 마법이 바로 꿈과 진로가 되겠지요.

이렇게 초등학교에서 배우는 사회 교과는 아이들에게 공부, 지식, 학문에 대한 첫인상이 됩니다. 이 세상에 재미있는 이야기가 가득하다는 것을 알게 된다면, 그리고 그것을 알고 싶다는 마음이 생긴다면 앞으로 마주할 기나긴 배움의 길이 힘들지만은 않을 것이라 믿습니다.

사회가 어렵다는 아이들의 공통점

공부의 첫인상이 중요하다는 이야기는 더 말할 필요가 없을 겁니다. 그런데 현실은 그리 녹록하지 않지요. 학년이 올라갈수록 사회가 어렵다고 느끼는 아이들이 늘어납니다. 먼저 사회를 어렵다고 느끼는 아이들의 공통적인 취약점을 살펴보도록 하겠습니다.

어휘 수준

사회를 어려워하는 아이들은 대체로 해당 학년에서 알아야 하는 어휘의 수준에 미치지 못합니다. 사회 교과에는 유독 한자어가 많이 등장합니다. 교과서에서는 많은 지식을 효율적으로 명확하게 표현하기 위해서 의미를 담은 한자어를 사용합니다. 예를 들면 '등고선(等高線)'은 높이(高)가 같은(等) 지점을 연결한 선(線)입니다. '기본권(基本權)'은 기초(基), 근본(本)에 해당하는 권리(權)이지요. 대부분의 핵심 개념이 익숙하지 않은 한자어로 이루어져 있다 보니 아이들은 모르는 단어가 계속 튀어나오면 그저 어렵다고만 생각합니다. 학년이 올라가면 교과서에 추상적인 개념의 한자어가 늘어나기 때문에 공부에 자신감을 잃게 될 수 있습니다.

읽기

글을 읽지만 무슨 말인지 이해하지 못합니다. 특히 글의 길이가 조금만 길어지면 집중력을 잃고 핵심을 놓치는 일이 많지요. 아이가 글을 제대로 이해하면서 읽는지를 알아보는 쉬운 방법이 있습니다. 바로 '소리 내어 읽게 하는 것'이지요. 글자를 잘 알고 읽을 줄 알아도 내용을 이해하지 못하면 유창하게 읽을 수 없습니다. 모르는 어휘가 나오면 갑자기 주저하거나 더듬거립니다. 또 내용을 이해하지 못하면 적절하게 끊어 읽을 수가 없습니다. 끊어 읽지 못하니 문장 안에서 길을 잃어버립니다. 교과서를 이해하지 못하면 공부가 어려울 수밖에 없습니다.

| 문어체

문어체를 낯설게 느낍니다. 우리가 일상적으로 대화할 때 사용하는 말투를 '구어체'라고 합니다. 요즘 아이들은 정보를 찾을 때 인터넷에서 주로 영상을 검색합니다. 학문적이고 공식적인 출처보다는 블로그나 나무위키 등을 찾아보지요. 특히 어릴 때부터 스마트기기에 노출될 수밖에 없는 환경에 있다 보니 웹상에서 많이 쓰는 구어체나 줄임말에 익숙합니다. 그런데 책이나 교과서의 글은 주로 공식적인 문어체를 사용합니다. 특히 고학년으로 올라갈수록 교과서의 문체가 문어체에 가까워지는데 이에 익숙해지지 않으면 공부 자체에 흥미와 자신감을 잃게 될 수 있습니다.

| 암기

"저는 외우는 걸 못하거든요." 사회를 싫어하거나 사회를 잘 못한다고 생각하는 아이들에게 이유를 물어보면 대부분 외우는 게 싫기 때문이라고 대답합니다. 이해하지 못한 상태에서 무조건 내용을 외우면 잘 외워지지 않는 게 당연합니다. 외우는데 시간과 노력을 많이 들이는데 좀처럼 머릿속에 자리 잡지 않으니 무척 비효율적이지요. 개념을 명확하게 이해하지 못하고 핵심을 파악하지 못한 채, 그저 줄줄 외우려니 공부가 어렵고 싫어집니다.

초등 시기, 사회를 공부해야 하는 이유

아이들은 수업 시간에 배우는 내용이 자신과 상관이 없다고 생각하면 공부에 필요성을 느끼지 못합니다. 그래서 사회를 싫어하는 이유를 물어보면 이렇게 말하는 아이들이 있습니다. "별로 알 필요도 없는 내용을 너무 많이 공부해야 되니까요." 반대로 아이들은 자신이 하는 공부와 실제 삶이 밀접하게 연결되어 있다는 것을 느낄 때 공부에 관심을 가지고 의욕을 보입니다. 아이에게 사회를 공부하는 이유를 알려주세요.

| 세상을 이해하는 교과

사회는 그 어떤 교과보다 우리의 삶과 직접적으로 관련된 교과입니다. 교과서에 등장하는 추상적인 개념은 그저 책 속에만 존재하는, 삶과 분리된 어려운 말이 아니라 일상생활에 밀접하게 연결된 살아 있는 지식입니다. 돈을 주고 물건을 사고파는 것도, 대통령 선거를 하는 것도, 내가 좋아하는 아이돌이 세계적인 문화의 아이콘이 된 것도 모두 사회 시간에 다루는 중요한 내용이에요. 사회 시간에 배우는 내용이 지금 나의 삶과 어떤 관계가 있는지 함께 이야기를 나눠주세요.

또한, 사회는 수많은 사람이 서로 얽혀 영향을 주고받으며 살아가는 모습을 살펴보고 함께 사는 방법을 배우는 교과입니다. 사회를 공부하면서 아이들은 누구도 혼자서는 살 수 없으며 사회 속에서 함께 살아간다는 사실을 알게 되지요. 우리가 오늘 하루를 편안하게 살아가기 위해 어떤 사람들의 도움을 받았는지 살펴보게 해주세요. 오늘 먹은 음식, 입은 옷, 등굣길에 본 풍경, 학교생활, 놀이터에서 신나게 친구들과 논 일 등 주변을 새로운 시각으로 바라보게 해주세요. 얼굴을 아는 사람들 또는 누군지 모르는 사람들, 심지어 평생 가보지도 못할 먼 나라에 살고 있는 그 누군가와 우리가 밀접한 관련이 있다는 사실을 아이 스스로 깨닫도록 도와주세요. 사회는 암기 교과가 아니라 우리가 살아가는 세상을 이해하는 교과입니다.

자기주도 학습 능력을 키우는 데 최적의 교과

아이가 공부를 하기 위해서 반드시 필요한 것이 자기주도 학습 능력입니다. 사회는 자기주도 학습 능력을 키우는 데 최적의 교과입니다.

자기주도 학습이 얼마나 중요한지 모르는 분은 없을 겁니다. 그런데 문제는 실제로 자기주도 학습을 하는 아이가 점차 줄어들고 있다는 겁니다. 사실 '학습(學習)'이라는 말은 '자기주도'라는 개념을 포함합니다. '학'은 모르는 것을 배워서 알게 되는 것이고 '습'은 배운 내용을 반복해서 익히고 자기 것으로 만드는 것입니다. 그런데 요즘 아이들은 타의에 의한 '학'까지만 하고 공부를 했다고 착각합니다.

언젠가부터 아이들은 학원 수업을 듣고 학원 숙제를 하는 것이 공부라고 생각합니다. 사실 그것만 하기도 만만치 않은 것은 사실입니다. 학원을 다니지 않는 교과는 인터넷 강의를 듣습니다. 청산유수로 설명하는 강사의 수업을 들으면 그 순간에는 다 이해가 되는 것 같습니다. 그래서 '나 공부 많이 했다'라는 만족감을 느끼지요.

하지만 진짜 배움이 일어나기 위해서는 아이가 스스로 주인이 되는 공부를 해봐야 합니다. 쉽게 이해가 되지 않으면 읽고 또 읽으면서 머리를 쥐어뜯어봐야 합니다. 실패를 경험하고 공부 방법을 바꿔봐야 합니다. 그런데 대부분의 아이가 자신의 공부를 끌고나가는 경험을 해보지 않은 상태로 중학교에 진학합니다. 중학교에서도 마찬가지로 공부하지요. 그래서 학원을 많이 다니는 수학과 영어는 성적이 그럭저럭 나오지만 나머지 교과는 평균 점수가 지나치게 낮은 경우가 비일비재합니다. 아이들은 입을 모아 말합니다. "어떻게 공부해야 할지 모르겠다"고.

사회가 자기주도 학습 훈련을 하기에 좋은 이유는 아이러니하지만 학원에 의지하기 어려운 교과이기 때문입니다. 무엇보다 투입 대비 성과가 타 교과에 비해 월등히 높습니다. 국영수는 앞에서 살펴본 바와 같이 도구 교과이기 때문에 오랜 시간과 노력을 들여 꾸준히 역량을 키워야 합니다. 그래서 공부를 해도 바로 티가 나지 않는다고 느낄 수 있어요. 반면 사회는 내용 교과이기 때문에 명확한 범위가 정해져 있지요. 학습 방법만 잘 익힌다면 적은 시간과 노력을 투자해도 성적이 크게 오를 수 있습니다.

사회 공부를 잘하는 아이는 수업을 열심히 듣고 교과서를 꼼꼼히 읽고 필기도 해보면서 필요할 때는 암기도 합니다. 이 모든 공부의 과정이 자기주도 학습을 훈련하는 과정입니다. 나만의 정리 방법, 암기 방법을 개발하고 잘 안되면 다른 방법을 찾으면 됩니다. 그리고 사회 교과에서 성취감을 경험하면 전체 공부 과정에서 엄청난 자신감과 효능감을 느낄 수 있습니다.

중학교에서는 공부 자체에 관심이 없다가 사회 교과에서 흥미와 성취감을 맛보고 공부에 재미를 붙이기 시작하는 아이들을 종종 봅니다. '해도 안 되는 줄 알았는데 하면 되네.' '공부를 이렇게 하면 되는구나.' '내가 공부한 방법이 괜찮았어.' 이런 생각을 처음으로 해본 아이들입니다. 사회는 이렇게 아이들이 학습의 길로 나아갈 때 마중물과 같은 교과가 되어줍니다.

사회 교과서를 보면 공부의 흐름이 보인다

● ● ● ● ● ●

'사회' 하면 외워야 할 내용이 많은 어려운 교과라고 막연하게 생각하는 아이들이 많습니다. 사회 교과를 구성하는 학문이 워낙 다양하게 섞여 있기 때문에 복잡하고 어렵게 느껴질 수 있지요. 사회 교과서에 숨어 있는 학문의 영역을 정리해보면 어떤 내용을 공부하고 있는지 큰 흐름을 쉽게 이해할 수 있습니다.

사회 교과는 크게 세 영역으로 구성됩니다.

| 지리

첫째는 지리 영역입니다. 지리는 우리가 살아가는 세상을 공간적 관점에서 탐구하는 학문 분야입니다. 아이들은 자신이 살고 있는 지역에서 범위를 넓혀가며 세상을 바라봅니다. 내가 살고 있는 동네, 지역, 도시, 나라 그리고 대륙과 세계까지. 사회를 공부할 때 지리라는 안경을 끼고 바라보면 세상을 탐험하듯 신이 납니다. 세계가 얼마나 넓은지, 그리고 지형이나 기후가 지역에 따라 얼마나 제각각 다른지, 그리고 사람들이 살아가는 모습은 얼마나 다양한지 살펴봅니다.

| 역사

역사 영역은 우리가 살아가는 세상을 시간적 관점에서 탐구하는 학문 분야입니다. 아이들은 옛날 이야기를 좋아합니다. 옛날 우리 조상들은 어떤 모습으로 살았는지 다양한 유물과 유적을 보면서 상상의 날개를 펼칩니다. 특히 역사를 공부할 때는 롤모델이 되어줄 만한 인물 중심의 이야기를 흥미로워합니다. 위인전이나 역사책을 읽으면 옛날 이야기 속으로 신나게 빨려 들어가지요. 과거와 지금 우리의 삶이 어떻게 달라졌는지 또는 변하지 않은 것은 무엇인지도 생각해볼 만한 이야깃거리입니다.

| 일반사회

'일반사회'라는 용어가 낯설게 느껴질 거예요. 보통 사회 교과 내에서 쓰는 말이거든요. 정치, 법, 경제, 사회, 문화 등 다양한 사회과학 학문을 묶어서 일반사회라고 부릅니다. 지리가 공간적 관점, 역사가 시간적 관점을 가지고 세상을 바라본다면 일반 사회 영역은 좀 더 다양하고 입체적인 시각을 경험하도록 도와줍니다. 이 영역은 다소 추상적인 개념이 많기 때문에 고학년으로 갈수록 비중이 높아집니다.

예를 들면 정치와 법에서는 권력과 민주주의, 인권, 선거 등의 개념을 배우고, 경제에서는 수요와 공급, 경제 주체와 같은 개념을 배웁니다. 사회와 문화 분야에서는 사회화, 사회집단, 문화 상대주의, 다양성 등과 같은 다양한 사회적 맥락을 배우지요. 일반사회를 배울 때면 아이들은 시사 문제에 깊은 관심을 가지게 되고, 어른들의 세계에 발을 디디는 기분을 느낍니다. 새로운 지식을 쌓는다는 자신감을 가지고 세상에 대한 관심을 넓혀가지요.

이 세 영역은 단원별로 구별이 되기도 하고, 통합적으로 구성되어 세상을 설명하기도 합니다. 2022 개정 교육과정의 학년별 단원을 살펴보면 세 영역이 골고루 섞여 등장하고 있음을 알 수 있습니다.

[사회 3~6학년 단원(2022 개정 교육과정)]

학년	단원명	영역
3~4	우리가 사는 곳	지리
	일상에서 만나는 과거	역사
	사회 변화와 다양한 문화	일반사회(사회와 문화)
	옛날과 오늘날의 생활 모습	역사, 문화
	지도로 만나는 우리 지역	지리
	우리 지역의 문화유산	역사, 문화
	경제활동과 지역 간 교류	일반사회(경제)
	민주주의와 자치	일반사회(정치)
	지역 문제를 해결하고 지역을 알리는 노력	통합
	다양한 환경과 삶의 모습	지리, 통합

5~6	우리나라 국토 여행	지리
	우리나라 지리 탐구	지리
	법과 인권의 보장	일반사회(법과 정치)
	유적과 유물로 살펴본 옛사람들의 생활	역사(선사~고려시대)
	달라지는 시대, 변화하는 생활 모습	역사(조선시대)
	식민 통치와 저항, 전쟁이 바꾼 사회와 생활	역사(식민시대, 현대)
	평화 통일을 위한 노력, 민주화와 산업화	역사, 통합
	민주주의와 시민 참여	일반사회(정치)
	지구, 대륙 그리고 국가들	지리
	세계의 자연환경	지리
	시장경제와 국가 간 거래	일반사회(경제)
	지구촌 사람들	지리, 통합

사회 공부는 문해력이 좌우한다

• • • • • •

그렇다면 우리 아이들이 사회 공부를 쉽고 재미있게 할 수 있으려면 무엇이 필요할까요? 앞서 사회를 어려워하는 아이들의 공통점을 살펴본 분들은 이미 정답을 눈치채셨을 거예요. 사회 공부는 문해력에 달려 있다고 해도 과언이 아닙니다.

가장 기본적인 문해력은 해당 학년 수준의 교과서를 유창하게 읽을 수 있는 능력입니다. 과거에는 교과서를 읽는 것을 너무나 당연하게 여겼는데요. 최근에는 학년이 올라가고 글밥과 내용이 늘어나면서 교과서 읽기에 어려움을 느끼는 아이들이 많아졌습니다. 그래서 이제부터는 아이들이 사회 교과를 수월하게 공부할 수 있도록 교과에 직접적인 도움을 줄 수 있는 문해력 키우는 방안을 살펴보겠습니다.

| 어휘력과 유창성 기르기

먼저, 다양한 교과 어휘에 익숙해지는 것이 중요합니다. 사실 사회 교과에 등장하는 핵심 어휘는 어느 정도 정해져 있습니다. 그리고 중학교, 고등학교에 가도 반복적으로 등장하지요. 저학년 시기부터 다양한 어휘를 익혀두면 학년이 올라가고 중, 고등학교에 진학한 이후에도 사회 공부에 대한 자신감을 가질 수 있습니다. 또한 알지 못하는 새로운 어휘가 나타나더라도 이미 알고 있는 다양한 어휘를 조합해서 유추할 수 있기 때문에 어휘력이 더욱 쉽게 성장할 수 있어요. 이렇게 초등학교의 어휘력은 눈덩이를 굴리는 시작점이 됩니다. 어휘력이 높으면 교과서를 쉽게 읽을 수 있음은 물론 수업에 대한 이해도가 높아지고 발표를 하거나 대화를 할 때도 다양한 표현을 할 수 있습니다.

그리고 긴 문장을 두려워하지 않고 읽어낼 수 있는 유창성이 필요합니다. 앞서 문장을 이해하고 있는지 알고 싶다면 소리 내어 읽어봐야 한다고 말씀을 드렸습니다. 특히 초등 3, 4학년의 문해력에서는 유창성이 핵심이 되어야 합니다. 어휘력이 높으면 유창성이 높아질 수 있지만 어휘력이 높다고 반드시 유창성이 높아지는 것은 아닙니다. 또 유창성이 있다고 어휘력이 높다고 볼 수도 없습니다. 어휘력과 유창성은 자연스럽게 함께 높아지며 시너지 효과를 냅니다.

▍배경지식을 바탕으로 핵심 파악하기

단락을 읽으면서 핵심 내용을 파악할 수 있어야 합니다. 어휘를 알고, 유창하게 읽을 수 있다면 이제는 스스로 판단하고 생각하면서 읽어야 문해력이 높아집니다. 한 문장 한 문장을 이해하는 것에서 그치면 사회를 잘할 수 없습니다. 무엇이 핵심 정보인지 빠르게 파악하고 이를 뒷받침하는 문장에 대한 이해도를 높이는 것이 중요합니다. 핵심을 파악하는 능력은 사회 공부뿐만 아니라 모든 공부에서 가장 중요한 능력입니다. 핵심을 찾을 줄 아는 아이는 공부를 많이 하지 않아도 효율적으로 성취를 이루어냅니다.

그러기 위해서는 글 속에 담긴 저자의 의도를 생각하면서 읽어야 합니다. 사회 교과서는 대부분 설명문의 성격을 지니고 있습니다. 따라서 교과서의 저자는 대개 독자에게 정보를 주려고 합니다. 교과서를 읽을 때 저자의 의도를 파악하는 것은 핵심을 파악하는 데 도움이 됩니다. 게다가 설명문이 아닌 논설문의 형태를 읽거나 심지어 시험 문제를 읽을 때도 저자의 의도를 파악하는 문해력은 매우 중요합니다. 저자의 마음에 공감할 수 있는 능력, 시험 문제를 출제한 교사의 의도를 파악하는 능력은 매우 고차원적인 문해력이라 볼 수 있습니다. 글을 읽으며 상대의 마음을 꿰뚫어 볼 수 있다면 얼마나 대단한 능력입니까. 다만 초등학교 때는 이러한 훈련을 해보는 정도면 충분합니다.

그리고 글을 읽으며 자신이 알고 있는 배경지식에 새로운 정보를 포섭할 수 있어야 합니다. 문해력이란 단지 주어진 글을 이해하는 것 이상의 의미를 지니고 있습니다. 특히 사회 공부에 필요한 문해력에서는 배경지식이 무척 중요합니다. 예를 들면 고학년 교과서는 아이들이 저학년 때 배운 내용을 이미 알고 있으리라는 가정하에 서술됩니다. 학습이란 자신이 이미 알고 있는 정보에 새로운 정보를 추가하여 종합하고 새로 구성하는 것입니다. 이러한 배경지식을 포함한 문해력 연습은 공부의 왕도와 다름없습니다.

이토록 중요한 교과 문해력을 초등 시기에 어떻게 향상시킬 수 있을지에 대해서는 다음 장에서 구체적으로 살펴보도록 하겠습니다. 그에 앞서 초등 사회 교육과정을 바탕으로 학년별 핵심 개념을 알아보겠습니다.

공부할 때 무조건 써먹는
교과 핵심 개념

3학년

연표

옛날에 있었던 일을 시간 순서대로 표로 정리한 것.	연표를 통해 조선시대에 있었던 일을 순서대로 알아볼 수 있다.
	우리 가족에게 있었던 중요한 일을 시간 순서대로 연표로 정리한다.
	역사책에서 연표를 보면서 옛날 우리나라에 어떤 나라들이 있었는지 살펴본다.

인구

나라에 살고 있는 사람의 수.	우리나라의 인구는 약 5,000만 명이다.
	우리나라는 이제 인구가 점차 줄고 있다.
	세계에서 가장 인구가 많은 나라는 인도이다.

저출산

아이를 적게 낳아 출산율이 낮아지는 것. 출산율은 한 여성이 낳을 것으로 예상되는 평균 자녀 수를 의미한다.	오늘날 우리나라는 태어나는 아이의 수가 줄어드는 저출산 현상이 나타나고 있다.
	저출산으로 학교에 다니는 학생 수가 줄어든다.
	저출산으로 인해 앞으로 일할 수 있는 사람들의 수가 줄어들게 된다.

고령화

노인의 수가 늘면서 전체 인구에서 노인 인구의 비율이 늘어나는 현상.	의료 기술이 발전하면서 노인의 수 늘어나는 고령화 현상이 나타나고 있다.
	노인의 수는 늘어나는데 태어나는 아이가 줄면 고령화 현상이 나타난다.
	고령화로 인해 노인들을 위한 시설이 많이 필요해졌다.

지능정보화

인공지능과 같은 기술을 사용해서 생활 속에서 여러 일을 쉽고 편리하게 하는 현상.	지능정보화로 여러 지능정보기술을 적용하여 여러 가지 일을 효율적으로 할 수 있다.
	지능정보기술에는 인공지능, 빅데이터, 가상현실과 증강현실 등이 있다.
	지능정보화가 이루어지면서 우리의 삶은 더욱 편리해졌다.

문화

한 사회의 사람들이 공통적으로 가지고 있는 삶의 방식.	문화는 한 사회의 사람들이 주변 환경에 적응하면서 함께 살아가면서 만들어진다.
	우리나라는 젓가락과 숟가락을 사용하는 음식 문화를 가지고 있다.
	지역마다 문화는 다양하게 나타난다.

<table>
<tr><td colspan="2" style="background:#aee;">풍습</td></tr>
<tr>
<td rowspan="3">옛날부터 전해져오는 행동의 방식이나 습관.</td>
<td>우리나라는 설날에 어른들께 세배를 하는 풍습이 있다.</td>
</tr>
<tr>
<td>풍습 중에 해마다 일정한 시기에 되풀이해서 하는 놀이나 음식을 먹는 행동 등의 생활 모습을 '세시 풍속'이라고 한다.</td>
</tr>
<tr>
<td>우리나라에는 겨울이 다가오면 김장을 하는 풍습이 있다.</td>
</tr>
</table>

<table>
<tr><td colspan="2" style="background:#aee;">통신수단</td></tr>
<tr>
<td rowspan="3">사람들이 소식을 주고받을 수 있는 방법이나 도구(예. 휴대전화, 인터넷 등).</td>
<td>옛날의 통신수단에는 파발, 서찰, 봉수 등이 있다.</td>
</tr>
<tr>
<td>통신수단이 발달하면서 많은 사람들이 전보다 더 쉽게 연락을 주고받을 수 있게 되었다.</td>
</tr>
<tr>
<td>통신수단의 발달로 우리 삶의 모습이 크게 변화했다.</td>
</tr>
</table>

지도

실제 땅의 모습을 일정하게 줄여서 나타낸 것.	여행을 가서 지도를 보고 길을 찾는다.
	우리가 쉽게 볼 수 있는 지도에는 지하철 노선도나 버스 노선도 등이 있다.
	지도를 사용하면 우리가 살펴보고 싶은 지역을 한눈에 볼 수 있다.

축척

실제 거리를 지도에서 줄인 정도.	축척에 따라 지도에 나타나는 지역의 범위가 달라진다.
	축척을 보면 실제 거리를 얼마나 줄였는지 알 수 있다.
	축척을 변화시키면 지도를 축소하거나 확대할 수 있다.

등고선

높이가 같은 곳을 연결한 선. 땅의 높낮이를 나타낸다.	같은 등고선으로 이어진 곳은 높이가 같다.
	등고선의 간격이 좁을수록 산의 경사가 급하다.
	등고선의 간격이 넓을수록 산의 경사가 완만하다.

행정구역

나라를 효율적으로 운영하기 위해 지역을 나누어놓은 것. 특별시, 광역시, 도 등이 있다.	우리나라는 행정구역으로 지역을 구분한다.
	특별시, 광역시, 도 등은 넓은 행정구역이고, 시, 군, 구 등은 좁은 행정구역이다.
	우리 지역의 위치를 행정구역을 나타낸 지도에서 찾아보기로 했다.

지형

산, 평야, 강, 바다 등 땅의 모양.	우리나라는 산이 많은 지형이다.
	서해안은 해안선이 복잡한 지형이다.
	남부 지방은 넓은 들판이 펼쳐져 있는 지형을 가지고 있다.

기온

공기의 온도.	여름에는 기온이 높다.
	봄에는 새벽과 한낮의 기온 차이가 크다.
	겨울이 되면서 기온이 크게 낮아졌다.

강수량

비나 눈 등의 양.	우리나라는 여름에 강수량이 많다.
	강수량이 너무 적으면 농사가 잘되지 않는다.
	울릉도에는 눈이 많이 내려 겨울에도 강수량이 많은 편이다.

경제활동

사람들이 생활에 필요한 것들을 만들고 사용하고 나누는 모든 활동.	사람들은 여러 가지 경제활동을 하면서 선택의 문제를 겪는다.
	용돈을 받은 후 얼마나 쓸지 고민하는 것은 경제활동에서 선택의 문제이다.
	시장에 가면 다양한 사람이 여러 가지 모습으로 경제활동을 하는 것을 볼 수 있다.

희소성

사람들이 필요로 하거나 원하는 것은 많은데 이에 비하여 자원이 상대적으로 부족한 것.	경제활동에서는 희소성 때문에 선택의 문제가 생긴다.
	무조건 어떤 자원이 부족하기 때문이 아니라 원하는 사람들이 많아야 희소성이 있다고 한다.
	자원의 희소성은 시대와 장소에 따라 달라질 수 있다.

생산/소비

어떤 물건이나 서비스를 만드는 것을 '생산'이라고 하며, 돈을 주고 사용하는 것을 '소비'라고 한다.	우리나라는 반도체를 많이 생산하는 나라이다.
	엄마는 이번 달에 소비를 많이 해서 당분간 돈을 아껴 써야 한다고 말했다.
	경제활동에는 생산과 소비 등이 있다.

경제 교류

여러 지역이 이익을 얻기 위해 상품이나 서비스 등을 서로 주고받는 것.	우리나라에는 석유가 나지 않기 때문에 석유를 많이 생산하는 나라와 경제 교류를 한다.
	우리나라의 지역발전을 위해 지역 간에 농산물, 관광 등의 경제 교류를 하기도 한다.
	두 지역이 경제 교류를 통해 경제적 이익을 얻고 서로 발전할 수 있다.

민주주의

공동체를 구성하는 사람들이 주인으로서 자유롭고 평등하게 참여하는 것.	대한민국은 민주주의 국가이다.
	민주주의는 서로 존중하고 대화와 타협을 통해 문제를 해결해나가는 방법이다.
	소수의 의견도 존중하는 것이 민주주의의 기본 정신이다.

자치

자신의 일을 스스로 다스리는 것.	오늘 학급 자치 시간에 우리반의 규칙을 정했다.
	우리 학교 학생 자치회에서 쓰레기 버리지 않기 캠페인을 했다.
	지역 주민들이 지역의 일을 스스로 결정하고 참여하는 것을 '주민 자치'라고 한다.

관용

나와 다른 사람의 의견이나 문화 등을 인정하고 폭넓게 받아들이는 태도.	회의를 할 때는 나와 다른 생각도 인정하고 받아들이는 관용의 자세가 필요하다.
	나와 다른 문화를 대할 때 관용의 태도를 지녀야 한다.
	민주주의가 발전하기 위해서는 대화와 타협, 관용의 자세가 중요하다.

영토/영해/영공

우리나라 주권이 미치는 땅을 '영토'라고 하며, 영토 주변의 바다를 '영해'라고 한다. '영공'은 영토와 영해에 해당하는 하늘을 의미한다.	영역은 한 나라의 주권이 미치는 범위로 영토, 영해, 영공으로 이루어진다.
	독도는 명백한 우리나라의 영토이다.
	우리나라의 영해에서 다른 나라의 배가 어업을 하면 안 된다.

자연재해

자연현상으로 인한 피해로 홍수, 가뭄, 태풍, 화산, 지진 등이 있다.	기후가 변화하면서 자연재해로 인한 피해가 점차 커지고 있다.
	황사는 주로 봄철에 일어나는 자연재해이다.
	지구 온난화로 인해 폭염과 홍수, 태풍이 자주 발생한다.

수도권

수도인 서울과 그 주변인 인천 및 경기도의 위성도시 일대.	밤사이에 수도권에 집중 호우가 쏟아졌다.
	우리나라는 수도권에 인구가 집중되어 있다.
	서울을 중심으로 한 수도권에 우리나라 전체 인구의 절반 정도가 살고 있다.

인구 분포

인구가 어디에 얼마나 모여 살고 있는지를 나타낸 것.	과거에 비해 자연환경보다는 인문환경이 인구 분포에 많은 영향을 주고 있다.
	인구 분포가 고르지 않으면 여러 가지 사회 문제가 발생할 수 있다.
	도시와 촌락의 인구 분포 특징을 알아본다.

인권

인간이면 누구나 마땅히 누려야 할 기본적 권리.	인권을 신장하고자 노력한 많은 사람들이 있다.
	장애인이 대중교통을 이용할 수 있도록 하는 시설이 없다면 인권이 침해된 것이다.
	모두가 행복한 삶을 살기 위해서는 누구나 인권을 보장받아야 한다.

헌법

한 국가의 최고 법. 국민의 기본적인 권리와 국가 기관을 운영하는 원리를 담고 있다.	대통령은 취임할 때 헌법을 수호할 것을 선서한다.
	제헌절은 헌법이 만들어진 것을 기념하는 날이다.
	헌법은 우리나라 최고의 법으로 모든 법과 제도의 기초가 된다.

준법

법이나 규칙을 지키는 일.	민주 시민으로서 준법 의식을 기르는 것이 중요하다.
	모든 사람이 권리를 지키고 안전한 사회에서 살기 위해서 준법 태도가 필요하다.
	준법을 실천하기 위해 나의 생활을 돌아봤다.

청동기

청동으로 만든 도구. 청동은 구리와 주석을 녹여 만든 것으로 문명의 시작 단계에서 사용한 도구이다.	청동기 시기에 우리나라 최초의 나라인 고조선이 나타났다.
	고조선은 우리만의 특별한 청동기 문명을 만들면서 성장했다.
	청동기 시대의 유물에는 동검과 고인돌 등이 있다.

전성기

나라나 집단의 힘이 가장 강력한 시기.	백제는 근초고왕 때 전성기를 맞이하였다.
	삼국시대에는 한강 유역을 차지하는 나라가 전성기를 맞았다.
	신라의 전성기는 6세기 무렵이다.

호족

지방에서 재산과 군사력을 바탕으로 성장한 정치 세력. 중앙 세력과 대비된다.	신라 말기에 중앙 정치가 혼란해지면서 지방에서 호족이 성장했다.
	신라 말기 여러 호족들 중에서 견훤은 후백제를, 궁예는 후고구려를 세웠다.
	고려를 세운 왕건은 호족을 자기 편으로 끌어들이면서 동시에 견제하고자 했다.

중립 외교

어느 한쪽 나라의 편에 서지 않고 중간 입장에 서는 외교 정책.	광해군은 명과 후금 사이에서 중립 외교를 펼쳤다.
	조선은 중립 외교를 통해 후금과의 전쟁을 피할 수 있었다.
	중립 외교 정책에 반대하던 신하들은 광해군을 몰아내고 인조를 왕으로 세웠다.

붕당

조선 중기에 지역적, 학문적, 정치적으로 같은 생각을 가진 집단.	조선의 양반 계층은 학문이나 정치적으로 생각을 같이 하는 사람들끼리 붕당을 이루기 시작했다.
	붕당 간의 대립과 다툼이 심각해지면서 조선의 정치가 혼란스러워졌다.
	영조와 정조는 특정 붕당에 치우치지 않고 골고루 인재를 등용하는 탕평책을 실시했다.

서민 문화

지배층이 아닌 일반 백성들의 생활과 관련이 있는 문화. 반대 개념으로 '귀족 문화'가 있다.	조선 후기에는 서민 문화가 발달하기 시작했다.
	조선 후기에 발달한 민화, 풍속화 작품들은 서민 문화에 해당한다.
	판소리는 대표적인 서민 문화로 일반 백성들에게 큰 인기를 끌었다.

세도정치

왕의 외가 쪽의 친척 가문들이 권력을 잡고 나랏일을 마음대로 하는 것.	정조가 죽은 뒤 왕의 외척들이 권력을 잡는 세도정치가 시작되었다.
	세도정치로 인해 왕권이 약해지고 정치가 혼란해졌다.
	흥선 대원군은 세도정치의 문제점을 바로잡기 위해 노력했다.

개화

외부의 문화와 제도를 받아들이는 것. 반대로 거부하는 것을 '척화'라고 한다.	조선은 개항 이후 서양의 문물을 받아들이는 개화 정책을 폈다.
	서양의 문물과 제도를 받아들이자고 주장하는 사람들을 '개화파'라고 한다.
	개화를 주장하는 세력은 서양 기술을 받아들이자는 사람들과 제도까지 받아들여야 한다는 사람들로 나뉘었다.

식민 통치

한 국가가 다른 국가를 정치적, 경제적으로 지배하는 것.	일제의 식민 통치에 대한 저항으로 3.1 운동이 일어났다.
	식민 통치 기간 동안 우리 민족은 많은 고통을 겪어야 했다.
	일제는 식민 통치를 하면서 우리 민족의 혼을 빼앗는 정책을 시행했다.

민주화

나라의 정치와 문화, 생각의 방식이 민주주의에 맞게 되는 것.	4.19 혁명은 민주화를 위한 시민들의 노력과 희생이었다.
	시민들은 민주화를 원했지만 일부 군인들이 정변을 일으키면서 민주주의가 멀어졌다.
	군사 정권은 시민들의 시위에 진입하며 민주화 운동을 탄압했다.

산업화

농업 중심의 1차 산업에서 공업(제조업), 서비스업 등 2, 3차 산업으로 경제활동의 중심이 변화하는 것.	산업화가 이루어지면서 많은 사람들이 도시로 몰려들었다.
	우리나라는 다른 나라에 비해 산업화의 속도가 매우 빨랐다.
	우리나라의 경제 성장은 산업화와 함께 이루어졌다.

선거

시민들을 대표할 사람을 뽑는 것.	선거는 '민주주의의 꽃'이라 불린다.
	우리 모두 선거에 참여하여 국민의 대표를 뽑자.
	선거는 시민들의 가장 기본적인 정치 참여 방법이다.

주권

국가의 의사를 결정할 수 있는 최종적인 권력.	헌법은 우리나라의 주권이 국민에게 있음을 밝히고 있다.
	국민 주권을 실현하는 가장 기본적인 방법은 선거에 참여하는 것이다.
	우리는 주권자로서의 주인 의식을 가지고 정치 과정에 적극적으로 참여해야 한다.

국회

국민의 대표 기관. 국민에 의해 선출된 국회의원으로 구성된다.	국회에서 하는 가장 중요한 일은 법을 만들거나 법을 고치는 일이다.
	국민의 대표인 국회의원들은 국회의사당에서 나라의 중요한 일을 한다.
	우리나라는 국회의원을 뽑는 선거를 4년에 한 번 한다.

행정부

나라의 살림을 맡아 여러 가지 일을 처리하는 국가 기관.	행정부의 최고 책임자는 대통령이다.
	행정부는 대통령과 국무총리, 여러 부 등으로 구성된다.
	국무회의는 대통령, 국무총리, 각부 장관 등이 모여 나랏일을 의논하는 기관이다.

법원

재판을 통해 법률에 따라 판결을 내리는 기관.	사람들 사이에 다툼과 갈등이 생기면 법원에서 잘잘못을 가려 문제를 해결해준다.
	범죄를 저지른 것으로 의심받는 사람에게 죄가 있는지를 판단하는 곳은 법원이다.
	법원은 공정한 재판을 통해 국민의 자유와 권리를 보장한다.

권력 분립

국가 권력을 나누어 각각 다른 기관이 맡도록 하는 것.	권력 분립을 통해 국가 기관들이 권력을 나누어 서로 견제하고 균형을 이루도록 한다.
	권력 분립 제도의 목적은 국민의 자유와 권리를 보호하기 위함이다.
	우리나라는 권력 분립을 위해 입법, 행정, 사법의 세 가지 역할을 서로 다른 국가 기관이 나누어 맡는다.

미디어

정보를 전달하는 역할을 하는 것. 신문, 방송, SNS 등이 해당된다.	민주주의에서 다양한 미디어는 국민의 여론을 형성하는 중요한 역할을 한다.
	최근에는 사회 관계망 서비스와 같은 새로운 미디어의 역할이 점차 커지고 있다.
	미디어를 통해 접하는 정보가 왜곡되거나 과장되지는 않았는지 비판적으로 살펴볼 수 있어야 한다.

경도/위도

지구 위에서의 위치를 나타냄. '경도'는 선에서 동쪽, 서쪽으로 얼마나 떨어져 있는지를 나타내고, '위도'는 적도를 중심으로 북쪽, 남쪽으로 얼마나 떨어져 있는지를 나타낸다.	지구본에서 가로로 그어진 위선은 위도를 나타낸다.
	경도와 위도로 위치를 표현하면 국가나 지역의 정확한 위치를 나타낼 수 있다.
	경도의 기준이 되는 본초자오선은 영국의 그리니치 천문대를 지나는 선을 말한다.

시장경제

개인이 자유롭게 경제활동을 하면서 시장에서 가격이 결정되는 것.	우리나라는 국민들이 자유로운 경제활동을 할 수 있는 시장경제를 바탕으로 한다.
	시장경제 체제에서 개인과 기업은 자유롭게 경쟁하며 더 좋은 이익을 얻기 위해 노력한다.
	시장경제에서 개인은 자유롭게 자신의 직업을 선택할 수 있고 자신의 소득을 어떻게 사용할지 스스로 결정할 수 있다.

가계

경제활동에서 보통 소비를 하는 경제 주체. 가족처럼 생계를 함께 하는 세대를 의미한다.	가계는 주로 상품과 서비스를 사는 역할을, 기업은 생산하는 역할을 하는 경제 주체이다.
	시장경제에서 가계와 기업은 경제활동을 하면서 서로 의존하는 관계이다.
	최근에 가계 빚이 크게 늘어나 정부가 대책을 발표했다.

무역	
국가와 국가 사이에서 상품이나 서비스 등을 교환하는 경제활동.	무역을 하는 이유는 나라마다 자연환경, 자원, 기술, 자본 등의 경제적 상황이 다르기 때문이다.
	우리나라는 미국, 중국 등과 활발한 무역을 하고 있다.
	무역을 통해 우리나라에서 부족한 자원을 사 오고 우리가 잘 만드는 물건을 판매할 수 있다.

수출/수입	
한 나라의 상품과 서비스를 다른 나라에 판매하는 것을 '수출'이라고 하며, 다른 나라에서 구입하는 것을 '수입'이라고 한다.	우리나라는 발달된 기술을 이용하여 반도체를 많이 수출한다.
	우리나라는 석유, 목재 등 자원을 수입하고 뛰어난 기술로 공산품을 만들어 수출한다.
	변화하는 세계 무역 환경에서 우리나라는 수출 경쟁력을 높이기 위해 노력하고 있다.

빈부 격차	
가난한 사람과 부유한 사람의 경제적 차이.	자유로운 경제활동으로 인한 경제 성장의 부작용으로 빈부 격차가 심각해지는 것을 들 수 있다.
	빈부 격차가 확대되는 문제에 대한 해결책을 찾아야 한다.
	빈부 격차가 벌어지면 불평등 문제가 심각해지면서 사회 갈등이 나타나게 된다.

인구밀도	
인구를 그 지역의 면적으로 나눈 값. 단위 면적 당 인구수를 의미.	일반적으로 도시는 인구밀도가 높고 촌락은 인구밀도가 낮다.
	인구밀도가 높으면 주택 문제, 교통 문제, 환경 문제 등이 나타날 수 있다.
	수도권에 인구가 집중되면서 지방의 인구밀도가 급격히 낮아지고 있다.

국제기구

여러 국가가 협력하여 공동의 목표를 위해 만든 단체.	국제연합(UN)은 세계 평화를 위해 정치, 경제, 사회, 문화 등 다양한 분야에서 수많은 국가가 협력하고자 만든 국제기구이다.
	우리나라는 국제기구인 경제 협력 개발 기구(OECD)에 가입되어 있다.
	코로나 시기에 국제기구인 세계 보건 기구(WHO)는 국제적 협력을 위해 노력했다.

난민

갑작스러운 전쟁이나 폭력, 정치적 폭력, 환경 문제 등으로 인해 고국을 떠난 사람.	지구 온난화로 인한 기후 난민이 점차 늘고 있다.
	아프리카에서 내전이 일어나면서 지중해를 건너는 난민이 증가했다.
	난민의 지위를 얻은 사람은 국제법에 따라 보호받는다.

사회 공부, 시작부터 끝까지 앞서가고 싶다면

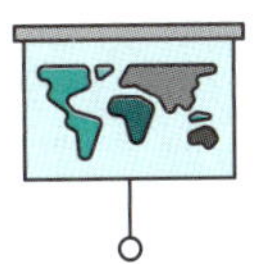

가정에서 시작하는 사회 문해력 수업

'우리 아이의 사회 문해력을 어떻게 키울 수 있을까?' 고민하는 학부모라면 '가정에서 시작하는 사회 문해력 수업'이란 글에 한편으로는 반가우면서도 다른 한편으로는 거창하거나 어려운 게 아닐까 생각하실 거예요. 그러나 걱정하실 필요 없습니다. 사회는 다른 교과에 비해 일상생활 속에서 문해력을 쉽고 재미있게 키울 수 있는 교과입니다. 먼저 가정에서 부담 없이 시작할 수 있는 방법을 소개합니다.

| 부모와의 대화가 아이의 문해력이 된다

1. 아이가 관심을 가지는 주제로 대화의 소재를 잡습니다.

앞서 사회 교과에서 다루는 다양한 분야를 소개했습니다. 우리의 삶과 관련된 지리, 역사, 법과 정치, 경제, 국제 관계, 문화 등 모든 이슈가 사회 교과와 연결됩니다. 현재 아이의 관심과 맞닿은 연결고리가 하나 나타났다면 문해력을 여는 열쇠가 될 수 있습니다.

예를 들어, 여행을 가게 되면 해당 지역의 지형이나 기후를 소재로 대화할 수 있습니다. 그 지역만의 특징이나 특산물, 문화 등에 대해 자연스럽게 알게 되지요. 구글 지도를 살펴보거나 여행 브로셔를 함께 읽어봐도 좋습니다. 대통령 선거나 국회의원 선거가 가까워온다면 해당 뉴스를 함께 보면서 대화를 나눠볼 수도 있습니다. 아이가 돈에 관심을 가지게 되었다면 세뱃돈을 어떻게 쓸지 이야기를 나누면서 경제 관련 대화를 나눌 수도 있습니다. 역사를 좋아하는 아이라면 역사책을 읽고 대화를 나누거나 관심을 가진 인물, 시대에 대한 영화, 강의 등을 함께 찾아보면 좋습니다.

일상에서 대화 소재를 찾기 위해서는 아이가 무엇에 관심을 갖는지도 관찰해야 합니다. 또한 새로운 분야의 소재를 접할 수 있게 부모가 큐레이션해주는 것도 좋습니다. 예전부터 어린이용 일간지나 《독서평설》, 《유레카》 같은 잡지를 구독해 함께 보는 경우가 많았는데요. 여전히 유용한 방법이라고 생각합니다. 최근에는 온라인 큐레이션 서비스인 뉴닉, 업클, 캐릿과 같은 다양한 뉴스레터도 있으니 가장 적절한 방법을 찾아보면 좋겠습니다.

가정에서 인문, 사회, 시사 등의 다양한 주제로 폭넓은 대화를 나누는 동안 아이는 해당 분야의 어휘를 자연스럽게 사용하게 되고, 배경지식이 넓어집니다. 게다가 관심 분야도 커지면서 진로를 탐색하는 기회가 되기도 하지요. 요즘과 같이 진로 교육에 대한 고민이 많은 시대에는 일찍부터 아이와 진로를 탐색하고 준비하는 시간을 갖는 것이 좋습니다.

2. 대화를 할 때 어휘의 수준을 너무 아이 위주로 맞추지 않습니다.

친절한 부모는 아이가 쉽게 이해할 수 있도록 쉬운 단어를 찾아 말하려고 노력합니다. 또는 아이가 꽤 컸는데도 어린아이를 대하듯 대화하는 경우도 많습니다. 아이는 부모가 바라보는 만큼, 기대하는 만큼 자랍니다. 이를 '피그말리온 효과'라고 하지요. 계속 어린이 취급을 하면 아이의 어휘 수준이 높아지기 어렵습니다.

돈에 관심이 많은 아이라면 은행의 이자율을 함께 비교해보거나 투자하는 회사에 대해 이야기를 나눠보세요. 아이와 밀접한 관심사에 대해 대화를 하다 보면 특별히 설명해주지 않더라도 어려운 단어를 스스로 깨치게 됩니다. 또는 아이가 '이자율'이 무엇이냐고 물어보면 그때 풀어서 설명해주세요. 아이들은 오히려 자신을 어른처럼 대해주고 자신의 수준을 높게 봐주는 부모님을 보면서 그만큼의 수준에 올라가려 노력할 겁니다.

3. 모르는 단어의 뜻을 물어볼 때 바로 정답을 말해주지 마세요.

아이가 단어의 뜻을 물으면 중요한 단어에 대한 호기심을 가지고 있는 자체를 먼저 칭찬해주세요. 그리고 함께 생각해보는 시간을 가지면 좋습니다. 먼저 단어가 어떤 뜻일 것 같은지 추리해보도록 기회를 줍니다. 만약 비슷하게 맞혔다면 신나게 칭찬해주세요. 그러고 나서 정확한 뜻을 가르쳐주거나 사전에서 찾아보게 하면 됩니다. 감을 잡지 못한다면 한자를 하나씩 살펴보면서 유추하는 과정을 함께 해주세요. 그런 과정을 통해 스스로 알아가는 과정을 응원하고 칭찬해주세요. (한자로 단어의 뜻을 유추하는 방법은 뒤에서 살펴보도록 하겠습니다.)

모르는 단어의 뜻을 혼자 고민해보는 습관을 가지면 한자의 뜻이나 글의 맥락을 통해 단어를 유추해내는 능력을 키우게 됩니다. 아무리 아는 것이 많은 사람도 모든 분야의 어휘를 다 알 수는 없습니다. 유추를 통해 글의 맥락을 이해하는 아이는 그렇지 않은 아이에 비해 문해력과 사고력이 크게 높아지게 됩니다.

한자어로 확장하는 어휘력

어휘력을 키우기에 좋은 방법은 한자를 공부하는 것입니다. 특히 초등 시기에 한자를 익혀두면 국어 공부뿐만 아니라 다양한 교과에 등장하는 어려운 개념어를 쉽게 유추할 수 있습니다. 하지만 한자를 잘 모르면 어휘력을 키울 수 없다는 것은 아닙니다. 기본적으로 많이 쓰는 한자를 어느 정도 알아두고 어떻게 쓰이는지를 경험하면 한자를 활용해 모르는 어휘를 유추하는 것이 그리 어렵지는 않습니다.

예를 들면 '지형'이라는 단어를 살펴보겠습니다. 아이가 '땅 지(地)' '모양 형(形)'이라는 한자를 알면 '땅의 모양'이라고 쉽게 유추할 수 있습니다. 하지만 정확한 한자를 잘 모르더라도 해당 의미로 쓰여진 여러 단어를 조합하면 그 의미를 생각해볼 수 있습니다.

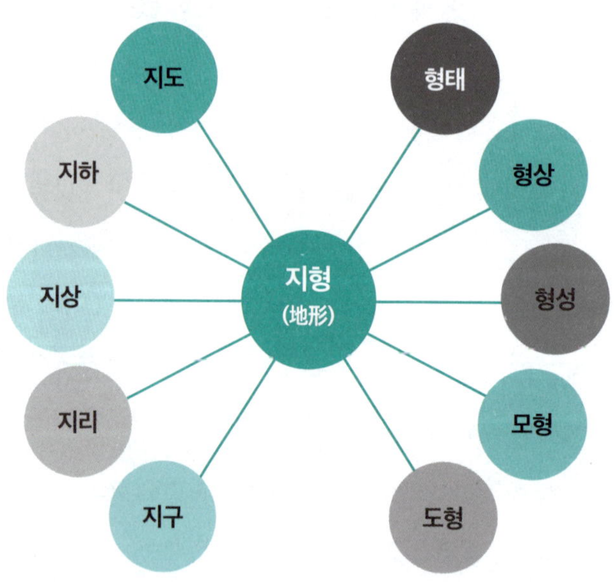

여기서 한자의 뜻을 통해 의미를 유추하는 것에 그치지 않고 비슷한 어휘나 같은 한자를 사용하는 다양한 어휘로 확장해가면 좋습니다. 게임처럼 같은 한자를 사용한 다른 단어 찾기를 하면 이미 알고 있었던 단어와 새로운 단어가 결합하면서 어휘의 수준이 거미줄처럼 뻗어나가게 됩니다. 그럼 아이는 낯선 단어를 만나는 것이 두렵지 않게 되지요. 그리고 어휘력의 수준이 높아지고 단단해집니다.

중요한 것은 한자를 공부하는 것이 아니라 한자를 다양한 어휘에 적용하는 유연성입니다. 그리고 무엇보다 중요한 것은 틀려도 괜찮다는 분위기를 조성해주세요. 유추란 쉽게 말해 '찍기'이니까요. 찍어서 맞히면 기분 좋지만 틀려도 전혀 상관없습니다.

['지형(地形)'의 뜻을 유추하면서 어휘를 확장하는 대화 예시]

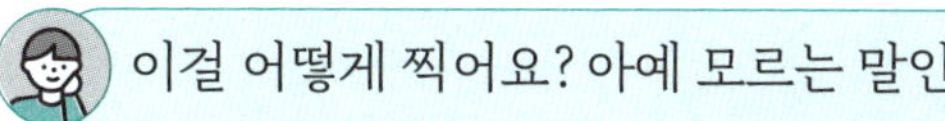

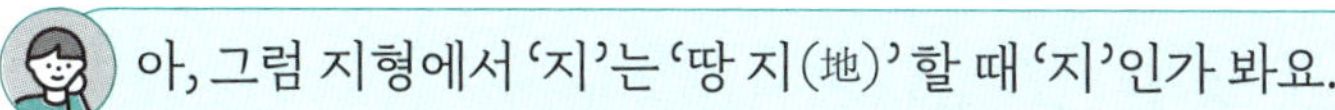

그래, 지형은 땅에 대한 이야기인가 봐.
토지도 땅이잖아. '땅 지' 나오는 단어 생각나는 거 있어?

아, '지하 주차장'의 지하요. '땅 아래'잖아요.

앗, 그럼 나는 '지상' 해야겠다.

에이, 내가 하려고 한 건데.

그럼 대신 힌트 하나 줄게.
땅을 작게 그림으로 그리면?

지도!

우리가 살고 있는 엄청나게 둥근 이곳은?

지구! 와, 지구의 '지'가 '땅 지'였구나.
그럼 형은 뭐지? '형아' 할 때 형인가?

지형이 땅의 형이면 좀 이상하지 않아?

지형이 높고 낮다고 써 있는데요. 그럼 형태?

초등 문해력 한 권

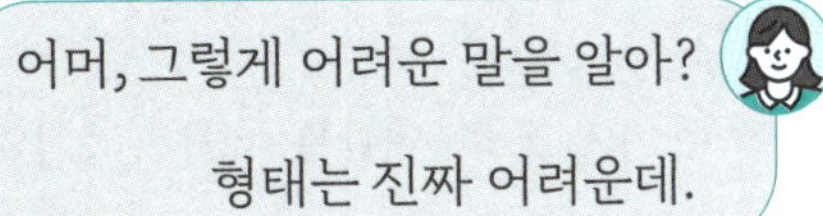

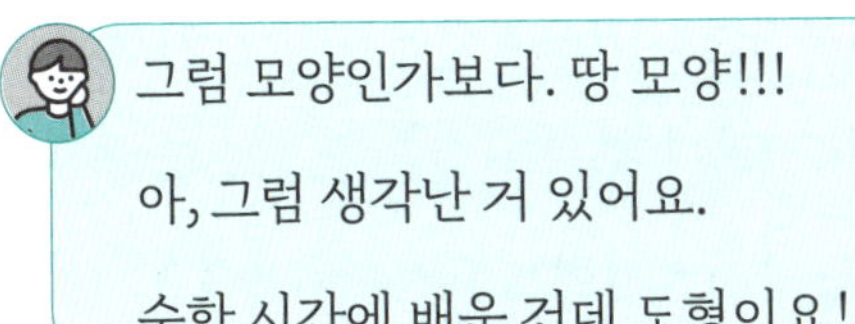

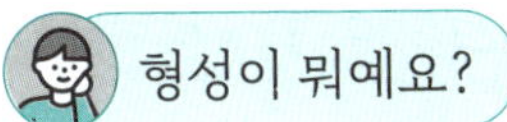

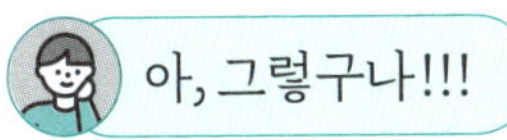

문해력 긴급 처방 6단계

• • • • • •

교과 문해력 향상을 위해 초등 시기에 선행되어야 하는 것은 어휘력과 유창성을 함께 키우는 것입니다. 어휘력은 긴 글을 읽으면서 다양한 어휘를 접하고 활용할 때 눈에 띄게 성장합니다. 유창성은 긴 글을 소리 내어 읽는 훈련을 통해 키울 수 있습니다.

만약 아이가 특히 사회를 어려워하거나 어휘가 부족하다고 판단이 된다면 가정에서 함께 교과서를 읽어보는 시간을 가져주세요. 교과서는 해당 학년 아이들의 성장 발달에 적절한 수준으로 최고 교육 전문가들이 교육과정에 따라 쓴 가장 표준적인 글입니다. 우수한 학생들이 교과서 위주로 공부했다는 말은 결코 빈말이 아닙니다. 아이의 문해력이 특히 걱정된다면 다음 단계별 가이드를 시도해보세요.

|1단계: 교과서 소리 내어 읽기

하루 2쪽씩 사회 교과서를 소리 내어 읽습니다. 특히 초등 3, 4학년이라면 가장 중요한 것이 유창성 훈련입니다. 해당 학년의 교과서를 2쪽 정도 소리 내어 읽는 데 3분이 채 걸리지 않을 것이라 생각합니다. 부모가 해줄 일은 교과서를 읽는 아이에게 사랑스럽고 자랑스럽다는 눈빛을 보내주시는 일입니다. 아이가 힘들어하거나 싫어하면 양을 더 줄여도 됩니다. 유창성이 높아지면서 자신감을 가지는 것이 가장 중요합니다.

|2단계: 단어 뽑기

오늘 읽은 내용에서 모르는 단어 또는 중요한 단어를 3개 정도 뽑은 다음 각각의 포스트잇에 써서 벽에 붙여둡니다. 모르는 단어를 우선적으로 뽑고, 다음으로 아는 것 같은데 정확하지 않은 단어를 뽑습니다. 모든 단어를 알고 있다면 중요하다고 생각하는 단어를 뽑아봅니다. 부모와 아이가 뽑은 단어를 서로 비교해도 좋습니다.

|3단계: 뽑은 단어의 뜻 유추하기

뽑은 단어의 뜻을 유추해서 말합니다(235쪽 참조). 마치 탐정이 추리하듯 이야기해

봐도 좋고, 부모도 뜻을 모르는 단어라 가정하고 아이와 함께 추리해나가는 것도 좋습니다.

| 4단계: 유추한 단어 뜻 찾기

단어의 뜻을 유추하는 단계가 끝나면 이제 정확한 뜻을 찾아봅니다. 국어사전에서 찾아보거나 인터넷 검색을 하거나 부모가 설명해주어도 좋습니다. 참고로 초등 교과서에는 보충 설명으로 단어의 뜻이 쓰여 있기도 합니다.

| 5단계: 글쓰기

오늘 뽑은 단어를 넣어 짧은 글을 써봅니다. 초등 3~4학년이라면 아이와 부모님이 이어 쓰기의 형식으로 글짓기를 하는 방법을 추천합니다. 말도 안 되는 이야기도 좋습니다. 오늘 뽑은 세 단어로 글을 쓰기 어렵다면 그 전에 찾아본 단어를 추가해도 좋습니다. 고학년 아이라면 단어 정리 노트를 만들어 뽑은 단어별로 문장을 써서 모아두면 큰 성취감을 느낄 수 있으리라 생각합니다.

| 6단계: 퀴즈 놀이하기

일주일에 한 번 그동안 찾아본 단어 포스트잇을 보면서 퀴즈 놀이를 합니다. 아이가 자기 나름대로 설명하면 부모는 벽에 붙어 있는 단어 포스트잇을 떼서 맞히는 형식으로 놀이합니다. 아이가 답을 맞히는 것이 아니라 문제를 내도록 해주세요. 자신의 언어로 설명하되 문제를 내는 권위를 즐기면서 흥미와 자신감을 가질 수 있습니다.

지금까지 소개한 단계별 가이드는 문해력 영양제이자 긴급 처방입니다. 문해력이 탄탄하게 성장했다고 판단될 때까지 꾸준히 하면 좋지만 부모님과 아이가 부담을 느낄 정도로 무리하면 안 됩니다. 아이가 읽기를 싫어하게 되면 오히려 역효과가 나타날 수 있으니까요. 아이와 함께 의논하면서 분량과 횟수를 정해주세요. 예를 들어 방학 동안 하루 10~20분 정도면 사회 문해력이 비약적으로 성장하고 아이의 자신감도 크게 높아질 수 있습니다.

사회 교과서와 친해지기

● ● ● ● ● ●

이제 본격적으로 교과서를 읽어보겠습니다. 아이들이 내용 교과인 사회 교과서의 구성에 익숙해질 필요가 있습니다.

먼저 교과서의 제목을 살펴봅니다. 대단원, 중단원, 소단원 또는 소주제를 훑어보면서 내용 구조를 파악합니다. 3, 4학년이면 본문 글이 많지 않습니다. 지면의 많은 부분이 활동이나 이미지 등에 할애되어 있기 때문에 금방 읽을 수가 있어요. 5, 6학년이 되면 다소 본문의 글 양이 많아집니다. 그런데 글 양이 적다고 해서 저학년 교과서가 쉬운 것은 아닙니다. 글의 양을 줄이다 보니 개념에 대한 설명도 짧아질 수밖에 없거든요. 설명이 충분하지 않으니 이해가 더 어려울 수도 있습니다. 그럴 때는 그림이나 탐구 활동 등의 다양한 보충 설명을 활용해야 합니다.

모든 교과서는 하나의 단원을 시작할 때 단원의 학습 목표를 보여줍니다. 교과서마다 구체적인 형식은 다르지만 대개 "이 단원을 배우면 ~를 할 수 있게 됩니다"와 같이 제시됩니다. 그런데 교과서를 보는 아이들이 학습 목표를 건너뛰는 경우가 많습니다. 학습 목표를 먼저 살펴보면 무엇을 공부할 것인지, 이 단원을 통해 자신이 어떻게 성장할 것인지를 예상할 수 있는데 말이지요. 무엇보다 단원의 핵심 개념을 먼저 파악할 수 있습니다.

초등 문해력 한 권

하나의 주제는 여러 개의 단락으로 이루어져 있습니다. 저학년의 경우 1~2개 정도의 단락이 있을 거예요. 교과서는 하나의 단락에 대개 하나의 핵심 문장을 품고 있습니다. 잘 쓴 글은 보통 한 단락이 하나의 생각으로 구성됩니다. 교과서를 읽을 때는 한 단락 안에서 핵심 문장과 핵심 개념을 찾는 연습을 하는 것이 좋습니다.

반드시 그런 것은 아니지만 대개 설명문에서 핵심 문장은 첫 문장인 경우가 많습니다. 이런 경우를 두괄식이라고 하지요. 반대로 마지막에 등장하는 경우를 미괄식이라고 합니다. 개념이 어렵거나 중요한 경우 시작과 끝 모두에 배치하는 양괄식으로 구성하기도 합니다.

핵심 문장을 찾았으면 다른 문장은 중요하지 않은 것일까요? 핵심 문장을 뒷받침하는 문장을 보조 문장이라고 합니다. 보조 문장은 핵심 문장에 대한 보충 설명을 하거나 또는 다양한 사례나 증거를 들어 핵심 문장에 대한 이해를 돕습니다. 좋은 설명문은 보조 문장의 설명력이 좋아서 글만 읽어도 몰랐던 개념을 충분히 이해할 수 있습니다. 저학년 교과서는 보조 문장 대신 활동이나 사진 자료, 이미지 자료 등 시각 자료를 활용하는 경우가 많습니다.

아이와 함께 교과서를 보며 핵심 문장을 찾을 때는 정답을 정해놓지 않는 게 좋습니다. 핵심 문장은 읽는 사람마다 다르게 판단할 수도 있으니까요. 다만 왜 그 문장이 중요하다고 생각하는지 서로의 생각을 공유하면 충분합니다. 설명문을 읽으면서 핵심 문장과 핵심 개념을 찾는 연습을 하는 것은 길게 보면 수능 국어 영역 중 독서 부분(비문학)을 연습하는 과정이 될 수 있습니다.

민주주의와 ← 대단원
시민 참여

1. 국가 기관이 하는 일 ← 중단원

핵심 문장 (우리나라 헌법은 국가 권력을 셋으로 나누어 각각 다른 기관이 나누어 맡도록 하는데 이를 **권력 분립**이라고 한다. 국가 기관의 권력을 나누는 이유는 국가 권력

핵심 개념 ← 이 한쪽으로 집중되어 국민의 자유와 권리를 침해하는 일이 일어나지 않도록 하기 위해서이다. 국가 기관은 서로 견제하고 균형을 이루어 국민의 자유와 권리를 보호한다.

나만의 정리 노트 만들기

● ● ● ● ● ●

사회 같은 내용 교과를 공부하는 전통적 방법은 노트 정리입니다. 요즘에는 학교에서도 노트 정리를 잘 하지 않아요. 일단 아이들이 손으로 글을 쓰는 것이 익숙하지 않습니다. 요즘 교사들은 아이들의 편의를 지나치게 고려하기 때문에 구조가 거의 다 잡힌 학습지를 만들어줍니다. 아이들은 수업을 들으며 빈칸을 채우는 정도로 정리를 합니다.

게다가 전자 칠판을 활용하고 디지털 교과서나 영상 자료, PPT 등 다양한 기자재를 사용하기 때문에 노트 필기를 하는 것이 너무 고전적으로 느껴지기도 합니다. 초등학교를 졸업하고 중학교에 입학한 아이들에게 노트 필기를 해봤는지를 물어보면 '한 번도 해본 적 없다'고 답하는 경우가 많습니다. 그래서 노트 필기를 가르쳐야겠다고 생각해서 학습지를 만들지 않고 빈 노트에 한 줄 한 줄 함께 정리하는 연습을 해보았습니다. 갑자기 쓸 게 많아져서 힘들어하는 아이들에게는 왜 쓰는 연습이 필요한

지를 설명해주었고요.

"얘들아, 처음에는 쓸 게 많아서 좀 힘들지도 몰라. 근데 막상 해보면 머릿속에 정리도 잘되고 공부하는 보람이 느껴질 거야. 선생님이 계속 학습지를 만들어주면 선생님만 사회를 점점 더 잘하게 되는 것 같아. 선생님은 너희들이 스스로 정리할 수 있도록 도와주고 싶어. 우리 같이 조금씩 써보자."

그런데 말이지요. 실제로 해보면 아이들이 필기를 좋아합니다. 빨간색 펜으로 별표도 하고, 형광펜으로 칠도 해보고, 표도 그리면서 열심입니다. 수업에서 뭐가 제일 좋았냐고 물었는데 필기가 재미있었다는 평이 꽤나 많았어요. 필기를 하면서 공부하는 방법을 알게 되었다고 아이들 스스로가 이야기합니다.

가정에서 억지로 진도를 나가거나 필기를 시킬 필요는 전혀 없습니다. 다만 초등 고학년부터 좋아하는 부분이나 중요한 소주제 정도를 가끔 써보면 좋습니다. 중학생도 못 하는 걸 초등학생이 어떻게 하겠냐고 생각하실 수 있습니다. 그런데 해보면 별로 어렵지 않아요. 아이들이 해본 경험이 없을 뿐입니다.

노트 정리의 방법은 왕도가 없습니다. 이렇게도 해보고 저렇게도 해보고 내 머릿속에 엉켜 있는 정보를 내가 편한 방법으로 구성해서 이미지화하면 됩니다. 처음 시도하는 아이들에게는 네 가지 구조를 제안합니다.

| 1. 코넬노트

코넬 대학교에서 만든 코넬 노트 형식을 활용하는 방법입니다. 코넬 노트는 노트 가로 길이의 4분의 1 정도 지점에 세로선이 그어져 있는 것이 특징입니다. 시중에 판매하는 노트 중에 이런 형식의 노트가 많지요. 선의 왼쪽에는 핵심 개념을 쓰고 오른쪽에는 설명과 사례 등의 내용을 씁니다. 개념 정리를 할 때 가장 일반적이고 편리한 방식이라고 생각합니다.

	1. 우리나라 국가 기관의 역할	
	1.국회	– 국회의원으로 구성
		– 입법: 법을 만들거나 고침
		– 예산안 심의 확정, 다른 국가 기관 견제 등
	2. 행정부	– 대표: 대통령
		– 집행: 나라의 살림살이를 함
		– 국무총리, 각부 장관 등이 있음
	3. 법원	– 법관이 재판을 하는 곳
		– 법에 따라 판결을 내림

2. 마인드맵

시각적으로 정리하는 방법입니다. 개념이 많이 나오는 경우, 개념끼리 연결을 하거나 관계를 표시하기에 적절합니다. 글씨를 너무 많이 쓰는 것을 좋아하지 않는 아이들, 핵심만 눈에 띄게 정리하고 싶은 아이들이 쓰면 좋은 구조입니다.

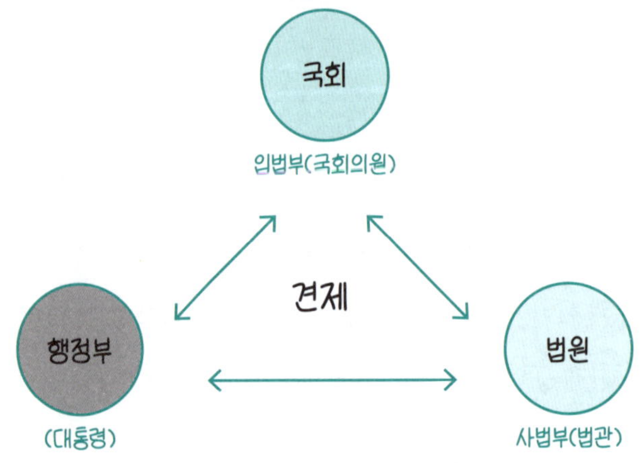

| 3. 타임라인

시간 순서대로 정리하는 연표 구조입니다. 시간 순서가 중요한 경우 쓰면 좋은 방법입니다. 특히 역사 부분을 공부할 때 아주 효과적입니다. 예를 들면 삼국 시대를 공부한다면 4세기-5세기-6세기의 순서로 전성기 국가의 특징을 정리할 수 있습니다. 조선 시대를 공부한다면 주요 왕의 순서로 정리하거나 초기-중기-후기의 순서로 내용을 정리해볼 수 있지요. 이럴 때는 가로가 긴 노트 형식이 편리합니다.

| 4. 표

표로 정리하는 방법입니다. 사회 교과는 개념을 비교하며 정리하는 공부가 효과적일 때가 많습니다. 예를 들면 국회, 행정부, 법원의 구성과 역할 등을 정리할 때나 문화의 여러 가지 특징을 사례별로 정리하는 것처럼 병렬적인 개념을 나열할 때 표로 구성하면 한눈에 보기가 좋지요. 특히 공통점과 차이점을 정리할 때도 표를 활용하면 효과적입니다.

	국회	행정부	법원
구성	국회의원	대통령 등	법관
하는 일	법을 만들거나 고침	나라의 살림살이	재판

노트 정리가 사회 공부에 효과적인 이유는 사회가 개념 중심 교과이기 때문입니다. 필기를 하면서 내용을 구조화하는 경험 자체가 머릿속에서 내용을 정리하는 과정이 되어줍니다. 중, 고등학생들이 시험 공부를 할 때 나중에 다시 보려고 노트 정리를 했는데 정리를 하다가 내용이 다 외워졌다고 말하는 경우가 많습니다.

결국 읽고, 이해하고, 구조화하고, 정리하는 공부의 과정을 경험하면서 학습 방법을 스스로 깨치고 흥미와 자신감을 얻게 될 수 있습니다.

독서로 쌓는 문해력

● ● ● ● ● ●

중, 고등학교 공부의 단단한 기초가 되는 문해력은 초등 시기에 만들어집니다. 그리고 문해력을 키우는 특별하거나 엄청난 비결이 있는 것은 아니지요. 누구나 아는 방법은 바로 독서입니다.

앞서 사회 문해력과 관련하여 긴 말씀을 드렸습니다만, 책을 많이 읽는 아이들은 별 노력 없이 사회를 잘합니다. 사회 공부가 어렵다고 하는 친구들을 이해하기 어려워합니다. 그냥 조금 집중해서 읽어보고 정리하면 되는데, 다른 교과에 비해 오래 공부할 필요도 없는데 도대체 왜 어려워할까 이해하지 못합니다.

초등 시기 독서는 그 어떤 선행 학습보다 중요합니다. 앞으로 할 공부를 받아들일 수 있는 사고의 틀을 넓히고 공부법의 기본인 문해력을 키우는 방법이 바로 독서이니까요.

다만 요즘은 아이들이 독서를 꾸준히 하기 어려운 환경입니다. 사교육과 스마트기기의 압박은 아이들을 책으로부터 멀어지도록 만듭니다. 특히 초등 3, 4학년이면 책을 읽지 않는 아이들이 늘어납니다. 바로 이 시기가 문해력을 키울 수 있는 결정적 시기인데도요. 고학년이 되면 본격적으로 공부량이 늘면서 더 길고 복잡한 글을 읽어낼 수 있어야 합니다. 이후 중, 고등학생이 되면 독서와 관련한 수행평가가 많아지고 생활기록부까지 연결되지요. 사실 학년이 높아질수록 독서가 더 중요해지는데 아이들은 점차 책에서 멀어집니다.

결국 관건은 책을 손에서 놓지 않도록 도와주는 것입니다. 사실 책을 많이 읽어야 하는 것도, 반드시 수준 높은 책을 읽어야 하는 것도 아닙니다. 그저 아이가 좋아하는 책을, 재미있어하는 책을 부담 없이 일상적으로 읽으면 됩니다. 읽기를 멈추지 않게 하기 위해서는 읽는 루틴을 만들고 지키는 것이 중요합니다. 자기 전 10분도 좋고, 학교 다녀와서 10분도 좋습니다. 꾸준한 하루 10분이 아이들 두뇌에는 최고의 보약입니다. 루틴이 익숙해지고 재미있는 책을 만나면 10분은 30분이 되고 1시간이 됩니다.

사회 공부를 위해서 반드시 교과 관련한 지식책을 무리해서 읽게 할 필요는 없습니다. 다만 배우는 내용과 관련한 재미있는 책을 권해주시는 것은 좋습니다. 책을 권하는 것은 부모와 교사이지만 책을 선택하는 것은 아이라는 것을 잊어서는 안됩니다.

[교과 연계 추천 도서]

제목	저자	출판사
처음 시작하는 너와 나의 인권 수업	홍명진	어린이나무생각
구불구불 지도의 역사가 궁금해!	글터 반딧불	꼬마이실
전쟁 NO! 평화 YES! 세계를 이끄는 힘, 국제기구	김일옥	뭉치
똥 눌 때 보는 신문: 경제	김선	삼성출판사
지구촌 슬픈 갈등 탐구생활	이두현 외	파란자전거
지도를 펼치고 전쟁 대신 평화	유정애	푸른역사
읽으면서 바로 써먹는 어린이 세계 여행	한날	파란정원
용선생 처음 세계사1~2	사회평론 역사연구소	사회평론
멈출 수 없는 우리1~3	유발 하라리	주니어김영사
그래서 이런 법이 생겼대요	우리누리	길벗스쿨
세금 내는 아이들	옥효진	한국경제신문
레몬으로 돈 버는 법1~2	루이즈 암스트롱	비룡소
종이 한 장의 마법 지도	류재명	길벗어린이

지구 박물관 여행	에바 뱅샤르	아이스크림미디어
열두 달 지하철 여행	김성은	책읽는곰
민주주의를 어떻게 이룰까요?	플란텔 팀	풀빛
용선생의 시끌벅적 한국사1~10	금현진 외	사회평론
어린이를 위한 역사의 쓸모1~3	최태성	다산어린이
한국사 편지1~5	박은봉	책과함께어린이

초등 시기에 권하고 싶은 지식책은 역사책입니다. 역사책은 소설과 비문학의 중간 단계에서 읽기 좋은 지식책입니다. 3, 4학년이라면 삼국유사나 삼국사기처럼 재미있는 신화가 섞여 있는 역사서로 시작해서 우리나라 역사에 대한 책을 읽으면 좋고, 고학년이 되면 세계사와 관련한 재미있는 책을 읽으면 좋습니다. 역사책은 인물에 대한 이야기와 스토리가 섞여 있기 때문에 아이들이 쉽게 재미를 붙입니다. 그리고 역사를 많이 아는 아이는 학교에서 박학다식한 친구로 통할 수 있습니다. 중, 고등학교 공부에도 도움이 되지요.

역사책을 좋아하고 지식책을 부담스러워하지 않으면 경제 관련한 쉽고 재미있는 책을 읽어봐도 좋습니다. 이렇게 해서 책을 통해 배경지식을 넓히면 사회 교과서를 읽는 것은 너무 쉽게 느껴질 거예요.

아무쪼록 초등 시기에 사회가 아이들의 학습 능력을 향상시키고 자신감을 불러일으킬 수 있는 흥미롭고 재미있는 교과가 되었으면 좋겠습니다. 사회를 통해 공부가 힘들고 어렵기만 한 것이 아니라 세상을 멀리 바라보고 꿈을 향해 나아가도록 도와주는 길동무라는 것을 느끼기를 바랍니다. 부모와 아이 앞에 펼쳐진 공부의 길이 때로는 좁거나 험해 보일지라도 이 책이 작은 길잡이가 되기를, 그리고 언제나 적절한 곳에서 등불 같은 희망이 아이를 비추기를 기원합니다.

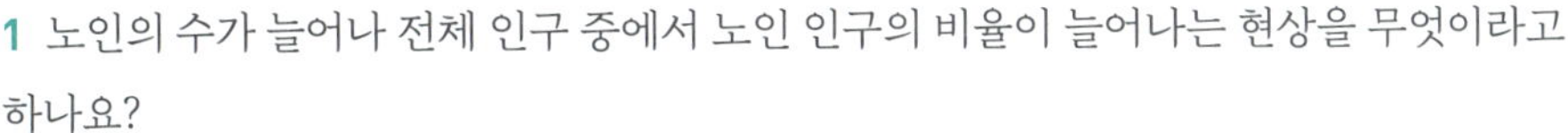

1 노인의 수가 늘어나 전체 인구 중에서 노인 인구의 비율이 늘어나는 현상을 무엇이라고 하나요?

2 한 사회의 사람들이 공통적으로 가지고 있는 삶의 방식을 무엇이라고 하나요?

3 지도에서 축척이 무엇을 의미하는지 설명하세요.

4 다음 문장을 읽고 맞으면 ○, 틀리면 ✕에 동그라미 표시하세요.

> 등고선은 깊이가 같은 곳을 연결한 선으로 바다의 깊이를 나타낸다. (○ / ✕)

5 산, 평야, 강, 바다와 같은 땅의 모양을 무엇이라고 하나요?

6 다음 문장을 읽고 맞으면 ○, 틀리면 ×에 동그라미 표시하세요.

비나 눈 등의 양을 기온이라고 한다. (○ / ×)

7 괄호 안에 알맞은 말을 써넣으세요.

경제에서 사람들이 원하는 것은 많은데 이에 비해 자원이 상대적으로 부족한 것을
자원의 (   ) 라고 한다.

8 다음 문장을 읽고 알맞은 말에 동그라미 표시하세요.

어떤 물건이나 서비스를 만드는 것을 (생산 / 소비),
돈을 주고 사용하는 것을 (생산 / 소비)(이)라고 한다.

9 괄호 안에 알맞은 말을 써넣으세요.

지역 주민들이 지역의 일에 스스로 다스리고 참여하는 것을
주민 (   )라고 한다.

10 괄호 안에 공통으로 들어갈 말을 쓰세요.

① 회의를 할 때는 나와 다른 생각도 인정하고 받아들이는 (   )의 자세가 필요
하다.
② 나와 다른 사람의 의견이나 문화 등을 인정하고 폭넓게 받아들이는 (   )의
태도를 가져야 한다.

1 설명과 알맞은 것을 선으로 연결하세요.

한 나라의 주권이 미치는 땅 ·　　　· 영해

영토 주변의 바다 ·　　　· 영공

영토와 영해 위의 하늘 ·　　　· 영토

2 서울과 그 주변의 인천, 경기도 위성도시 일대를 무엇이라고 하나요?

3 다음 문장을 읽고 맞으면 ○, 틀리면 ✕에 동그라미 표시하세요.

인간이라면 누구나 당연히 누려야 하는 기본적인 권리를 인권이라고 한다. (○ / ✕)

4 한 나라의 최고 법을 무엇이라고 하나요?

5 괄호 안에 알맞은 말을 써넣으세요.

우리나라 고조선 시기에 사용한 청동으로 만든 도구를 (　　　)라고 한다.

6 괄호 안에 공통으로 들어갈 말을 쓰세요.

> 신라의 (　　　)는 6세기 무렵이다.
> 백제는 근초고왕 때 (　　　)를 맞이하였다.

7 광해군 때의 외교 정책인 중립 외교의 특징에 대해 설명하세요.

8 괄호 안에 알맞은 말을 써넣으세요.

> 왕의 외가 쪽의 친척 가문들이 나랏일을 마음대로 하는 것을 (　　　　)라고 한다.

9 다음 문장을 읽고 알맞은 말에 동그라미 표시하세요.

> 외부의 문화와 제도를 받아들이는 것을 (개화 / 척화),
> 거부하고 배척하는 것을 (개화 / 척화)라고 한다.

1 다음 문장을 읽고 알맞은 말에 동그라미 표시하세요.

> 농업 중심의 산업에서 공업과 서비스업 등의 산업으로
> 경제활동의 중심이 변화하는 것을 (민주화 / 산업화)라고 한다.

2 괄호 안에 알맞은 말을 써넣으세요.

> 국가의 의사를 결정할 수 있는 최고 권력인 (   )은 국민에게 있다.

3 설명과 알맞은 것을 선으로 연결하세요.

국민의 대표 기관 ·　　　　　　· 법원
나라의 살림을 하는 곳 ·　　　　　　· 국회
재판을 하는 곳 ·　　　　　　· 행정부

4 다음 보기 중 행정부의 최고 책임자를 고르세요.
① 장관
② 판사
③ 대통령
④ 국무총리
⑤ 국회의원

5 국가 권력을 나누어 다른 기관이 각각 맡도록 하는 권력 분립의 목적에 대해 설명하세요.

6 다음 문장을 읽고 알맞은 말에 동그라미 표시하세요.

> 지구본에서 영국의 그리니치 천문대를 지나는 선을 기준으로
> 동쪽과 서쪽으로 얼마나 떨어져 있는지를 나타내는 것을 (경도 / 위도)라고 한다.

7 괄호 안에 알맞은 말을 써넣으세요.

> 위도는 (   )을(를) 기준으로 남쪽, 북쪽으로 얼마나 떨어져 있는지를 나타낸다.

8 개인이 자유롭게 경제활동을 하고, 시장에서 가격이 결정되는 경제 체제는 무엇인가요?

9 국가와 국가 사이에서 상품이나 서비스 등을 교환하는 활동을 무엇이라고 하나요?

10 다음 문장을 읽고 알맞은 말에 동그라미 표시하세요.

> 한 나라의 상품과 서비스를 다른 나라에 판매하는 것을 (수출 / 수입),
> 다른 나라에서 구입하는 것을 (수출 / 수입)이라고 한다.

11 다음 문장을 읽고 맞으면 ○, 틀리면 ×에 동그라미 표시하세요.

가난한 사람과 부유한 사람의 경제적인 차이를 빈부 격차라고 한다. (○ / ×)

12 전쟁이나 폭력, 환경 등의 문제로 인해 자신의 나라를 떠난 사람을 어떻게 부르나요?

×○ 정답 ××

3~4학년

1 고령화

2 문화

3 실제 거리를 지도에서 줄인 정도를 말한다

4 ×

5 지형

6 ×

7 희소성

8 생산, 소비

9 자치

10 관용

5학년

1

한 나라의 주권이 미치는 땅	영해
영토 주변의 바다	영공
영토와 영해 위의 하늘	영토

(한 나라의 주권이 미치는 땅 — 영토, 영토 주변의 바다 — 영해, 영토와 영해 위의 하늘 — 영공)

2 수도권

3 ○

4 헌법

5 청동기

6 전성기

7 어느 한쪽의 나라 편에 서지 않고 중간에 서는 것

8 세도정치

9 개화, 척화

1 산업화

2 주권

3

국민의 대표 기관	법원
나라의 살림을 하는 곳	국회
재판을 하는 곳	행정부

4 ③

5 국민의 자유와 권리를 보호하기 위해서

6 경도

7 적도

8 시장경제 체제

9 무역

10 수출, 수입

11 ○

12 난민

chapter 5

과학

과학, 아무 로드맵이나
통하지 않는다

과학과 사회가 수능 등급을 가르는 열쇠이자, 대입 판을 흔들 거라는 고교학점제의 핵심 교과로 떠올랐습니다. 이 두 교과가 이전부터 중요해질 거라는 말은 공교육, 사교육 구분 없이 흘러나왔지요. 그러나 그때나 지금이나 초등 자녀를 둔 학부모는 이렇게 생각합니다. '아직 우리 아이에게는 먼 이야기지.'

과학과 사회가 공부 포기 1순위였던 부모 세대로서는 두 교과의 중요성을 피부로 체감하기 어려울 수도 있습니다. 혹은 중요한 건 알겠지만 어떻게 공부해야 할지 방향을 가늠할 수 없어 막막한 상황일 수도 있고요. 그런 학부모들에게 제가 하고 싶은 이야기는 단 하나, 과학 공부는 초등부터 시작해야 한다는 겁니다.

과도한 선행을 부추기는 게 아닙니다. 나선형 교육과정인 과학은 초등학교에서 배운 기본 개념과 원리를 중학교, 고등학교로 올라가면서 반복 학습합니다. 중등 과학과 고등 통합과학의 연계율은 60% 이상이지요. 그래서 과학 공부는 초등부터 시작해야 부담 없이 할 수 있고, 고등 통합과학까지 어려움 없이 확장해나갈 수 있습니다. 갑자기, 빨리, 많이 하는 공부가 아니라 천천히, 조금씩, 다지고 올라가는 공부. 그렇게 쌓은 공부탑은 절대 무너지지 않습니다.

초중고 과학 상위권의 핵심

● ● ● ● ● ●

모두가 알다시피 건강한 몸을 만들기 위해서는 3대 영양소인 탄수화물, 단백질, 지방이 골고루 포함된 균형 잡힌 음식을 먹고 꾸준히 운동을 해야 합니다. 달달하고 맛있는 간식 위주로 배를 채우고 매일 누워만 있는 사람을 상상해보세요. 건강보다는 각종 질병을 일으키기 쉬운 몸 상태가 될 겁니다.

그런데 과학 공부에서도 이와 비슷한 일이 발생합니다. 과학 특성상 다른 교과보다 접할 수 있는 매체, 체험할 수 있는 거리들이 주변에 많다 보니 주식이 아닌 간식에 매몰된 방법으로 공부를 고집하게 되는 것이지요. 우리가 흔히 아는 과학 실험학원, 과학 잡지, 과학 전집, 과학 학습 만화책 등은 초중고 과학 공부에서 주식이 아닌 간식에 해당합니다. 과학에 대한 흥미와 호기심을 키우고 배경지식을 넓히는 데는 좋지만 중, 고등학교 내신과 수능 성적에 직접적으로 도움이 되지는 않거든요. 총을 소지하는 것과 사격을 잘하는 것이 별개이듯, 과학에 대한 흥미와 호기심 그리고 배경지식이 많다고 해서 과학을 잘하는 건 아닙니다. 건강한 몸을 만들기 위해 간식을 되도록 멀리하듯이 과학을 잘하고 싶다면 공부에서의 주식과 간식을 구분해야 합니다. 이것저것 다 하려다 정말 중요한 것을 놓치는 일은 없어야 하니까요.

유치원부터 초등 1~3학년까지는 다양한 책을 읽고 방과후 과학실험, 박물관 견학, 과학관 체험 등을 통해 과학에 대한 흥미와 호기심을 키워주는 것이 도움이 됩니다. 초등 4학년부터는 과학 교과서와 실험관찰 책을 읽고 복습하며 과학 개념어를 익히는 공부를 해야 합니다. 특히 과학은 초중고로 올라가며 같은 개념을 점차 정교하게 다루는 나선형 교과입니다. 과학 개념어가 본격적으로 등장하는 4~6학년 시기에 교과서를 충실히 공부하지 않으면 중학교 과학의 선수 학습이 되는 뼈대를 제대로 만들 수 없지요. 한마디로 중등 과학의 기초 체력은 초등 고학년 교과서에서 만들어진다고 할 수 있습니다.

따라서 초등 고학년부터는 한 달에 한 번 과학 교과서를 제대로 읽고, 핵심 개념어를 익히며 복습하는 공부가 반드시 필요합니다. 이것이 바로 과학 공부의 주식이고, 아이의 학습 체력을 키우는 기본기입니다. 간식은 주식을 든든히 먹은 뒤에 섭취해야 한다는 사실을 잊지 말아야 합니다.

한 달에 한 번

"한 달에 한 번이면 된다고요?"

제가 자녀들과 한 달에 한 번 과학을 복습한다고 말하면 처음에는 믿지 않는 분들이 많았습니다.

"정말요? 엄마가 과학 선생님이니 그렇겠죠. 문제집은 정말로 안 풀어도 되나요?"

꼬리에 꼬리를 무는 질문도 많이 받았습니다. 그런데 제 이야기를 듣고 실제로 자녀와 함께 한 달에 한 번씩 복습을 실천한 분들은 모두 같은 말을 전해주었습니다.

"선생님, 정말 한 달에 한 번 복습으로 아이에게 자신감이 생겼어요. 과학이 더 이상 어렵지 않고 재밌어졌다고 해요. 수행평가 준비와 복습을 한 번에 할 수 있는 방법을 알려주셔서 감사해요."

초등학교에서 일주일 과학 수업량은 중학교 한 시간 수업량 정도로 매우 적습니다. 매일, 매주 공부할 필요가 없습니다. 교과 진도도 한 단원을 3~4주에 걸쳐 나가기 때문에 한 달에 한 번씩 복습하는 것이 적당합니다. 학습량이 적기 때문에 공부에 대한 부담을 느끼기보다는 복습 습관을 만들기에 최적의 시기라고 할 수 있지요. 하지만 적은 양이라고 복습하지 않고 한두 학기를 무의미하게 흘려보낸다면, 그런 일이 매년 반복된다면 학년이 올라갈수록 과학 시간에 교사가 하는 이야기가 외계어처럼 들리게 될 겁니다.

실제 중학교 과학 시간에 아이들이 가장 많이 하는 말이 "선생님 저희 그거 초등학교 때 안 배웠어요"입니다. 분명 교육과정상 초등학교에서 배우고 온 내용이라는 것을 저는 알고 있기에 아이들의 귀여운 거짓말을 웃어넘기지만 수업할 때는 힘이 듭니다. 초등학교에서 배우고 왔어야 할 내용을 제대로 배우고 익히지 않은 아이들에게 중학교 과학 개념과 원리가 쉽게 이해될 리 없기 때문이지요. 초등 고학년 교과서의 내용은 중학교 과학의 뼈대가 됩니다. 초등 과학을 복습한 아이는 이전에 배운 내용과 중학교에서 배우는 내용이 자연스럽게 연결되지만, 복습하지 않은 아이에게는 처음 배우는 어려운 내용처럼 느껴집니다.

| 과학 교과서를 제대로 읽고

아이가 공부를 시작할 때 가장 중요한 것은 무엇일까요? 저는 과학을 비롯한 모든 교과에서 '읽기'가 단연 중요하다고 말합니다. 생각해보세요. 떠듬떠듬 한글을 읽던 아이가 읽기에 유창해지면 스스로 책을 읽습니다. 책을 읽으며 생각주머니가 넓어지는 경험을 하게 되면 궁금한 것을 부모에게 묻기 시작합니다. 궁금한 것을 알기 위해 다른 자료로 읽기를 확장해나가며 아이의 지식은 더 깊어지고 뾰족해집니다. 읽기를 통해 공부의 기틀이 다져지는 것이지요.

그런데 저는 중학교 교실에서 어휘력과 문해력이 떨어져 교과서 1쪽도 읽어내지 못하는 아이들을 마주합니다. 그럴 때마다 '읽기'의 중요성을 다시 한번 뼈저리게 느낍니다. 읽어야 배운 내용에서 더 발전된 생각을 할 수 있고, 문제가 요구하는 답안과 글을 쓸 수 있는데, 교과서조차 읽어낼 수 없다면 그 이상의 다른 것을 기대할 수 없기 때문입니다. 중학교 교실 상황이 이렇게 심각한데 초등학교 교실은 어떨까요?

초등 자녀를 둔 부모라면 학기 초 형광펜과 색 볼펜을 구입한 적이 있을 거예요. 저 역시 두 자녀의 학습 준비물 목록에서 형광펜과 색 볼펜을 발견하고 초등 교실에서도 읽기를 가르치고 있다는 사실을 눈치챘습니다. 역시나 두 아이가 가져온 교과서를 보면 중요한 개념어에는 형광펜이 칠해져 있고, 개념 설명이나 추가적인 내용에는 색 볼펜으로 밑줄이 그어져 있었습니다. 아이들한테 물어보니 담임이 그렇게 알려주었다고 하더군요. 교과서를 멍하게 보거나 읽기만 하면 머릿속에 남는 것이 없습니다. 색을 칠하거나 밑줄을 그으며 교과서를 제대로 읽고 머릿속에 각인시키는 것이지요.

고등학교에 올라가 국어 비문학 지문을 어려워하는 아이들의 공통점이 무엇인지 아세요? 바로 비문학 지문이 가득한 과학 교과서를 읽지 못한다는 것입니다. 과학 교과서는 설명, 비교, 분류, 원인과 결과 같은 글 구조로 서술됩니다. 이를 읽는 과정에서 아이들은 비문학 독해력, 나아가 분석적 사고력을 기르게 됩니다.

그런데 교과서를 건너뛰고 문제집이나 선행에만 의존하면 단기간에는 공부를 많이 한 것처럼 보이지만 실제로는 개념을 자기 언어로 설명하지 못하는 상태에 머무릅니다. 이렇게 쌓인 겉핥기식 공부는 중학교 이후 논·서술형 평가, 탐구 보고서, 수행평가에서 한계를 드러냅니다. 교과서를 제대로 읽지 않고 넘어간 아이들은 중학교에 들어서면서 갑자기 과학이 어려워졌다고 말합니다. 이는 지식 자체가 부족해서라기보다, 교과서를 통해 차근차근 읽고 이해하며 개념을 연결하는 훈련이 부족했기 때문입니다. 결국 과학에 대한 자신감이 떨어지고, 학습 동기까지 잃을 수 있습니다.

나선형 교육과정인 초중고 과학에서 가장 중요한 단계는 중학교입니다. 초등 시기에 놓친 공부를 회복하고 고등 통합과학 학습과 연결하는 과정이기 때문입니다. 따라서 중요한 개념과 원리가 모두 담겨 있는 과학 교과서를 초등 시기부터 꾸준히 읽고 복습하는 방법을 익히고, 중학교에서는 시험 공부하는 방법을 더한다면, 고등 통합과학을 잘할 수밖에 없습니다. 과학 교과서는 모든 과학 공부의 출발점입니다.

| 핵심 개념어를 익히며

다시 교과서로 돌아가겠습니다. 과학을 잘하기 위해서는 교과서 1쪽에 2~3개 정도 볼드체(굵은 글씨체)로 표시되어 있는 개념어와 친해져야 합니다.

나선형 교육과정인 과학은 학년이 올라갈수록 개념이 정교해지고 심화됩니다. 교육과정과 교과서 역시 이전 학년에서 배운 모든 학습 개념어를 알고 있다는 전제하에 구성됩니다. 수업 역시 마찬가지고요. 중학교 과학 수업은 초등학교에서 배운 과학 개념어를 알고 있다는 전제하에, 고등학교 과학 수업은 초등학교, 중학교에서 배운 과학 개념어를 모두 알고 있다는 전제하에 진행됩니다.

게다가 과학 개념어는 일상어와 의미의 쓰임이 다른 경우가 많습니다. 예를 들어 '운동'이라는 단어는 일상에서도 흔히 쓰이고, 과학에서도 쓰입니다. 일상생활에서는 '운동에 소질 있다' '운동이 부족하면 비만이 되기 쉽다'처럼 건강을 위해 몸을 단련하거나 움직이는 일을 뜻합니다. 하지만 과학에서 운동이란 '기준점에 대해 시간이 지남에 따라 물체의 위치가 변하는 것'을 뜻합니다. 기준점으로부터 물체의 위치가 변했다면 그 물체는 운동했다고 말합니다. 초중고 과학의 공용어인 개념어를 제대로 알지 못한다면 정확한 뜻풀이는 물론 교과서와 수업 내용, 교사의 설명도 이해하기 어려울 수밖에 없습니다.

또한 과학 개념어는 일상에서 자주 사용하지 않는 한자어의 비중이 약 70%로, 상당히 높습니다. 이 때문에 아이들에게 생소하고 어렵게 느껴져 과학에 대한 흥미를 떨어뜨리는 요인이 되기도 합니다. 이 말은 즉, 한자어를 많이 아는 아이일수록 과학 교과서의 개념어를 이해하기 쉽고, 문맥을 잘 파악할 수 있다는 뜻이지요. 그러나 한 자어 위주의 과학 개념어가 많다고 해서 무작정 한자 공부에 돌입해 획과 부수를 외우는 공부는 하지 않아도 됩니다. 자주 등장하는 한자어, 즉 핵심 개념어 위주로만 알아도 충분합니다.

그런데 제가 개념어가 중요하다고 말하면 "과학 개념어를 어떻게 공부해요? 달달 외우면 되나요?"라고 묻는 학부모들이 정말 많습니다. 흔히 단어는 외워야 한다고 생각하기 때문이지요. 과학 개념어를 달달 외우면 과학을 잘할 수 있을까요? 그 많은 과학 개념을 모두 외울 수 있을까요?

교과 특성상 외울 것이 많긴 하지만 과학은 암기로 공부하는 교과가 절대 아닙니다. 개념과 원리, 법칙을 논리적으로 정확히 이해하는 공부가 우선이며, 이해를 바탕으로 꼬리에 꼬리를 물어가며 공부해야 합니다. 과학 교과서에 나오는 개념어들은 단순히 나열된 것이 아니라 서로 연관되어 있기 때문입니다(연계성). 교과서를 읽을 때 이 연관된 관계를 파악하고 스토리를 만들어가며 이해하면 억지로 외우지 않아도 많은 내용을 머릿속에 넣을 수 있습니다. 그래야 중, 고등학교에서 양적으로, 질적으로 점차 확장해가며 심화된 과학 개념을 이해하기 쉬워집니다.

| 복습

과학 공부는 계단을 오르는 일과 같습니다. 초등 과학은 중등 과학의 선수 학습, 그리고 중등 과학은 고등 통합과학의 선수 학습에 해당하기 때문이지요. 첫 번째 계단을 밟지 않으면 다음 계단을 밟는 게 힘들어지고, 계단들을 밟지 않으면 높은 곳을 오르지 못하게 됩니다.

 초등 문해력 한 권

그런데 많은 학부모와 아이가 과학 공부의 해답을 '선행 학습'에서 찾습니다. 아직 배우지 않은 내용을 앞서 훑어보는 것은 겉보기에는 빨라 보이지만, 실제로는 개념을 두루뭉술하게만 알고 넘어가거나 필요 이상으로 문제 풀이에 치중하게 됩니다. 이런 선행은 오히려 중요한 학교 수업의 집중을 방해하고, 나중에는 '아는 듯하지만 입 밖으로 설명은 못하는' 불완전한 지식으로 남습니다.

실제 수업에서도 이런 차이는 분명하게 드러납니다. 초등 고학년 때 교과서 복습은 건너뛰고 문제집만 풀었던 아이는 초등 개념에서 심화된 중등 개념이 등장하면 어려워합니다. "배웠던 것 같긴 한데 잘 모르겠어요"라는 반응을 보이지요. 반대로, 초등부터 교과서를 읽고 복습을 꾸준히 했던 아이는 중학교 과학 시간에 배우는 새로운 개념에 대한 이해가 빠르고 문제 해결까지 나아갑니다. 같은 단원을 배우는데 출발선이 서로 다릅니다.

복습은 배운 내용을 자기 것으로 만드는 과정입니다. 교과서를 다시 읽고, 개념어를 정리하며, 스스로 설명해보는 복습이야말로 선수 학습의 기초 체력을 만들어줍니다. 이렇게 다져진 기초 체력이 있어야 초등에서 중등, 중등에서 고등 과학으로 이어지는 학습 계단을 안정적으로 올라갈 수 있습니다.

결국 중요한 것은 빠르게 앞서나가는 것이 아니라, 한 계단씩 단단히 밟아 올라가는 것입니다. 부모의 불안한 마음에 이것저것 가짓수를 늘리거나 무리한 선행을 주도하지 마세요. 선행은 불안정한 사다리를 오르는 일과 같고, 복습은 튼튼한 계단을 밟는 일과 같습니다. 계단을 하나하나 밟아 올라갈 때, 아이의 과학 공부는 흔들리지 않는 힘을 얻게 됩니다.

초등 3~4학년부터는 성취기준이 반영된 학습 목표와 교과서를 읽고 수행평가의 평가기준에 맞춰 복습을 하며 과학 개념을 공부해야 합니다. 3~4학년부터 익혀둔 교과서 읽기와 복습 방법은 추후 중, 고등학교 공부에 치트키(cheat key)가 되어 과학 성적에 날개를 달아줄 것입니다. 특히 중학교 과학과 직접 연계율이 높고 내용이 다소 어려워지는 초등 5~6학년은 과학 교과서를 제대로 읽고 핵심 개념어를 익히며 복습하는 공부가 필수입니다.

교육과정의 변화를 놓치면 '구멍'이 생긴다

● ● ● ● ● ●

"어차피 반복해서 배울 텐데 초등부터 공부할 필요가 있을까요?"

이렇게 반문하는 분도 있을 거라고 생각합니다. 하지만 초등 고학년에서 기초 개념을 다지지 않으면 중학교에서 새로 배우는 내용을 이해하는 데 큰 어려움이 생깁니다.

예를 들어, 초등 5학년 <열과 우리 생활> 단원에서 '온도와 열의 이동 방식'을 배우고 제대로 복습한 아이는 중 1학년 <열> 단원에서 '온도와 열평형, 비열'을 큰 어려움 없이 연결할 수 있지만, 소홀히 공부한 아이는 중학교에서 관련 단원을 배울 때 '처음 듣는 내용'처럼 느껴 시작부터 어려움을 겪게 됩니다.

또한 2022 개정 교육과정으로 단원 및 학습 내용이 재편되며 초등 4학년부터 과학 단원의 난도가 높아졌습니다. 그리고 2015 개정 교육과정에서 배운 내용에서 단원의 이동과 삭제, 축소, 통합 등의 조정이 있었습니다.

<2015 개정 교육과정>

4학년	그림자와 거울
6학년	빛과 렌즈

<2022 개정 교육과정>

5학년	빛의 성질

4학년 <그림자와 거울>, 6학년 <빛과 렌즈> 두 단원에 걸쳐 배웠던 빛의 직진, 반사, 굴절 성질을 2022 개정 교육과정에서는 5학년 <빛의 성질> 하나의 단원으로 통합해 배웁니다.

2015 개정 교육과정에서는 3학년에서 배우던 <자석의 이용> 단원이 2022 개정 교육과정에서 4학년으로 이동했고, 자석과 자석에 붙는 물체의 상호작용이 추가되었습니다.

<2015 개정 교육과정>

3학년	지구의 모습
5학년	태양계와 별
6학년	지구와 달의 운동

<2022 개정 교육과정>

4학년	밤하늘 관찰

3학년 <지구의 모습> 단원명은 <지구와 바다> 단원으로 이름이 바뀌었고, 밀물과 썰물 개념 및 갯벌의 가치와 보전 필요성에 대한 내용이 추가되었습니다. 더불어 <지구의 모습> 단원에서 배우던 내용 일부와 5학년 <태양계와 별>, 6학년 <지구와 달의 운동> 단원에서 배우던 내용을 2022 개정 교육과정에서는 4학년 <밤하늘 관찰> 단원에서 배웁니다. 달의 모양과 표면, 달의 모양변화 등 현상 관찰 중심의 내용을 배우는 것이지요. 기존에 달의 모양변화 원인과 태양계 거리 비교 등 다른 물리량을 비교하는 내용은 삭제되었습니다.

단순한 교과 과정의 변화라고 여기며 안심해서는 안 됩니다. 배우는 시기가 앞당겨져 교과서를 제대로 읽고 개념어를 익히지 않으면 학습 결손이 생기기 쉬운 구조가 되었습니다. 단원이 통합, 신설되면서 배우지 못하는 결손 단원도 생겼습니다. 예를 들어, 2025학년도 초등 5학년 아이의 경우 2015 개정 교육과정으로 배우다, 6학년이 되어서는 2022 개정 교육과정으로 배우기 때문에 <빛과 렌즈>, <지구와 달의

운동> 단원에 대한 학습이 제대로 이루어지지 않습니다. 배우지 못한 결손 단원은 중 1, 2학년의 선수 학습 내용에 해당하며 중등 과학에서 꽤 중요하게 다루는 내용입니다.

2026학년도 초등 6학년 결손 단원과 이동(학년/단원명)	중학교 과학 연계 (학년/단원명)
지구와 달의 운동 → 4/밤하늘 관찰	1/태양계
여러 가지 기체 → 4/여러 가지 기체	1/기체의 성질
빛과 렌즈 → 5/빛의 성질	2/빛과 파동
우리 몸의 구조와 기능 → 5/우리 몸의 구조와 기능	2/동물과 에너지
에너지와 생활 → 5/자원과 에너지	

과학은 개념이 서로 촘촘하게 연결된 교과입니다. 특정 단원을 배우지 못하면 이후 학습 전체의 이해에 구멍이 생기게 됩니다.

이처럼 결손 단원은 단순히 '빠진 내용'이 아니라, 중학교 과학의 선수 학습 결핍으로 이어져 성취 수준과 과학 교과에 대한 자신감에 직접적인 영향을 줍니다. 결국 과학에 대한 흥미 자체가 떨어지는 결과로까지 연결될 수 있습니다. 결손 단원을 보완할 수 있는 가장 좋은 방법은 2015 개정 교육과정의 초등 6학년 과학 교과서를 구해 읽어보는 것이라고 생각합니다. 만일 상황이 여의치 않다면 이 책에 나온 과학 개념어와 교과 연계 도서를 읽으며 결손 단원에 대한 보완이 필요합니다.

그리고 아이가 무엇을 배우는지 부모도 알아두는 것이 좋습니다. 배우는 모든 내용을 알기도 어렵고 그럴 필요도 없지만, 최소한 아이의 교육과정은 알아두세요. 이는 이후에 설명하는 과학 공부법을 직접 실천할 때도 분명 도움이 됩니다.

학년	1학기	2학기
3	힘과 우리 생활 동물의 생활 식물의 생활 생물의 한살이	물체와 물질 지구와 바다 소리의 성질 감염병과 건강한 생활
4	자석의 이용 물의 상태변화 땅의 변화 다양한 생물과 우리 생활	밤하늘 관찰 생물과 환경 여러 가지 기체 기후변화와 우리 생활
5	지층과 화석 빛의 성질 용해와 용액 우리 몸의 구조와 기능	혼합물의 분리 날씨와 우리 생활 열과 우리 생활 자원과 에너지
6	산과 염기 물체의 운동 식물의 구조와 기능 지구의 운동	계절의 변화 물질의 연소 전기의 이용 과학과 나의 진로

부모도, 아이도 절대 무리할 필요 없다

● ● ● ● ●

과학 공부는 특별한 교재나 선행이 아니라 기본을 차근차근 쌓는 데서 시작합니다. 그 기본은 바로 교과서와 개념어이고요. 앞서 설명한 대로 초등 시기부터 교과서를 제대로 읽고 이해하는 경험을 쌓는다면 중학교와 고등학교 과학은 훨씬 수월하게 이어집니다.

초등 시기 아이에게 과학 공부는 아직 '먼 이야기'가 아닙니다. 오늘 함께 읽은 교과서 1쪽이 내일의 학습 자신감으로 연결되고, 나아가 대학 입시까지 닿습니다. 지금 작은 습관이 훗날 큰 차이를 만듭니다.

특히, 초등 고학년은 과학 교과서에 개념어가 본격적으로 등장하는 시기입니다. 이때 교과서를 소홀히 하면 중학교에서 큰 어려움을 겪게 됩니다. 하지만 매일 공부할 필요는 없습니다. 한 달에 한 번 교과서를 다시 펼쳐 복습하는 작은 루틴이면 충분합니다. 그리고 부모님이 도와주어야 할 부분 또한 간단합니다.

- 문제집보다 교과서와 실험관찰 책 먼저 보게 하기
- 한 달에 한 번 교과서로 배운 단원을 함께 복습하기
- 개념어를 함께 읽으며 "이건 무슨 뜻일까?" 물어보기

이 세 가지만 챙겨도 아이의 과학 공부는 흔들리지 않습니다. 중요한 건 빨리 앞서가는 것이 아니라 함께 걸으며 꾸준히 다지는 것입니다.

앞으로 이어질 장에서는 과학 교과서의 핵심 개념어를 소개합니다. 그리고 교과서를 읽는 법과 함께 과학 교과에 필요한 능력을 기르기 위한 구체적인 공부법을 소개하겠습니다. 부모가 옆에서 조금만 도와준다면 아이는 스스로 배우고 성장할 수 있는 길을 분명히 찾아갑니다.

3학년

힘

물체의 모양이나 운동상태(속도, 방향)를 변화시키는 요인.	가벼운 물체를 밀 때보다 무거운 물체를 밀 때 더 큰 힘이 필요하다.
	질량이 있는 물체가 서로 끌어당기는 힘을 '중력'이라고 한다.
	빗면이나 지레를 이용하면 더 적은 힘으로 무거운 물체를 들어 올릴 수 있다.

무게

물체의 가볍고 무거운 정도.	물체의 무게를 정확히 잴 때는 저울을 사용한다.
	무게를 비교하는 단위에는 'g(그램)'과 'kg(킬로그램)'이 있다.
	무게가 같은 물체로 수평을 잡으려면 받침점에서 양쪽으로 같은 거리에 물체를 놓아야 한다. 만약 두 물체의 무게가 다를 경우 무거운 물체를 받침점에서 가까이 두거나, 가벼운 물체를 받침점에서 멀리 두면 수평을 잡을 수 있다.

생물의 한살이

동물이 태어나고 자라 자손을 남기는 과정을 '동물의 한살이'라고 하며, 씨가 싹 터서 자라 꽃이 피고 열매를 맺어 다시 씨가 만들어지는 과정을 '식물의 한살이'라고 한다.	배추흰나비는 알, 애벌레, 번데기, 어른벌레의 한살이를 되풀이한다.
	씨가 싹트기 위해서는 알맞은 온도와 적당한 양의 물이 필요하다.
	'한해살이 식물'은 1년 안에 씨앗에서 싹이 트고 자라서 꽃을 피우고 열매를 맺어 씨앗을 남기고 죽는 식물이다. '여러해살이 식물'은 여러 해 동안 죽지 않고 살아가는 식물로, 매년 꽃이 피고 열매를 맺는 것을 반복한다.

물질의 세 가지 상태

우리 주변의 물질은 기체, 액체, 고체 세 가지 상태로 구분된다.	기체는 담는 용기에 따라 모양이 변하고 담긴 용기를 항상 가득 채우는 성질이 있다.
	액체는 담는 용기에 따라 모양은 변하지만 부피는 변하지 않는 성질이 있다.
	고체는 담는 용기가 달라져도 모양과 부피가 변하지 않는 성질이 있다.

밀물/썰물

하루에 두 번 해수면이 높아졌다가 낮아지는 현상.	'밀물'은 바닷물이 육지 쪽으로 밀려들어 바닷물의 높이가 높아지는 것이다.
	'썰물'은 바닷물이 바다 쪽으로 빠져나가 바닷물의 높이가 낮아지는 것이다.
	갯벌은 밀물과 썰물의 차이가 큰 서해안과 남해안에 주로 있다.

소리의 성질

소리가 나는 물체는 모두 떨림이 있다.	소리의 크고 작은 정도를 '소리의 세기'라고 한다. 큰 소리는 물체가 크게 떨릴 때 작은 소리는 물체가 작게 떨릴 때 난다.
	소리의 높고 낮은 정도를 '소리의 높낮이'라고 한다. 물체가 빠르게 떨리면 높은 소리가 나고, 물체가 느리게 떨리면 낮은 소리가 난다.
	소리는 기체, 액체, 고체 상태의 물질을 통해 귀로 전달된다.

4학년

자석의 극

자석에서 철로 된 물체를 당기는 힘이 가장 큰 부분으로, N극과 S극이 있다.	두 자석을 같은 극끼리 가까이 하면 '서로 밀어내는 힘(척력)'이 작용한다.
	두 자석의 다른 극끼리 가까이 대면 '서로 끌어당기는 힘(인력)'이 작용한다.
	자석 주변에 나침반을 놓으면 나침반 바늘의 N극은 자석의 S극을, 나침반 바늘의 S극은 자석의 N극을 가리킨다.

물의 상태변화

물은 고체 상태의 얼음, 액체 상태의 물, 기체 상태의 수증기로 물질 자체는 변하지 않지만 서로 다른 상태로 변할 수 있다.	물이 얼어 얼음이 될 때 부피는 늘어나지만 무게는 변하지 않는다.
	얼음이 녹아 물이 될 때 부피는 줄어들지만 무게는 변하지 않는다.

증발

물이 수증기로 변하는 상태변화.	증발은 물 표면에서 액체인 물이 기체인 수증기로 상태가 변하는 것이다.
	젖은 머리의 물이 수증기로 변해 공기 중으로 날아가는 것은 증발의 예이다.
	염전에서는 물의 증발을 이용하여 소금을 얻는다.

끓음

물이 수증기로 변하는 상태변화.	끓음은 물을 가열했을 때 물 표면과 물속에서 액체인 물이 기체인 수증기로 변하는 것이다.
	물이 끓을 때 보글보글 소리가 나는 이유는 물이 수증기로 상태가 변하며 만들어진 기포가 터지거나 합쳐지기 때문이다.
	물을 끓이면 처음보다 물의 높이가 낮아지는 이유는 액체인 물이 기체인 수증기로 변하여 공기 중으로 날아가기 때문이다.

기체인 수증기가 액체인 물로 변하는 상태변화.	맑은 날 이른 아침 차가워진 풀잎에 맺힌 이슬은 공기 중에 있던 수증기가 물로 응결하여 생긴 것이다.
	추운 겨울 따뜻한 실내로 들어오면 습한 공기나 입김이 온도가 낮은 안경 표면에 부딪히면서 수증기가 응결돼 물이 된다. 이렇게 김이 서리면 앞이 잘 보이지 않아 매우 불편하다.

땅의 변화

강 주변 지형은 흐르는 물에 의한 침식, 운반, 퇴적작용으로 지형이 서서히 변한다.	지표의 바위나 돌, 흙 등이 빗물이나 냇물, 바람 등에 의해 깎여나가는 현상을 '침식작용'이라 한다.
	흐르는 물이나 바람 등에 의해 돌, 모래, 흙 등을 다른 곳으로 옮기는 현상을 '운반작용'이라 한다.
	물이나 바람, 빙하 등에 의해 운반되어 간 알갱이들이 쌓이는 것을 '퇴적작용'이라고 한다.
	강의 상류에서는 흐르는 물에 의해 주로 침식작용이 활발하게 일어나고 강의 하류에서는 주로 퇴적작용이 활발하게 일어난다.

화산

마그마가 분출하여 만들어진 지형.	화산의 산꼭대기에 움푹 파인 곳을 '분화구'라고 한다. 한라산의 백록담은 분화구에 물이 고여 만들어진 호수다.
	화산 분출물에는 화산가스, 화산재, 용암, 화산 암석 조각 등이 있다.
	러시아 캄차카반도의 크라셰닌니코프 화산 폭발로 화산재가 6km 상공까지 분출되었다.

화성암

마그마나 용암이 식어서 굳어져 만들어진 암석.	화성암은 암석의 색깔, 암석을 이루는 알갱이의 크기로 분류할 수 있다.
	현무암은 화산 폭발 시 분출한 용암이 지표에서 빠르게 식으며 만들어졌기 때문에 알갱이의 크기가 작고 색이 어둡다.
	화강암은 지하 깊은 곳에서 마그마가 천천히 식으면서 만들어지는 화성암으로 알갱이의 크기가 크고 밝은색을 띤다.

지진

지층이 지구 내부에서 생기는 커다란 힘을 오랫동안 받아 끊어지면서 흔들리는 현상.	지진의 세기는 규모로 나타내며, 규모의 숫자가 클수록 지진의 세기가 세다.
	대한민국에서 관측 이래 최대 규모의 지진은 2016년 9월 12일 경상북도 경주시에서 발생한 규모 5.8의 지진이다.
	지진재난문자를 받거나 진동을 느꼈다면, 책이나 방석으로 머리를 감싸고 책상 밑으로 신속히 대피한 후 책상 다리를 꼭 잡는다.

균류

버섯, 곰팡이와 같이 실처럼 가늘고 긴 균사로 이루어진 생물.	균류는 균사로 이루어져 있고, 포자로 번식한다.
	균류는 다른 생물체에 기생하거나 사체, 배설물 등을 분해하여 살아가는 생물이다.
	균류나 세균은 김치나 요구르트와 같은 음식을 만드는 데 이용되지만 음식을 상하게 하거나 질병을 일으키기도 한다.

원생생물

아주 작아 눈에 보이지 않는 단세포 생물로 주로 물속에 산다.	해캄, 짚신벌레, 종벌레, 유글레나는 원생생물이다.
	원생생물은 다른 생물의 먹이가 되거나 산소를 만들기도 한다.

세균

현미경으로만 관찰 가능한 아주 작은 단세포 생물.	세균은 균류나 원생생물보다 크기가 작다.
	세균은 공 모양, 나선 모양, 막대 모양 등 단순한 생김새를 갖는다.
	세균은 살기에 알맞은 조건이 되면 많은 수로 빠르게 번식하는 특징이 있다.

달의 모양변화

달이 지구 주위를 공전하면서 태양빛을 반사하여 지구에서 보이는 모습이 주기적으로 변하는 현상. '위상변화'라고도 한다.	달은 약 30일을 주기로 초승달, 상현달, 보름달, 하현달, 그믐달 순으로 모양이 변한다.
	달 표면은 울퉁불퉁하고 크고 작은 충돌 구덩이가 많이 있다.
	달 표면에서 어두운 곳을 '달의 바다'라고 부른다.

태양계

태양과 태양의 영향을 받는 천체들과 그 공간.	태양계의 구성원으로는 태양, 행성, 위성 등이 있다.
	태양 주위를 공전하는 천체인 행성에는 수성, 금성, 지구, 화성, 목성, 토성, 천왕성, 해왕성이 있다.
	달은 지구의 위성이다.

생태계

어떤 장소에서 상호작용하는 생물들과 서로 영향을 주고받는 주변의 환경을 통틀어 말한다.	생태계의 생물요소는 생산자, 소비자, 분해자로 분류할 수 있다.
	'생산자'는 풀과 나무 등의 식물을 말하며, 햇빛, 물 등을 이용하여 스스로 양분을 만든다.
	'소비자'는 다른 생물을 먹어서 양분을 얻으며 살아간다.
	'분해자'는 죽은 생물을 분해하고 그 과정에서 양분을 얻으며 살아간다.

먹이그물

생태계에서 여러 개의 먹이사슬이 그물처럼 얽혀 있는 것.	메뚜기는 벼를 먹고 개구리는 메뚜기를 먹는 것처럼, 생물 사이의 먹고 먹히는 관계가 사슬처럼 연결된 것을 '먹이사슬'이라고 한다.
	메뚜기는 벼뿐만 아니라 다른 풀도 먹을 수 있고, 개구리는 메뚜기 외에 다른 곤충도 잡아먹을 수 있다. 이처럼 먹이그물은 한 생물이 여러 먹이를 먹거나, 여러 생물에게 먹힐 수 있는 관계를 포함한다.
	생태계를 이루는 생물의 종류가 많고, 먹이그물이 복잡할수록 생태계는 안정적으로 유지된다.

<table>
<tr><td colspan="2">기체의 성질</td></tr>
<tr>
<td rowspan="3">기체는 무게가 있고, 온도나 압력에 따라 부피가 변하는 성질을 갖고 있다.</td>
<td>공기를 뺀 고무 튜브는 공기를 넣은 고무 튜브보다 가볍다. 기체는 무게가 있다는 것을 알 수 있다.</td>
</tr>
<tr>
<td>찌그러진 탁구공을 끓는 물에 넣으면 탁구공이 부풀어 오르며 펴진다. 기체의 부피는 온도가 높아지면 늘어나고, 온도가 낮아지면 줄어드는 특징이 있다.</td>
</tr>
<tr>
<td>깊은 바닷속에서 잠수부가 숨을 내쉴 때 생긴 공기 방울은 물 표면으로 올라갈수록 주위의 압력이 낮아지기 때문에 더 크게 부풀어 오른다. 기체의 부피는 압력이 세지면 많이 작아지는 특징이 있다.</td>
</tr>
</table>

지층

자갈, 모래, 진흙 등으로 이루어진 암석들이 층을 이루고 있는 것.	지층의 위와 아래 있는 층 중에서 아래에 있는 층이 먼저 만들어진다.
	퇴적물이 쌓이며 입자의 크기와 색에 따라 다양한 두께의 줄무늬가 만들어진다. 이 줄무늬를 '층리'라고 부른다.
	지층은 수평으로 쌓이는 것이 일반적이지만 지각운동으로 휘어지거나 끊어질 수도 있다.

퇴적암

자갈, 모래, 진흙 등의 퇴적물이 쌓인 뒤 오랜 시간에 걸쳐 단단하게 굳어져 만들어진 암석.	퇴적물이 계속 쌓이면 아랫부분의 퇴적물이 위에 쌓인 퇴적물에 눌리면서 퇴적물 알갱이 사이가 좁아진다. 물에 녹아 있는 여러 가지 물질이 퇴적물 알갱이를 서로 붙게 해 퇴적암이 된다.
	퇴적암은 암석을 이루는 알갱이의 크기에 따라 주로 진흙으로 이루어진 '이암', 모래가 쌓여 만들어진 '사암', 자갈, 모래, 진흙이 함께 쌓여 만들어진 '역암'으로 분류할 수 있다.
	옛날에 살았던 생물의 몸체나 동물의 발자국 같은 흔적이 암석이나 지층 속에 남아 있는 것을 '화석'이라고 한다.

빛의 성질

빛은 직진, 반사, 굴절하는 성질이 있다.	빛은 같은 물질 속을 지날 때 도중에 장애물이 없으면 곧게 나아간다. 이처럼 빛이 곧게 나아가는 성질을 '빛의 직진'이라고 한다.
	빛이 곧게 나아가다 불투명한 물체를 만나 그 물체를 통과하지 못하고 튕겨져 나오는 현상을 '빛의 반사'라고 한다.
	빛은 공기 중에서 물로 비스듬히 나아갈 때 공기와 물의 경계에서 꺾인다. 이처럼 서로 다른 물질의 경계에서 빛이 꺾여나가는 현상을 '빛의 굴절'이라고 한다.

용해

소금이 물에 녹는 것처럼 어떤 물질이 다른 물질에 녹아 골고루 섞이는 현상.	소금물에서 소금처럼 녹는 물질을 '용질'이라고 하고, 물처럼 녹이는 물질을 '용매'라고 한다.
	소금이 물에 녹아 골고루 섞여 있는 소금물처럼 녹는 물질이 녹이는 물질에 골고루 섞여 있는 물질을 '용액'이라고 한다.
	소금 10g이 물 100g에 완전히 용해된 소금물의 무게는 110g이다. 용질이 물에 용해되기 전과 용해된 후의 전체 무게는 같다.
	같은 양의 용매에 용해된 용질이 많을수록 용액이 진하다.

우리 몸의 구조와 기능

뼈와 근육, 소화, 순환, 호흡, 배설 기관이 서로 유기적으로 관련되어 있다.	기관은 여러 종류의 조직이 모여서 특정한 형태와 기능을 나타내며 우리가 살아가는 데 필요한 일을 하는 몸속 부분을 말한다.
	음식물은 입, 식도, 위, 작은창자, 큰창자, 항문의 소화 기관 순서대로 소화되어 배출된다.
	호흡 기관은 숨을 들이마시고 내쉬는 호흡에 관여하는 기관으로 코, 기관지, 폐 등이 있다.
	순환 기관은 혈액의 이동에 관여하며 심장, 혈관 등이 있다.
	혈액에 있는 노폐물을 몸 밖으로 내보내는 과정을 '배설'이라고 하고, 콩팥, 방광 등은 배설에 관여하는 배설 기관이다.

감각 기관

눈, 귀, 코, 혀, 피부와 같이 자극을 받아들이는 기관.	감각 기관은 신체로 전달되는 자극을 받아들이고 자극 전달 신경을 통해 뇌로 전달한다.
	인체의 대표적 감각 기관으로는 시각을 담당하는 눈, 소리를 감지하는 귀, 후각을 전담하는 코, 미각을 책임지는 입 그리고 통각, 온각, 촉각을 주관하는 피부가 있다.
	뇌는 감각 기관이 받아들인 자극에 어떻게 반응할지 판단하여 명령을 내리고, 운동 기관은 뇌의 명령대로 반응한다.

두 가지 이상의 물질이 성질이 변하지 않은 채 섞여 있는 것.	바닷물, 우유, 역암은 여러 가지 물질이 섞여 있는 혼합물이다.
	소금과 모래가 섞여 있을 경우 물에 녹여 거름장치에 거르면 물에 녹는 소금은 물과 함께 거름종이를 빠져나가고, 거름종이 위에는 물에 녹지 않는 모래가 남는다. 거름종이를 빠져나간 물을 증발접시에 넣고 가열하면 물에 녹아 있던 소금을 분리할 수 있다.

날씨

덥거나 춥거나, 흐리거나 맑거나, 바람이 불고, 비가 오고, 눈이 오는 현상.	날씨가 만들어지는 요소에는 기온, 기압, 풍속, 풍향, 습도, 구름 등이 있다.
	공기 중에 포함된 수증기의 정도를 '습도'라고 한다.
	공기 중의 수증기가 응결하여 이슬, 안개, 구름이 만들어진다. 이슬은 물체 표면에 맺히고, 안개는 지표면 근처에 떠 있고, 구름은 높은 하늘에 떠 있다.

기압

공기의 무게로 생기는 누르는 힘.	상대적으로 무거운 공기를 '고기압', 가벼운 공기를 '저기압'이라고 한다.
	공기는 고기압에서 저기압으로 이동하고 이것을 우리는 '바람'이라고 부른다.
	낮 동안 바다에서 육지로 부는 바람을 '해풍', 밤 동안 육지에서 바다로 부는 바람을 '육풍'이라고 한다.

계절별 날씨

우리나라는 주변 공기 덩어리(기단)의 영향으로 계절별 날씨의 특징이 뚜렷하게 나타난다.	봄과 가을에는 온도가 높고 습도가 낮은 공기 덩어리의 영향으로 따뜻하고 건조하다.
	여름에는 온도와 습도가 모두 높은 공기 덩어리의 영향으로 덥고 습하다.
	겨울은 온도와 습도가 모두 낮은 공기 덩어리의 영향으로 춥고 건조하다.

온도와 열의 이동

물질의 차갑거나 따뜻한 정도를 온도로 나타낸다. 온도가 다른 두 물질이 접촉할 때 온도가 높은 물질에서 온도가 낮은 물질로 열이 이동하기 때문에 두 물질의 온도가 변한다.

뜨거운 국그릇에 넣어둔 숟가락이 뜨거워지는 것처럼 고체에서 물질을 따라 열이 이동하는 현상을 '전도'라고 한다.

액체, 기체에서 온도가 높아진 물질이 위로 올라가고, 위에 있던 물질이 아래로 밀려 내려오는 과정을 '대류'라고 한다.

두 물질 사이에서 열의 이동을 줄이는 것을 '단열'이라고 한다. 집을 지을 때 단열재를 사용하면 겨울과 여름에 적절한 실내 온도를 오랫동안 유지할 수 있어 에너지 효율을 높일 수 있다.

산성 용액

푸른색 리트머스 종이를 붉은색으로 변하게 하고, 페놀프탈레인 용액의 색깔을 변하지 않게 한다.	지시약은 용액의 성질에 따라 색깔이 변하기 때문에 여러 가지 용액을 산성과 염기성으로 분류하는 데 사용한다. 지시약으로는 BTB 용액, 페놀프탈레인 용액, 리트머스 시험지 등이 있다.
	식초, 레몬즙, 사이다, 묽은 염산은 산성 용액이다.
	산성 용액에 염기성 용액을 넣을수록 산성은 점점 약해지고 계속 넣으면 염기성으로 변한다.
	산성 용액인 묽은 염산에 대리석 조각을 넣으면 기포가 발생하며 대리석 조각이 녹는다. 따라서 석탑을 대리석으로 만들 경우 산성을 띤 빗물에 의해 훼손될 수 있기 때문에 보호 장치가 필요하다.

염기성 용액

붉은색 리트머스 종이를 푸른색으로 변하게 하고, 페놀프탈레인 용액을 붉게 변화시킨다.	유리 세정제, 비눗물, 석회수, 묽은 수산화 나트륨 용액은 염기성 용액이다.
	염기성 용액에 산성 용액을 넣을수록 염기성이 점점 약해지고 계속 넣으면 산성으로 변한다.

물체의 운동과 빠르기

시간이 지남에 따라 물체의 위치가 변할 때 물체가 운동한다고 한다. 물체의 운동은 물체가 이동하는 데 걸린 시간과 이동 거리를 측정하여 빠르기를 비교한다.	일정한 거리를 이동한 물체의 빠르기는 물체가 이동하는 데 걸린 시간으로 비교한다. 예를 들어 100m 달리기를 할 때 출발선에서 동시에 출발했다면 결승선에 먼저 도착한 사람이 가장 빠르다고 말한다.
	일정한 시간 동안 이동한 물체의 빠르기는 물체가 이동한 거리로 비교한다. 예를 들어 1시간 동안 100km를 이동한 자동차는 같은 시간동안 50km를 이동한 오토바이보다 더 빠르다고 말한다.
	속력은 1초, 1분, 1시간 등과 같은 단위 시간 동안 물체가 이동한 거리를 말하며 물체가 이동한 거리를 걸린 시간으로 나누어 구한다. $$\text{속력} = \frac{\text{이동 거리}}{\text{걸린 시간}}$$

| | 속력은 속력의 크기와 단위를 함께 쓴다. 속력의 단위로는 km/h(킬로미터 퍼 아워), m/s(미터 퍼 세컨드) 등을 사용한다. |

세포

생물의 몸을 이루는 가장 기본적인 단위.	세포 안에는 세포의 모든 활동을 조절하고 유전물질인 DNA가 들어 있는 핵이 있다.
	세포는 세포 내의 물질들을 보호하고 세포 간 물질 이동을 조절하는 세포막으로 둘러싸여 있다.
	식물 세포는 세포를 외부로부터 보호하고 세포의 모양을 유지하는 세포벽을 갖지만 동물 세포에는 없다.

식물의 뿌리

뿌리는 물을 흡수하고 식물을 지지하며 양분을 저장하는 일을 한다.	당근, 무, 고구마처럼 뿌리에 양분을 저장하는 식물이 있다.
	솜털처럼 생긴 가는 뿌리털은 물과 무기양분을 잘 흡수하도록 한다.

식물의 줄기

줄기는 물이 이동하는 통로 역할과 식물을 지지하는 역할을 한다.	봉숭아 줄기를 붉은 색소물에 넣어둔 후 가로와 세로로 자른 단면에서 붉게 보이는 부분이 물이 이동하는 통로이다.
	마늘, 토란, 감자는 줄기에 양분을 저장한다.

식물의 잎

잎은 광합성으로 양분을 만들고 기공을 통해 물을 내보내는 일을 한다.	식물이 빛과 이산화 탄소, 뿌리에서 흡수한 물을 이용하여 스스로 양분을 만드는 것을 '광합성'이라고 한다.
	잎에서 만든 양분은 줄기를 거쳐 뿌리, 줄기, 열매 등 필요한 부분으로 운반되어 사용되거나 저장된다.
	주로 식물의 잎 뒤에 기공이 있으며, 잎에 도달한 물이 기공을 통해 식물 밖으로 빠져나가는 것을 '증산작용'이라고 한다.
	증산작용은 뿌리에서 흡수한 물이 줄기를 거쳐 잎까지 이동하도록 돕고 식물의 온도를 조절하는 역할을 한다.

식물의 꽃

꽃은 꽃가루받이를 거쳐 씨를 만든다.	꽃은 암술, 수술, 꽃잎, 꽃받침으로 이루어져 있으며 이중 일부가 없는 꽃도 있다.
	수술에서 만든 꽃가루가 암술머리로 옮겨지는 것을 '꽃가루받이(수분)'라고 한다.
	새, 곤충, 바람, 물 등의 도움으로 꽃가루받이가 이루어진다.

지구의 자전

지구가 자전축을 중심으로 하루에 한 바퀴씩 서쪽에서 동쪽으로 회전하는 것.	지구의 자전으로 태양 빛을 받는 쪽은 낮이 되고, 태양 빛을 받지 못하는 쪽은 밤이 된다. 낮과 밤이 하루에 한 번씩 번갈아 나타난다.
	지구의 자전으로 태양, 달, 별들이 동쪽 하늘에서 남쪽 하늘을 지나 서쪽 하늘로 움직이는 것처럼 보인다.

지구의 공전

지구가 태양을 중심으로 1년에 한 바퀴씩 서쪽에서 동쪽으로 회전하는 것.	지구는 자전과 공전을 동시에 한다.
	지구가 공전하기 때문에 계절에 따라 볼 수 있는 별자리가 다르다.
	여름철에 겨울철 별자리가 보이지 않는 까닭은 겨울철 별자리가 태양과 같은 방향에 있어 태양 빛으로 인해 볼 수 없기 때문이다.

태양 고도

태양이 지표면과 이루는 각.	하루 중 태양이 정남쪽에 위치하면 태양이 '남중했다'고 한다. 태양이 남중했을 때의 고도를 태양의 '남중 고도'라고 한다.
	태양이 남중했을 때 태양 고도는 하루 중 가장 높고, 그림자는 정북쪽을 향하고 그림자 길이는 하루 중 가장 짧다.

계절 변화

계절에 따라 기온, 낮의 길이, 남중 고도가 달라진다.	태양의 남중 고도가 높으면 낮의 길이가 길어지고, 태양의 남중 고도가 낮으면 낮의 길이가 짧아진다.
	태양의 남중 고도가 높아지면 일정한 면적에 도달하는 태양 에너지 양이 많아지고, 지표면이 더 많이 데워져 기온이 높아진다.
	지구의 자전축이 기울어진 채 태양 주위를 공전하기 때문에 계절 변화가 생긴다.

연소

탈 물질이 공기 중의 산소와 빠르게 반응하여 빛과 열을 내는 현상.	연소가 일어나기 위해서는 탈 물질과 산소가 있어야 하고, 발화점 이상의 온도가 되어야 한다.
	물질이 연소하면 연소 전의 물질과는 다른 새로운 물질이 만들어진다. 초가 연소한 후 푸른색 염화코발트 종이가 붉게 변하는 것을 통해 물이 생기며, 석회수가 뿌옇게 흐려지는 것을 통해 이산화 탄소가 생기는 것을 알 수 있다.
	연소의 조건 중에서 한 가지 이상의 조건을 없애 불을 끄는 것을 '소화'라고 한다.

전기 회로

전지, 전선, 전구 등 전기 부품을 서로 연결해 전기가 흐르도록 한 것.	전기 회로에 흐르는 전기를 '전류'라고 한다.
	전류가 잘 흐르는 물질을 '도체'라고 하며, 전류가 잘 흐르지 않는 물질을 '부도체'라고 한다.

전지의 연결

전지의 연결 방법에 따라 전구의 밝기가 달라진다.	전기 회로에서 전지 2개 이상을 서로 다른 극끼리 연결하는 방법을 전지의 '직렬연결'이라고 한다.
	전기 회로에서 전지 2개 이상을 서로 같은 극끼리 연결하는 방법을 전지의 '병렬연결'이라고 한다.
	전지 1개를 직렬연결한 전기 회로의 전구보다 전지 2개를 직렬연결한 전기 회로의 전구가 더 밝다.

전자석	
전류가 흐르는 전선 주위에 자석의 성질이 나타나는 것을 이용해 만든 자석.	막대자석 같은 영구 자석은 전류가 흐르지 않아도 자석의 성질이 나타나지만 전자석은 전류가 흐를 때만 자석이 된다.
	영구 자석은 자석의 극이 일정하지만 전자석은 전류가 흐르는 방향이 바뀌면 극이 바뀐다.
	전자석은 선풍기, 스피커, 자기 부상 열차, 전자석 기중기 등에 사용한다.

과학 공부는
생각하고, 읽고, 써야 한다

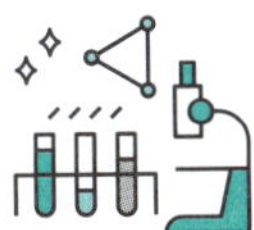

공부한 듯한 착각에서 벗어나 '진짜 공부'로

무엇을 안다는 것은 그 내용을 이해하는 수준을 넘어 다른 사람에게 설명할 수 있어야 합니다. 즉 내가 머릿속으로 안다는 느낌이 있고, 그것을 다른 사람에게 설명할 수 있어야 진짜 아는 것이지요. 머릿속으로 아는 것과 알고 있는 것을 설명하는 것. 둘 사이에는 분명한 차이가 있습니다.

더구나 앞으로의 교육은 단순 지식의 암기를 확인하는 시험 형식에서 벗어나 지식에 대한 심층적 이해와 탐구, 분석과 판단 등의 사고과정을 아이가 자신의 언어로 논리적으로 기술하는지에 대해 평가합니다. 그 방식의 일환이 바로 '논·서술형'이고요. 우리가 흔히 시험이라고 부르는 지필평가와 수행평가에서도 논·서술형 문항 출제가 늘고 있으며 앞으로 그 비율은 더 늘어날 겁니다.

여기서 논·서술형의 차이를 짧게 언급하자면 서술형은 이른바 '제한된 논술형'입니다. 지식, 개념, 원리, 의견 등을 한두 문장 내외로 작성하는 것이지요. 논술형은 '확장된 논술형'입니다. 말 그대로 자신의 주장과 근거를 완결된 문단 또는 한 편의 글 수준으로 작성하는 것입니다.

> ☀ **서술형 문항 예시(초등 4학년)**
> 달의 모습과 지구의 모습에서 비슷한 점과 다른 점을 1가지씩 쓰세요.
>
> 🧪 **논술형 문항 예시(초등 6학년)**
> 일상생활에서 산성 용액과 염기성 용액을 이용하는 예를 2가지씩 찾고, 어떤 성질 때문에 사용되는지 과학적 원리를 구체적으로 설명하세요.

논·서술형 평가를 위해서는 분석적 이해력, 비판력, 창의적 문제해결력이 필요합니다. 그런데 이런 능력을 내신과 진학으로 바쁜 중, 고등학교에 갑자기 기르려고 하면 힘들 수밖에 없겠지요. 보다 시간적 여유가 많은 초등 시기부터 '생각하고 읽고 쓰는' 공부를 통해 '나의 지식을 제대로 설명하는' 훈련을 해야 합니다.

생각하는 공부

• • • • • •

과학 공부에시 단순히 교과서를 읽는 것만으로는 충분하지 않습니다. 읽은 내용을 스스로 곱씹고, 질문을 만들고, 연결 지어 생각하는 과정이 있어야 비로소 '내 것'이 됩니다. 중학교에서 많은 아이들이 교과서를 쇼츠 보듯이 휘리릭 훑거나 혹은 교과서를 건너뛰고 문제 풀이로 넘어갑니다. 이렇게 읽은 교과서는 실제로는 그 내용이 머릿속에 오래 남지 않고, 설명할 수 없는 경우가 많습니다. 이는 결국 지필평가와 수행평가의 논·서술형 평가 문항에서 정확한 키워드를 포함해서 인출이 되지 않아 아이들의 발목을 잡게 됩니다.

생각하는 공부는 단순한 습관이 아니라 과학적 사고력을 키우는 훈련입니다. 학교에서 새로운 대단원의 수업을 시작할 때마다 제가 항상 아이들과 먼저 하는 활동이 있습니다. 큰 소리로 교과서의 대단원, 중단원 제목과 학습 목표를 함께 읽는 것이지요. 앞으로 나아가기 위해서는 앞만 보고 무작정 달려나가는 것보다 어디를 향해 나아가는지 항상 방향을 보고 가야 합니다. 따라서 단원의 제목과 학습 목표를 통해 아이가 새롭게 무엇을 배우고 익혀야 하는지를 직관적으로 알게 하며 방향을 제시해주는 것이지요.

교과서의 대단원이나 중단원 제목, 학습 목표를 읽고 "무엇을 배우게 될까?" "이 단원에서 나는 어떤 점이 궁금하지?" 같은 질문을 던지는 것만으로도, 아이는 이미 수업에 능동적으로 참여할 준비를 하게 됩니다. 배우기 전 호기심을 불러일으키는 질문 만들기는, 학습을 수동적으로 받아들이는 태도에서 벗어나 과학적 탐구 역량을 기르는 데 도움이 됩니다.

본문을 읽는 중에는 중요한 개념어를 표시하고, "왜 그렇지? A와 B는 무엇이 다를까?"라는 질문을 스스로 던지는 활동이 필요합니다. 예를 들어, 교과서에서 증발과 끓음을 읽을 때 단순히 정의를 외우는 것보다 "둘 다 물이 기체로 변한다는 점은 같네(공통점 비교). 그런데 뭐가 다를까(차이점 대조)?"라고 질문해보면 아이는 자연스럽게 둘 사이의 공통점과 차이점을 생각하게 됩니다. 이후 증발과 끓음의 공통점과 차이점을 표로 정리하는 과정을 통해 아이들은 단순히 문장을 이해하는 것을 넘어 개념의 구조와 연결을 파악하게 됩니다.

단원을 읽은 후에는 배운 내용을 자신의 언어로 설명하는 훈련이 효과적입니다. 학습 목표에 제시된 질문에 짧게 답해보거나, 오늘 배운 개념을 일상과 연결해보는 글쓰기를 하는 것도 좋습니다. 오늘 배운 걸 친구(또는 부모)에게 말하듯이 설명해보게 하거나, 교과서의 확인 문제에 짧게 답을 써보게 하세요. 이 과정을 통해 아이는 배운 내용을 자기 언어로 표현하고, 모르는 부분이 무엇인지 스스로 점검할 수 있습니다. 이렇게 배운 것을 스스로 정리하고 설명하는 과정은 메타인지를 높여주며, 나중에 논·서술형 평가에서도 강력한 힘을 발휘합니다.

과학 교과서를 통한 공부는 생각하기-읽기-쓰기의 흐름으로 완성됩니다. 그중 '생각하기'는 읽은 내용을 단단히 붙잡아주고, 스스로 탐구하는 힘을 길러주는 핵심 고리입니다. 초등 시기부터 이런 습관을 가진 아이는 단순 암기에 그치지 않고 질문을 만들고, 개념을 연결하고, 자신의 언어로 설명하는 과학적 사고력을 차근차근 기르게 될 것입니다.

| '생각하는 공부'는 이렇게 합니다.

1. 교과서를 읽기 전

- 대단원 제목, 학습 목표를 읽고 "이번 단원에서는 무엇을 배우게 될까?" 물어보기
- 아이가 스스로 궁금한 점 2~3개 적어보기
- "전에 배운 것과 어떤 관련이 있을까?" 연결하기

2. 교과서를 읽을 때

- 과학 개념어(볼드체)나 중요한 단어를 표시하며 읽기
- "왜 그럴까?" 질문 던지기
- 비교, 대조되는 개념은 표나 그림으로 정리하기

3. 교과서를 읽은 후

- "친구에게 설명한다면 어떻게 말할까?" 스스로 설명하기

- 학습 목표를 읽고 만든 질문에 답하기

- 생활 속 사례와 연결해 짧은 글쓰기(독서 후 활동, 과학 일기, 퀴즈 만들기, 뉴스 기사와 연결하기 등)

아이가 생각하는 공부를 할 때 부모가 옆에서 일일이 정답을 알려줄 필요는 없습니다. 중요한 건 아이가 '스스로' 질문을 던지고, '자기 말로' 정리하는 과정입니다. 이 과정을 통해 과학적 사고력이 자랍니다.

읽는 공부

● ● ● ● ● ●

과학 공부의 핵심은 언제나 '과학 교과서'입니다. 그런데 안타깝게도 많은 부모와 아이가 과학 교과서의 중요성을 모른 채 양적 공부에 매달립니다. 그중 대표적인 것이 문제를 많이 풀다 보면 개념을 익히게 된다는 '양치기' 공부입니다. 이는 학년이 올라갈수록 배우는 내용과 시험 범위가 많아지는 교육과정에서는 비효율적인 공부 방법입니다.

불안감에 이것저것 가짓수를 늘리는 공부 또한 마찬가지입니다. 한 가지 예로, 유튜브 교육 채널, 각종 매체에서 '국어 비문학이 어렵다' '그중 과학 지문은 듣도 보도 못한 지문이 나온다'라고 할 때마다 마음이 혼란스럽고 불안해질 겁니다. 범위가 특정되지 않은 비문학 공부를 어디서부터 어디까지, 얼마나 해야 할지 막막할 테고요. 그러다 보니 무엇이 나올지도 모르는 비문학 문제에 대비해 방대한 독서, 문제 풀이로 빠지는 경우가 많습니다.

그러나 과학 교과서를 읽는 것이 비문학 공부를 쉽고 빠르게 하는 방법이란 걸 아시나요? 과학 교과서의 글은 주로 정의와 예시, 비교와 대조, 분류, 원인과 결과 등의 형태로 서술되어 있습니다. 그렇기 때문에 소설이나 시와 같은 문학 작품을 볼 때와는 다른 읽기와 공부 전략이 필요하지요. 따라서 과학 교과서를 읽는 것만으로도 아이는 국어 비문학 독해력을 자연스럽게 기를 수 있습니다. 즉, 과학 교과서를 꼼꼼히 읽는 습관 하나가 과학 성적뿐 아니라 국어 비문학 독해력까지 동시에 키우게 됩니다. 초등 시기부터 아이가 과학 교과서를 제대로 읽으며 비문학 독해력을 쌓을 수 있게 도와주세요.

▎정의와 예시

> 균류는 실처럼 가늘고 긴 균사로 이루어진 생물이며 포자로 번식한다. 균류는 따뜻하고 습한 곳에서 잘
> 정의
> 자라며 균류의 예로는 버섯과 곰팡이가 있다.
> 예시

정의란 어떤 말이나 사물의 뜻을 풀이하는 방법입니다. 예시는 구체적인 예를 들어 쉽게 설명하는 방법이고요. 위 보기에처럼 정의와 예시는 짝을 이루어 과학 교과서에 자주 등장합니다. 정의 속에 등장한 한자어로 된 개념어에 익숙해지도록 아이가 교과서를 읽으며 정의와 예시를 스스로 정리하는 활동이 과학 공부에 도움이 됩니다.

▎비교와 대조

> 증발은 물 표면에서 액체인 물이 기체인 수증기로 변하는 현상이다.
> 끓음은 물을 가열했을 때 물 표면과 물속에서 액체인 물이 기체인 수증기로 변하는 현상이다.
> 차이점
> 증발과 끓음은 모두 액체인 물에서 기체인 수증기로 상태가 변한다. ─ 공통점

비교나 대조는 둘 이상의 사물이나 개념을 견주어 공통점, 차이점을 설명하는 방법입니다. 예시와 같이 초등 교과서에서는 증발과 끓음의 공통점과 차이점을 통해 개념을 이해할 수 있게 서술되어 있습니다.

교과서에서 비교와 대조로 설명된 내용을 접했을 때는 '나만의 표'를 그리며 정리하는 게 좋습니다. 교과서의 언어 정보와 내가 만든 표의 시각 정보를 동시에 사용하면 두 정보의 연결이 강화되고 장기 기억으로 전환되어 공부한 내용을 오랫동안 기억할 수 있기 때문입니다.

교과서를 읽고 표를 그리는 연습을 할 때는 초등 과학 교과서의 짝꿍인 실험관찰 책을 활용해주세요. 실험관찰 책에는 탐구 활동 과정과 내용을 토대로 한 표가 그려져 있습니다. 아이가 교과서를 읽고 그 표를 채울 수 있게 합니다.

구분	증발	끓음
공통점	물이 수증기로 변하는 현상	
차이점	물 표면에서 상태변화가 일어남. 물의 양이 매우 천천히 줄어듦.	물 표면과 물속에서도 상태변화가 일어남. 증발할 때보다 물의 양이 더 빨리 줄어듦.
예	어항 속 물이 줄어든다. 젖은 빨래가 마른다.	커피 포트의 물이 끓는다. 냄비의 물이 끓는다.

| 분류

> 자갈, 모래, 진흙 등의 퇴적물이 쌓인 뒤 오랜 시간에 걸쳐 단단하게 굳어져 만들어진 암석을 퇴적암이라고 한다. 퇴적암은 <u>암석을 이루는 알갱이의 크기에 따라</u> 이암, 사암, 역암으로 분류할 수 있다.
> 기준

대상의 공통점과 차이점을 바탕으로 무리 짓는 것을 분류라고 합니다. 그리고 분류에서 중요한 것은 '기준'입니다. 과학적인 분류가 되기 위해서는 분류 기준이 객관적이고 명확해야 하거든요. 누가 분류하더라도 같은 결과가 나와야 합니다.

앞의 예시에서 퇴적암을 이암, 사암, 역암으로 분류하는 기준은 '암석을 이루는 알갱이의 크기'입니다. 이와 같이 분류와 기준으로 서술된 내용을 접할 때는 아래와 같이 분류 기준과 그에 따른 특징을 함께 공부하면 효과적입니다. 이때 나만의 표식을 만들고 알갱이의 크기 비교를 부등호를 이용해 아래와 같이 정리한다면 더 기억하기 쉽습니다.

퇴적암의 분류

- 분류 기준: 알갱이의 크기

  이암: 진흙과 같이 작은 알갱이로 되어 있다.

  사암: 주로 모래로 되어 있다.

  역암: 주로 자갈과 모래로 되어 있다.

- 알갱이의 크기: 이암 < 사암 < 역암

| 원인과 결과

지구는 자전축을 중심으로 하루에 한 바퀴씩 서쪽에서 동쪽으로 자전하고, 태양을 중심으로 일 년에 한 바퀴씩 서쪽에서 동쪽으로 공전한다.

- 지구가 자전하기 때문에 하루 동안 태양과 달, 별들의 위치가 동쪽 하늘에서 남쪽 하늘을 지나 서쪽 하늘로 움직이는 것처럼 보인다.
- 지구가 자전하기 때문에 태양 빛을 받는 쪽은 낮이 되고, 태양 빛을 받지 못하는 쪽은 밤이 된다.
- 지구가 공전하기 때문에 계절에 따라 지구의 위치가 달라진다. 지구의 위치에 따라 밤에 보이는 별자리가 계절에 따라 달라지게 된다.

시험을 앞두고 무턱대고 암기하고 문제 풀이 위주로 공부해본 경험이 있을 겁니다. 분명 공부하고 읽어는 봤으나 정확하게 기억이 나지 않고 머릿속에서 맴돌아 정확한 답을 고르기 힘들어 포기했던 적도 있을 거예요. 앞의 예시처럼 원인과 결과로 서술된 부분은 "왜 그럴까?" 묻고 답하는 방식으로 공부하길 권합니다. 생각의 흐름을 따라가며 묻고 답하기를 하면 억지로 외우려 하지 않아도 자연스럽게 개념과 개념을 연결할 수 있습니다.

묻고	하루 동안 태양과 별의 위치가 동쪽에서 서쪽 하늘로 움직이는 것처럼 보이네. 왜 그럴까?
답하기	하루 동안 지구가 서쪽에서 동쪽으로 반시계 방향으로 자전을 하니까 천체들은 자전과 반대 방향인 동쪽에서 서쪽으로 움직이는 것처럼 보이는구나.

쓰는 공부

● ● ● ● ● ●

아이들은 읽고 생각한 내용을 그대로 두면 금세 잊어버립니다. 머릿속에서 이해한 것 같아도, 막상 말로 설명하거나 글로 옮기려 하면 잘 나오지 않는 경험을 부모도 해봤을 겁니다. 그래서 과학 공부는 반드시 '쓰기'로 완성해야 합니다.

글로 쓰는 과정은 단순히 결과물을 남기는 것이 아니라, 내가 제대로 이해했는지 확인하는 점검의 과정입니다. 쓰는 공부를 통해 아이는 배운 개념을 자기 언어로 정리할 수 있습니다. '정의와 예시, 비교와 대조, 분류, 원인과 결과'로 구성된 교과서 문장을 따라 다시 써보거나 책에서 얻은 지식을 일기나 감상문으로 옮기면, 흩어져 있던 지식이 머릿속에서 하나의 구조로 묶입니다.

또한 글쓰기를 통해 부족한 부분이 드러나고, 더 깊이 이해해야 할 지점도 자연스럽게 확인됩니다. 읽은 것을 곱씹어 생각하고, 그것을 자기 말로 표현하며 자신의 지식으로 완전히 소화하게 됩니다. 꾸준히 쓰는 습관을 들인 아이는 자기 생각을 논리적으로 정리하는 능력이 길러졌으니 논·서술형 평가에서 당연히 좋은 점수를 받을 수밖에 없습니다. 중학교 이후 확 달라지는 평가 방식에 흔들리지 않습니다.

과학 공부의 마지막 고리는 쓰기입니다. 읽은 것을 곱씹어 생각하고, 그것을 자기 말로 표현하는 순간, 아이는 지식을 단순히 외운 것이 아니라 자신의 것으로 소화하게 됩니다. 쓰는 공부는 단순한 활동이 아닙니다. 과학적 사고력과 학업 성취를 동시에 키우는 가장 확실한 방법입니다.

| 교과 연계 독서 후 글쓰기

쓰는 공부는 읽고 생각한 것을 자기 언어로 정리하며 지식을 완성하는 과정입니다. 방법은 다양하지만 중요한 것은 아이 수준에 맞게, 아이가 즐겁게 표현하는 경험을 꾸준히 갖는 것입니다.

가장 손쉽게 시작할 수 있는 방법은 독서 후 글쓰기입니다. 과학 교과 연계 도서를 읽은 뒤 책에서 얻은 정보와 교과서 개념을 연결해 간단히 글로 써보게 하는 것이지요. 요약이나 감상도 좋지만, '읽으면서 새롭게 알게 된 점' '떠오른 궁금증'을 적는 것만으로도 훌륭한 과학 글쓰기가 됩니다. 독서 후 글쓰기를 할 때 부모는 내용이나 맞춤법의 맞고 틀림을 따지는 대신 아이의 생각을 존중하며 들어주기만 하면 됩니다.

책 속 인물이나 사건에 더해 과학 개념을 녹여낸 독후감상문을 쓰는 것도 효과적입니다. 예를 들어 자석의 성질에 대한 책을 읽고, 교과서에서 배운 '자석의 성질과 극'을 한 줄 덧붙여 정리하면, 단순한 감상을 넘어 과학적 사고로 확장됩니다. 아이가 글을 쓸 때 "여기에 네가 배운 개념을 살짝 곁들여볼래?"라고 힌트를 주세요. 부모의 역할은 가볍게 도와주는 것만으로도 충분합니다.

[예시]

교과 연계	4학년 <자석의 이용>
도서	자석 삼킨 강아지

어제 오후 자석을 삼킨 아기 강아지가 누나와 함께 아이스크림을 먹고 있었다. 은행강도가 은행에 들이닥쳐 돈을 빼앗아 달아났다. 자석 삼킨 강아지가 아이스크림을 먹다가 돈이 든 가방에 철컥 붙었다. 강아지 뒤로 쇼핑 카트 여러 대가 달라붙었고, 철로 된 물건들이 우르르 붙었다. 도망가던 은행강도의 속도가 느려졌고 때마침 경찰이 달려와 강도를 제압했다. 경찰은 자석 삼킨 강아지에게 상과 선물을 주었다.

이처럼 자석은 철로 된 모든 것을 끌어당기는 성질을 갖고 있다. 자석의 양쪽 끝은 자석에서 철로 된 물체를 당기는 힘이 가장 큰 부분으로 '자석의 극'이라고 한다. 자석의 극은 항상 2개이고, N극과 S극이라고 한다. 같은 극끼리 가까이 하면 서로 밀어내는 힘이 작용하고, 다른 극끼리 가까이 하면 서로 끌어당기는 힘이 작용한다.

교과 연계 도서는 아래 표를 참고해주세요. 단순히 주제만 같은 책이 아니라 과학에 대한 아이의 흥미를 키우면서 선수 학습과 후속 학습에 도움이 되는 교과 연계 도서를 읽는 게 좋습니다. 초등 자녀를 둔 부모로서, 십수 년간 아이들을 가르쳐온 교사로서 함께 읽고 좋았던 책들을 정리해 소개합니다.

[교과 연계 추천 도서]

제목	저자	출판사
나는 3학년 2반 7번 애벌레	김원아	창비
생쥐들의 뉴턴 사수 작전	박병철	한솔수북
엘리베이터를 타고 우주로 나가 볼까?	정윤선	자음과모음
우주로 가는 계단	전수경	창비
밀당의 고수 자석맨, 자석이 뭐야?	김재혁	크레용하우스
사람 살려, 감염병 꼼짝 마!	지태선	다른매듭
어린왕자가 사랑한 지구의 달	정관영	상상의집

꼬물꼬물 세균대왕 미생물이 지구를 지켜요	김성화 외	풀빛
우리 학교에 이상한 곰팡이가 생겼어요!	정윤선	개암나무
꿀벌이 멸종할까 봐	김영호	위즈덤하우스
별똥별 아줌마가 들려주는 몸 이야기	이지유	창비
날씨를 바꾸는 요술쟁이 바람	허창회	풀빛
내 이름은 태풍	이지유	웅진주니어
빛공해, 생태계 친구들이 위험해요!	강경아	와이즈만북스
슝 달리는 전자 흐르는 전기	곽영직	웅진주니어
어린 과학자를 위한 피 이야기	김영주	봄나무
바이러스 빌리	하이디 트르팍	위즈덤하우스
탄소는 억울해	정관영 외	상상의집
대왕고래의 마지막 노래	린 브루넬	봄의정원
땅속을 뚫고 들어간 돼지	백명식	내인생의책

| 교과 연계 독서 후 퀴즈 만들기

교과서 단원이나 책 내용을 바탕으로 스스로 퀴즈 문제를 만들어보는 활동도 아이들이 즐겁고 쉽게 할 수 있습니다.

문제를 만든다는 것은 곧 개념을 정확히 이해하고 표현할 수 있다는 뜻입니다. 또한 퀴즈를 하는 과정은 '복습'이나 마찬가지입니다. '놀듯이 공부하는 것'이야말로 많은 부모가 원하는 바람이잖아요. 아이는 퀴즈 문제를 만들고 그에 대한 정답을 정리하면서 머릿속으로 한 번 더 개념을 익히게 됩니다. 다른 사람이 정답을 맞히려는 과정을 보면서 머릿속 개념은 점점 다듬어지고요. 어려운 문제를 내기 위해 개념을 찾다 보면 저절로 확장 학습이 이루어집니다.

부모가 먼저 "네가 만든 문제로 가족 퀴즈 대결을 해보자"라고 말해보세요. 아이는 '내가 만든 문제로 지식을 나눈다'는 점에서 성취감을 느끼고, 퀴즈 대결을 진행하며 발표에 대한 자신감도 키울 수 있습니다.

우리 주변의 생물들은 서로 먹고 먹히는 관계에 있습니다.
우리는 이것을 무엇이라고 부를까요?

먹이사슬! 

먹이그물! 

맞습니다. 그럼 여기서 진짜 문제를 낼 게요.
먹이사슬과 먹이그물 중 생태계에서 여러 생물이
함께 살아가기에 유리한 먹이 관계는 무엇일까요?
이유와 함께 말해주세요.

먹이그물 같은데 이유는 잘 모르겠어요. 힌트 주세요. 

 네. 먹이그물이 맞습니다. 어떤 한 생물이 사라졌을 때
생태계가 어떻게 될지 생각해보세요.

아! 먹이그물이 복잡할수록 어떤 생물이 사라져도
또 다른 먹이를 먹고 살아갈 수 있는데 먹이 사슬에서는
한 생물이 사라지면 그 생물을 먹고 사는 다른 생물이
살아갈 수 없기 때문입니다.

정답~!

과학 뉴스나 기사를 활용한 글쓰기

아이들이 학교에서 배우는 학습 주제 중 국가·사회적으로 요구되고 여러 교과의 경계를 가로지르는 종합적이고 통합적인 학습 주제를 '범교과'라고 합니다. 범교과 학습 주제 중에서 '환경·지속가능발전 교육'은 교과서와 뉴스에 자주 등장합니다. 그만큼 일상생활 속에서 자주 접하며 친숙한 주제입니다.

이런 범교과 학습 주제를 배울 때는 수업 시간에 듣고 흘려버리지 말아주세요. 뉴스나 신문을 활용해 일상생활과 연결하는 글쓰기로 공부하기를 권합니다. 예를 들어, 지진, 태풍, 오로라같이 교과서에서 배운 과학 개념을 실제 뉴스에서 찾아보고 교과서 개념과 연결해 글로 정리하는 것이지요. 아이에게는 교과서 속 과학이 추상적 지식이 아니라 일상생활에서 자주 사용되며, 세상 곳곳에서 일어나고 있는 현상임을 깨닫는 경험이 됩니다.

뉴스와 신문 기사, 글쓰기라고 하니 다소 어렵게 느껴질 수 있지만 생각보다 쉽습니다. 부모의 도움으로 가정에서도 충분히 할 수 있습니다. 아이가 4학년 <땅의 변화> <기후변화와 우리 생활>, 5학년 <날씨와 우리 생활> 단원을 배울 때는 '기상청 날씨누리(weather.go.kr)' 사이트를 활용해보세요. 날씨, 태풍, 기후, 기후변화, 지진, 화산, 황사 등 다양한 기상현상에 대한 데이터와 읽기 자료가 있습니다.

어느 날 지진에 관한 내용을 뉴스로 접하거나 수업으로 배운다면 기상청의 '온라인 지진 과학관(kma.go.kr/eqk_pub)'도 활용하면 좋습니다. 특히 '1분 지진과학교실'에서는 짧은 영상으로 지진의 원리, 규모와 진도 등 초등학교는 물론 중학교 과학 시간에 배우는 내용을 쉽게 접할 수 있습니다.

1. 뉴스나 신문에서 과학 기사를 발견하면,

올공일보

10일 미국 국립해양대기청(NOAA)에 따르면 극한 수준의 G5단계 지자기 폭풍이 지구에 도달했다. 지자기 폭풍이란 지구 자기장에 발생하는 혼란을 뜻한다. 태양 흑점이 폭발하면 코로나 대량 방출(CME)이 일어나는데, CME가 지구를 향할 경우 지자기 폭풍을 일으킨다. 이번 지자기 폭풍의 원인은 지난 8일부터 태양의 대형 흑점에서 일어난 수차례 강력한 폭발로 알려졌다.

이번 태양 폭풍으로 세계 곳곳에서 오로라 목격담도 늘고 있다. 오로라는 태양풍의 일부가 지구 자기장 안으로 들어와 대기와 충돌하며 빛을 내는 현상이다. 주로 북극권 등 고위도 지역 상공에서 나타나는 것이 일반적인데, 강력한 태양 폭발로 상대적으로 낮은 위도인 강원도 화천에서도 오로라가 관측됐다.

태양 활동이 활발하면 태양풍이 강해지면서 극지방에서는 오로라가 자주 발생한다. 자기 폭풍이 발생하여 장거리 무선 통신이 끊어지거나, 위성 위치 확인 시스템(GPS)의 통신 오류 발생으로 내비게이션, 라디오, 위성 등의 작동에 오류가 생기기도 한다. 그리고 송전 시설이 고장나 대규모 정전이 발생할 수도 있다.

2. 무조건 "써봐"라고 강요하기보다 "이 뉴스가 교과서에서 배운 내용과 어떤 관련이 있을까?" 질문을 던져 아이 스스로 연결할 기회를 주세요. 처음에는 부모가 그 연결고리를 아이에게 만들어줘도 좋습니다.

오로라는 주로 북극의 고위도 지역에서 관찰할 수 있는 자연현상이야. 우리나라에서도 오로라를 관측할 수 있게 된 이유가 무엇일까?

강력한 태양풍으로 인해 지구에서 어떤 일이 벌어지는지 세 가지를 말해볼까?

| 나만의 관찰 기록, 과학 일기 쓰기

가족 여행을 갈 때 여행 코스에 항상 넣는 장소가 있으신가요? 저는 아이들과 새로운 지역에 갈 때면 박물관과 과학관을 빼놓지 않고 방문합니다. 거기에 더해, 그 지역에서만 볼 수 있는 국가지질공원이 있다면 들르곤 합니다. 그리고 여행을 다녀와 일기를 쓸 때 그 경험을 활용하지요.

박물관이나 과학관, 가족 여행지에서 본 자연현상을 교과 개념과 연결해 기록하는 과학 일기는 일상과 여행 속에서 과학을 친숙하게 느낄 수 있어서 아이들이 즐겁게 글쓰기를 할 수 있습니다. 이런 글은 아이들에게 과학을 생활 속에서 자연스럽게 만나게 하고, 시간이 지나 다시 읽을 때는 연구자의 관찰 기록처럼 의미 있게 다가옵니다. 부모는 일기 쓰기를 숙제처럼 강요하기보다는 사진, 티켓 등을 함께 붙여주며 여행의 추억과 연결되도록 도와주세요. 학기 중 체험학습을 신청하고 여행을 갈 경우 체험학습 보고서도 과학 일기로 작성하면 좀 더 풍부한 내용을 담을 수 있습니다.

참고로 일기 마지막에 그 경험과 연관된 과학 개념을 찾아 정리하는 것도 좋습니다. 개념 정리로 배움의 깊이를 더하는 것이지요. 개념을 정리하는 동안 직접 보고 듣고 경험한 내용과 과학 개념이 연결되고, 이후 일기를 다시 볼 때 경험을 떠올리며 과학 개념를 연상할 수 있습니다.

육각기둥 돌의 비밀을 찾아서

지난봄 우리 가족은 경주로 가족여행을 다녀왔다. 책에서만 보던 첨성대, 다보탑, 석굴암을 직접 볼 수 있어서 눈이 즐거웠다. 문무대왕릉을 보기 위해 차를 타고 이동하는 길에 엄마가 퀴즈를 내셨다.

"용암이 식으면서 육각기둥으로 굳은 것을 무엇이라고 할까요?"

나는 형보다 빨리 정답을 맞히고 싶었지만 기억이 잘 나지 않았다.

"엄마! 힌트 주세요."

"겨울에 한탄강에서 본 육각기둥입니다."

그 순간 정답이 떠올랐다. 지난겨울 우리 가족은 한탄강 물윗길을 트레킹을 하며 육각기둥을 봤었다.

"정답은 주상 절리입니다."

"딩동댕~!"

"경주는 신라 역사 문화가 있는 곳인 줄 알았는데, 여기에서도 주상 절리를 볼 수 있어요?"

형이 궁금하다고 엄마한테 물어보는 순간 우리는 경주 국가지질공원에 도착했다. 엄마, 아빠, 형이랑 함께 걸으며 육각기둥을 보니 한탄강에서 봤던 모양과 달랐다. 한탄강에서 본 주상 절리는 똑바로 서 있는 모양이 많았는데 경주에서는 특이한 주상 절리들이 많이 보였다. 나는 그중에서 부채꼴 모양의 주상 절리가 가장 멋있어서 사진을 많이 찍어두었다.

"어떻게 부채꼴 모양의 주상 절리가 생겼지?"

과학 시간에 '땅의 변화'에 대해서 배울 때 침식, 퇴적, 운반작용을 배웠다. 바다에 있는 주상 절리들은 비와 바람, 바닷물로 인해 침식이 되고 있을 텐데 사라지지 않고 멋진 모습을 계속 보여주면 좋겠다.

과학 개념 정리하기

* 주상 절리: 주상 절리는 용암이 식으면서 기둥 모양으로 굳은 것이다. 기둥의 단면은 4각~6각형으로 다양한 모습을 보인다. 큰 현무암질 용암류가 급격히 냉각되면 큰 부피 변화와 함께 수축하게 된다. 이때 용암이 식으면서 최소한의 변의 길이와 최대의 넓이를 가지는 육각기둥의 모양으로 굳는 경향을 보인다.

아이의 과학 공부를 길게 보면, 초등 시기는 기초 체력을 만드는 시기와도 같습니다. 운동을 잘하기 위해 특정 종목만 연습하기보다 기본 근력과 체력을 길러야 하는 것처럼, 과학에서도 화려한 활동이나 문제 풀이보다 꾸준히 교과서에서 개념을 익히는 과정이 기초 체력에 해당하고 가장 중요한 단계입니다.

특히 초등 고학년이 되면 교과서 안의 과학 개념이 한 달만 지나도 희미해지기 쉽습니다. 그래서 한 달에 한 번은 반드시 교과서를 다시 펼쳐 보는 습관이 필요합니다. 단순 반복이 아니라, 배운 내용을 다시 확인하고 빠뜨린 개념어가 없는지 점검하는 작은 루틴이 아이의 공부를 흔들림 없이 나아가게 할 것입니다.

또한 교육과정의 변화로 인해 배우지 못하는 단원이 생길 수 있다는 점을 간과해서는 안 됩니다. 놓친 단원은 곧 다음 단계의 이해를 막는 걸림돌이 될 수 있습니다. 큰 산을 오르기 전에 신발 끈을 단단히 매야 하듯, 초등 시기부터 과학 개념어를 빠짐없이 익혀 두는 것이 중학교, 고등학교 공부의 안전장치가 됩니다.

이 모든 과정의 바탕에는 '생각하기-읽기-쓰기'가 있습니다. 스스로 질문을 던지며 시작하고(생각하기), 교과서를 꼼꼼히 읽으며 개념을 채우고(읽기), 마지막으로 자기 언어로 정리해 남기는 것(쓰기). 이 세 단계는 마치 톱니바퀴처럼 맞물려 돌아가며 아이의 과학 공부를 앞으로 나아가게 합니다.

아이의 과학 성적을 바꾸는 비밀은 특별한 기술이나 고급 자료가 아니라, '작은 습관을 얼마나 꾸준히 이어가느냐'에 달려 있습니다. 매일의 식사가 건강을 지켜주듯, 꾸준한 '교과서 복습'과 '생각하고 읽고 쓰는 공부'는 아이의 학습 체력을 튼튼하게 길러줍니다. 아이에게 과학이 두려운 교과가 아니라 세상을 이해하는 창이 되도록, 부모가 곁에서 따뜻한 관심으로 함께하길 바랍니다.

3학년

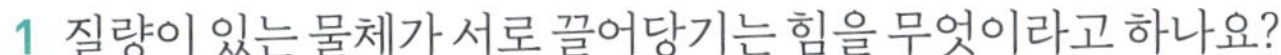

1 질량이 있는 물체가 서로 끌어당기는 힘을 무엇이라고 하나요?

2 무거운 물체와 가벼운 물체를 밀고 당길 때 드는 힘의 크기를 비교해서 설명하세요.

3 무게의 단위는 무엇인가요?

4 왜 저울을 이용해 물체의 무게를 측정할까요?

5 괄호 안에 알맞은 말을 써 넣으세요.

> 무게가 같은 물체의 수평을 맞추려면
> 두 물체가 받침점에서 (　　　　) 거리에 위치해야 한다.

6 괄호 안에 알맞은 말을 써넣으세요.

배추흰나비는 알 – (　　　　　) – (　　　　　) – 어른벌레의 한살이를 되풀이한다.

7 우리 주변에서 액체의 예를 2가지 쓰고, 액체의 특징 중 1가지를 설명하세요.

8 다음 문장을 읽고 알맞은 말에 동그라미 표시하세요.

바닷물이 (육지, 바다) 쪽으로 밀려들어
바닷물이 높아지는 것을 (밀물, 썰물)이라고 한다.

9 다음 문장을 읽고 알맞은 말에 동그라미 표시하세요.

물체가 (빠르게, 느리게) 떨리면 높은 소리가 나고,
물체가 (빠르게, 느리게) 떨리면 낮은 소리가 난다.

1 자석 주변에 나침반을 놓으면 나침반 바늘의 N극은 자석의 어떤 극을 가리키나요?

2 다음 문장을 읽고 알맞은 말에 동그라미 표시하세요.

> 물이 얼면 부피가 (늘어나고, 변하지 않고, 줄어들고),
>
> 무게는 (늘어납니다. 변함없습니다. 줄어듭니다.)

3 우리 생활 속에서 증발이 일어나는 예를 2가지 적으세요.

4 다음 문장을 읽고 맞으면 ○, 틀리면 ×에 동그라미 표시하세요.

> 기체인 수증기가 액체인 물로 상태가 변하는 현상을 끓음이라고 한다. (○ / ×)

5 다음 문장을 읽고 알맞은 말에 동그라미 표시하세요.

> 강의 상류에서는 흐르는 물에 의해 주로 (침식, 운반, 퇴적)작용이 활발하게 일어나고
>
> 강의 하류에서는 주로 (침식, 운반, 퇴적)작용이 활발하게 일어난다.

6 화성암을 분류하는 기준 2가지는 무엇인가요?

7 버섯과 곰팡이와 같은 균류는 무엇으로 이루어져 있나요?

8 괄호 안에 알맞은 말을 써넣으세요.

① 달은 약 30일을 주기로 초승달 – (   ) – (   ) – 하현달 – (   ) 순으로 모양이 변한다.

② 달은 지구의 (   )이다.

9 설명과 알맞은 것을 선으로 연결하세요.

다른 생물을 먹어서 양분을 얻으며 살아간다 •   • 생산자

풀과 나무 등의 식물로 햇빛, 물 등을 이용해
스스로 양분을 만든다 •   • 분해자

생물을 분해하고 그 과정에서 양분을 얻으며 살아간다 •   • 소비자

10 괄호 안에 알맞은 말을 써넣으세요.

> 생태계를 이루는 생물의 종류가 많고, (   )이 복잡할수록
> 생태계는 안정적으로 유지된다.

1 괄호 안에 알맞은 말을 써넣으세요.

> 자갈, 모래, 진흙 등의 (   )이 쌓인 뒤
> 오랜 시간에 걸쳐 단단하게 굳어져 만들어진 암석은 (   )이다.

2 퇴적암을 분류하는 기준은 무엇인가요?

3 괄호 안에 알맞은 말을 써넣으세요.

소금   +   물   ⇒   소금물

용질	( )	( )	( )

4 우리 몸을 이루는 기관은 서로 유기적으로 연결되어 있습니다. 우리 몸을 이루는 기관 5가지를 쓰세요.

5 이슬, 안개, 구름의 공통점과 차이점을 설명하세요.

6 다음 문장을 읽고 알맞은 말에 동그라미 표시하세요.

> 낮 동안 바다에서 육지로 부는 바람을 (해풍, 육풍)이라 하고,
> 밤 동안 육지에서 바다로 부는 바람을 (해풍, 육풍)이라고 한다.

7 계절별 날씨에 대한 설명입니다. 빈칸을 채우세요.

계절	온도	습도	날씨
봄, 가을	높다	낮다	따뜻하고 건조한 날씨
여름			
겨울			

8 다음 문장을 읽고 맞으면 ○, 틀리면 ×에 동그라미 표시하세요.

> 고체에서 온도가 높은 곳에서 온도가 낮은 곳으로
> 고체 물질을 따라 열이 이동하는 현상을 대류라고 한다. (○ / ×)

1 다음 문장을 읽고 알맞은 말에 동그라미 표시하세요.

> 산성 용액에 염기성 용액을 넣을수록 (산성, 염기성)은 점점 약해지고
> 계속 넣으면 (산성, 염기성)으로 변한다.

2 비행기를 타고 2시간 동안 600km를 비행했습니다. 비행기의 속력은 얼마인가요? (단위도 정확히 쓰세요.)

3 동물 세포와 식물 세포의 공통점과 차이점은 무엇인가요?

구분	동물 세포	식물 세포
공통점		
차이점		

4 괄호 안에 알맞은 말을 써넣으세요.

> 식물이 빛과 이산화 탄소, 뿌리에서 흡수한 물을 이용하여
> 스스로 양분을 만드는 것을 (   ) 이라 하고, 기공을 통해 잎에 도달한 물이
> 식물 밖으로 빠져나가는 것을 (   ) 이라고 한다.

5 지구의 자전으로 나타나는 현상 중 1가지를 설명하세요.

6 계절별 태양의 남중 고도 변화에 따라 달라지는 것을 2가지 고르세요.

① 기온 변화

② 낮의 길이 변화

③ 태양과 지구 사이의 거리

④ 지구 자전축의 기울기 변화

7 물질이 연소한 후 물과 이산화 탄소를 확인하는 방법으로 옳은 것은 어느 것입니까?

① 석회수는 물을 확인할 때 사용한다.

② 물은 푸른색 염화코발트 종이를 붉게 변하게 한다.

③ 푸른색 염화코발트 종이 대신 푸른색 리트머스 종이를 사용해도 된다.

④ 이산화 탄소와 만나면 석회수가 푸르게 변한다.

8 괄호 안에 알맞은 말을 써넣으세요.

전지, 전선, 전구 등 전기 부품을 서로 연결해
전기가 흐르도록 한 것을 (　　　　　)이라고 한다.

9 우리 생활에서 전자석을 이용하는 예를 3가지 쓰세요.

10 영구 자석과 전자석을 비교해서 설명한 내용입니다. 옳은 것에 ○, 옳지 않은 것에 ×를 표시하세요.

① 전자석은 영구 자석과 달리 전류가 흐를 때에만 자석의 성질이 나타난다. (　　　)

② 영구 자석과 전자석은 전류가 흐르는 방향이 바뀌면 자석의 극도 바뀐다. (　　　)

✕○ 정답 ✕✕

3학년

1 중력

2 가벼운 물체를 밀 때보다 무거운 물체를 밀 때 더 큰 힘이 필요하다

3 g(그램), kg(킬로그램)

4 물체의 무게를 정확하게 재기 위해서

5 같은

6 애벌레, 번데기

7 예: 물, 식용유

특징: 흐르는 성질이 있다, 담는 그릇에 따라 모양은 변하지만 부피는 변하지 않는다

8 육지, 밀물

9 빠르게, 느리게

4학년

1 S극

2 늘어나고, 변함없습니다

3 젖은 머리가 마른다, 염전에서 소금을 얻는다, 어항의 물이 줄어든다

4 ✕

5 침식, 퇴적

6 암석의 색깔, 알갱이의 크기

7 균사

8 ① 상현달, 보름달, 그믐달

② 위성

9

다른 생물을 먹어서 양분을 얻으며 살아간다	생산자
풀과 나무 등의 식물로 햇빛, 물 등을 이용해 스스로 양분을 만든다	분해자
생물을 분해하고 그 과정에서 양분을 얻으며 살아간다	소비자

(다른 생물을 먹어서 양분을 얻으며 살아간다 — 소비자, 풀과 나무 등의 식물로 햇빛, 물 등을 이용해 스스로 양분을 만든다 — 생산자, 생물을 분해하고 그 과정에서 양분을 얻으며 살아간다 — 분해자)

10 먹이그물

5학년

1 퇴적물, 퇴적암

2 알갱이의 크기

3 용매, 용해, 용액

4 운동 기관, 소화 기관, 호흡 기관, 순환 기관, 배설 기관

5 공통점 : 공기 중의 수증기가 응결하여 만들어진다

  차이점 : 이슬은 물체 표면에 맺히고, 안개는 지표면 근처에 있고, 구름은 하늘 높이 떠 있다

6 해풍, 육풍

7

계절	온도	습도	날씨
봄, 가을	높다	낮다	따뜻하고 건조한 날씨
여름	높다	높다	무덥고 습한 날씨
겨울	낮다	낮다	춥고 건조한 날씨

8 ×

6학년

1 산성, 염기성

2 300km/h

3

구분	동물 세포	식물 세포
공통점	핵과 세포막을 갖는다	
차이점	세포벽이 없다	세포벽이 있다

4 광합성, 증산작용

5 지구의 자전으로 태양 빛을 받는 쪽은 낮이 되고 태양 빛을 받지 못하는 쪽은 밤이 된다,
  지구의 자전으로 태양과 달과 별들이 동쪽 하늘에서 남쪽 하늘을 지나 서쪽 하늘로 움직

이는 것처럼 보인다

6 ①, ②

7 ②

8 전기 회로

9 전자석 기중기, 자기 부상 열차, 선풍기, 스피커 등

10 ① ○

   ② ×

신정아

20년이 넘는 시간 동안 중학교에서 사회를 가르치고 있습니다. 책 읽는 즐거움이 효과적인 학습으로, 사고의 확장과 자아의 발견으로 이어지기를 바라는 마음에서 유튜브 운영, 저술과 강의 활동을 함께 하고 있습니다. 2015 개정 교육과정 중학교 사회 교과서와 금융감독원의 '중학교 생활금융' 교재를 집필했습니다. 이 밖에도 《우리 아이 책읽기 수업》《3분 도시 인문학 수업》 등을 썼습니다.

책읽는신쌤

엄예정

15년이 넘는 시간 동안 중학교에서 과학을 가르치고 있습니다. '올바른 공부법은 결국 통한다'는 신념으로, 올바른 공부와 노하우를 전하는 데 힘쓰고 있습니다. 수만 명의 학부모와 학생이 인정한 과학 교육 베스트셀러 《통합과학 한 권으로 끝》을 집필했습니다. 이 밖에도 《노는 만큼 배우는 아이들》《이렇게 하는 거야 동전 지폐》《이렇게 하는 거야 시계 달력》 등을 썼습니다.

엄예정의 올공 과학

윤주형

10년 동안 고등학교에서 수학을 가르치다 중학교로 옮겨온 지 8년이 넘었습니다. 수학이 어려운 것은 '재능의 문제'가 아니라 공부법과 이해의 순서에 있다는 점을 깨닫고, 다년간의 경험을 바탕으로 아이들의 수학적 사고력 향상을 돕는 책 쓰기와 강의 활동을 이어오고 있습니다. 《초3~초5, 수학 격차 만드는 결정적 시기》《구파이와 수학분필》《구파이와 검은 사제들의 비밀》(출간 예정) 등을 집필했습니다.

까망펜의 수학고고

정주안

13년이 넘는 시간 동안 중학교에서 영어를 가르치고 있습니다. 많은 시간을 투자하고도 영어 실력이 오르지 않는 아이들에게 영어 공부가 무거운 짐이 아닌 '설레는 탐구'가 되길 바라는 마음으로, 다양한 전문가 양성 과정에 매진하고 있습니다. 변화하는 교육 환경에 발맞춰 아이들에게 더 나은 길을 보여주기 위한 노력은 지금도 현재 진행형입니다. 《초등 공부력 상담소》를 집필했습니다.

우.단.공

황선정

15년 동안 중학교와 고등학교에서 국어를 가르쳤습니다. 현재는 학교 밖에서 아이들과 책을 읽고 국어 공부를 하면서 아이와 부모가 함께 책을 읽을 수 있도록 가정 독서를 지원하고 있습니다. 아이들의 삶이 더욱 풍성해지기를 바라며, 아이들이 잘 배우는 사람으로 성장하도록 돕습니다.

수오재 : 나를 지키는 집

초등 문해력
한 권

1판 1쇄 인쇄 2025년 12월 10일
1판 1쇄 발행 2025년 12월 22일

지은이 신정아, 엄예정, 윤주형, 정주안, 황선정
발행인 김태웅
책임편집 정상미
디자인 곰곰사무소
마케팅 총괄 김철영
마케팅 서재욱, 오승수
인터넷 관리 김상규
제 작 현대순
총 무 윤선미, 안서현, 지이슬
관 리 김훈희, 이국희, 김승훈, 최국호

발행처 (주)동양북스
등 록 제2014-000055호
주 소 서울시 마포구 동교로22길 14 (04030)
구입 문의 전화 (02)337-1737 팩스 (02)334-6624
내용 문의 전화 (02)337-1739 이메일 dymg98@naver.com
인스타그램 @shelter_dybook

ISBN 979-11-7210-164-0 03370